Schnäppchenführer

Herausgeber Heinz Waldmüller

HESSEN RHEINLAND-PFALZ SAARLAND

Fabrikverkauf

Die Top-Marken

VERLAGSGRUPPE J.FINK

Zeppelinstraße 29–32,
D-73760 Ostfildern

Herausgeber: Heinz Waldmüller
Autorin: Claudia Stehle

ISBN: 3-7718-1036-1

Herstellung: Martina Binder
Umschlaggestaltung:
Büro Seufferle, Stuttgart
Kartographie:
Bernd Matthes, Berlin
Satz: Dorner GmbH, Aichwald
Printed in Germany

Warum dieses Buch „erfunden" werden musste

Die Idee spukte ein paar Jahre bei mir im Kopf herum. Als Verbraucher-Journalist wollte ich ein Buch machen, das meine guten Erfahrungen mit dem Einkaufen ab Fabrik weitergibt. Von meinen eigenen Geheimadressen zum Fabrikverkauf jeden Leser profitieren lassen, das war mein Ziel. Ein Buch, das klipp und klar sagt: Hier kannst Du ab Fabrik einkaufen und eine Menge Geld sparen.

Inzwischen ist aus den ersten Anfängen von vier Seiten bedrucktem Papier mit 40 Adressen das erste Buch in Deutschland über das Einkaufen ab Fabrik entstanden, der Schnäppchenführer Baden-Württemberg. Es wurden Schwarzmarktpreise für ihn bezahlt, weil er die Einkaufsadressen beschreibt, die für den Verbraucher geldwerten Vorteil bedeuten. Das Buch ist auf Anhieb ein Bestseller geworden. In kürzester Zeit haben sich über 1 500 000 Verbraucher für unsere Schnäppchenführer entschieden, allein in Baden-Württemberg über 500 000. Ich bedanke mich für dieses Vertrauen.
Ich freue mich, dass es jetzt den neu überarbeiteten Schnäppchenführer Hessen/Rheinland-Pfalz/Saarland gibt mit neuen, erstklassigen Adressen. Das Buch kommt zur richtigen Zeit: Die dort oben haben uns verordnet, den Gürtel enger zu schnallen. Wir da unten sagen: neue Einkaufsquellen braucht das Land; Einkaufsquellen, wo es für den halben Preis beste Markenqualität gibt. Solche Einkaufsquellen gibt's überall in Deutschland. Die Schnäppchenführer verraten, wo Sie direkt ab Fabrik einkaufen können. Das beweisen die zehn Schnäppchenführer für die einzelnen deutschen Bundesländer, der Schnäppchenführer für Norditalien und der Schnäppchenführer Deutschland. Nach umfangreichen Recherchen und Tests vor Ort in knapp 400 Betrieben legt **Claudia Stehle** ihren Schnäppchenführer Hessen/Rheinland-Pfalz/Saarland vor. Wer was ab Fabrik wo verkauft, Claudia Stehle bleibt im Schnäppchenführer Hessen/Rheinland-Pfalz/Saarland keine Antwort schuldig. Wer ihn hat, hat mehr vom Geld.

Ihr Heinz Waldmüller
Herausgeber

Mithilfe erwünscht:

In dieser Reihe haben wir bisher ca. 3000 Fabrikverkäufe recherchiert. Das heißt nicht, dass wir in den neun regionalen Schnäppchenführern, dem Schnäppchenführer Norditalien und dem Schnäppchenführer Deutschland wirklich schon alle hervorragenden Einkaufsquellen aufgespürt hätten. Um dies zu erreichen, bitte ich um Ihre Mithilfe. Nachdem es nichts gibt, was man nicht besser machen könnte, bitte ich um Ihre Geheimadressen, aber auch um Ihre Anregungen, Ihre Kritik, Ihre Vorschläge. Bitte teilen Sie mir auch mit, wenn Ihnen Herstelleradressen nicht gefallen haben und warum. Wir prüfen jede Kritik und nehmen Hersteller, über die es Beschwerden aus der Leserschaft gibt, wieder heraus aus unseren Schnäppchenführern. Wir sind allein unserer Leserschaft verpflichtet und sonst niemandem.
Für die besten 100 Vorschläge für Geheimadressen in Deutschland und Norditalien gibt es Buchpreise aus dem reichhaltigen Verlagsprogramm von Fink-Kümmerly + Frey.
Bitte schreiben Sie mir, Sie helfen damit allen Verbrauchern, die mit unseren Schnäppchenführern preisgünstig einkaufen wollen.

Die Adresse: Verlagsgruppe J. Fink GmbH & Co. KG
z. Hd. Heinz Waldmüller
Zeppelinstr. 29–32
D-73760 Ostfildern

Liebe Leserin, lieber Leser,

die dort oben haben uns verordnet, den Gürtel enger zu schnallen. Da braucht es kluge Strategien, wie man aus weniger mehr macht. Unsere Antwort lautet: Neue Einkaufsquellen braucht das Land. Einkaufsquellen, wo man für den halben Preis beste Markenqualität bekommt. Genau diese Einkaufsquellen verraten wir Ihnen im Schnäppchenführer Hessen/Rheinland-Pfalz/Saarland.

Die drei Bundesländer ergänzen sich in Sachen Schnäppchen. Beispiel: In Hessen gibt es keine einzige Schuhfabrik für Alltags-Schuhe. Kein Problem. Gehen Sie nach Rheinland-Pfalz in die Gegend um Pirmasens und Sie sind mittendrin im Preiswert-Schuhparadies der Bundesrepublik. Oder anderes Beispiel: Sie suchen eine schicke Handtasche oder den Reisekoffer fürs Leben: Der Raum um Offenbach in Hessen ist unschlagbar preisgünstig mit vielen Fabrikverkäufen für Lederwaren. Und wer gut gekleidet sein will, egal, ob Mann oder Frau, dem raten wir, über die weißblaue Landesgrenze nach Bayern zu fahren. Die erstklassigen Modemacher Deutschlands, sie sitzen im benachbarten Unterfranken (auf der A 3 in 30 Minuten von Frankfurt aus zu erreichen). Der Kunde soll König sein in unserem Schnäppchenführer Hessen/Rheinland-Pfalz/Saarland, und zwar über Landesgrenzen hinweg. Deshalb die Adressen bekannter Modemacher aus dem benachbarten Unterfranken. Vom Elektrowerkzeug bis zum Modeschuh, vom Reisekoffer bis zum Teddybär, mitten durch unser Land zieht sich ein weitgehend unbekanntes Einkaufsparadies.

Dieser Schnäppchenführer für das Einkaufen ab Fabrik ist der Schlüssel zu diesem Einkaufsparadies. Man muss sie nur kennen, die Geheimadressen, von uns getestet, wo es für den halben Preis erstklassige Markenqualität gibt. Hier sind sie: Über 250 starke Adressen für das Einkaufen ab Fabrik. In diesem Schnäppchenführer stehen sie drin. Wer ihn hat, macht mehr aus seinem Geld.

Ihre Claudia Stehle
Autorin

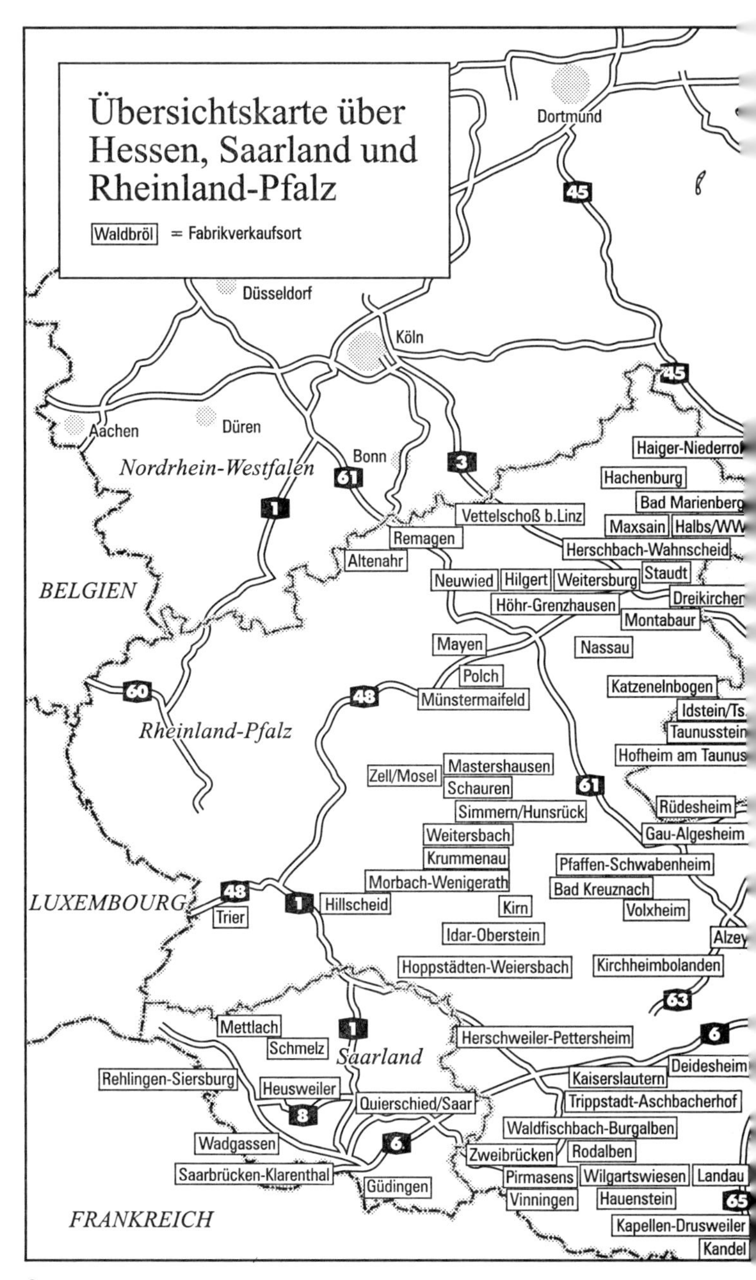
Übersichtskarte über Hessen, Saarland und Rheinland-Pfalz
Waldbröl = Fabrikverkaufsort
Dortmund
Düsseldorf
Köln
Aachen
Düren
Bonn
Nordrhein-Westfalen
BELGIEN
Rheinland-Pfalz
LUXEMBOURG
Saarland
FRANKREICH
Hachenburg
Bad Marienberg
Maxsain
Vettelschoß b.Linz
Remagen
Altenahr
Herschbach-Wahnscheid
Staudt
Neuwied
Hilgert
Weitersburg
Höhr-Grenzhausen
Montabaur
Mayen
Nassau
Polch
Katzenelnbogen
Münstermaifeld
Idstein/Ts.
Hofheim am Taunus
Zell/Mosel
Mastershausen
Schauren
Simmern/Hunsrück
Rüdesheim
Gau-Algesheim
Weitersbach
Krummenau
Pfaffen-Schwabenheim
Morbach-Wenigerath
Bad Kreuznach
Hillscheid
Kirn
Volxheim
Trier
Idar-Oberstein
Hoppstädten-Weiersbach
Kirchheimbolanden
Mettlach
Schmelz
Herschweiler-Pettersheim
Deidesheim
Rehlingen-Siersburg
Heusweiler
Kaiserslautern
Quierschied/Saar
Trippstadt-Aschbacherhof
Waldfischbach-Burgalben
Wadgassen
Zweibrücken
Rodalben
Saarbrücken-Klarenthal
Güdingen
Pirmasens
Wilgartswiesen
Landau
Vinningen
Hauenstein
Kapellen-Drusweiler
Kandel

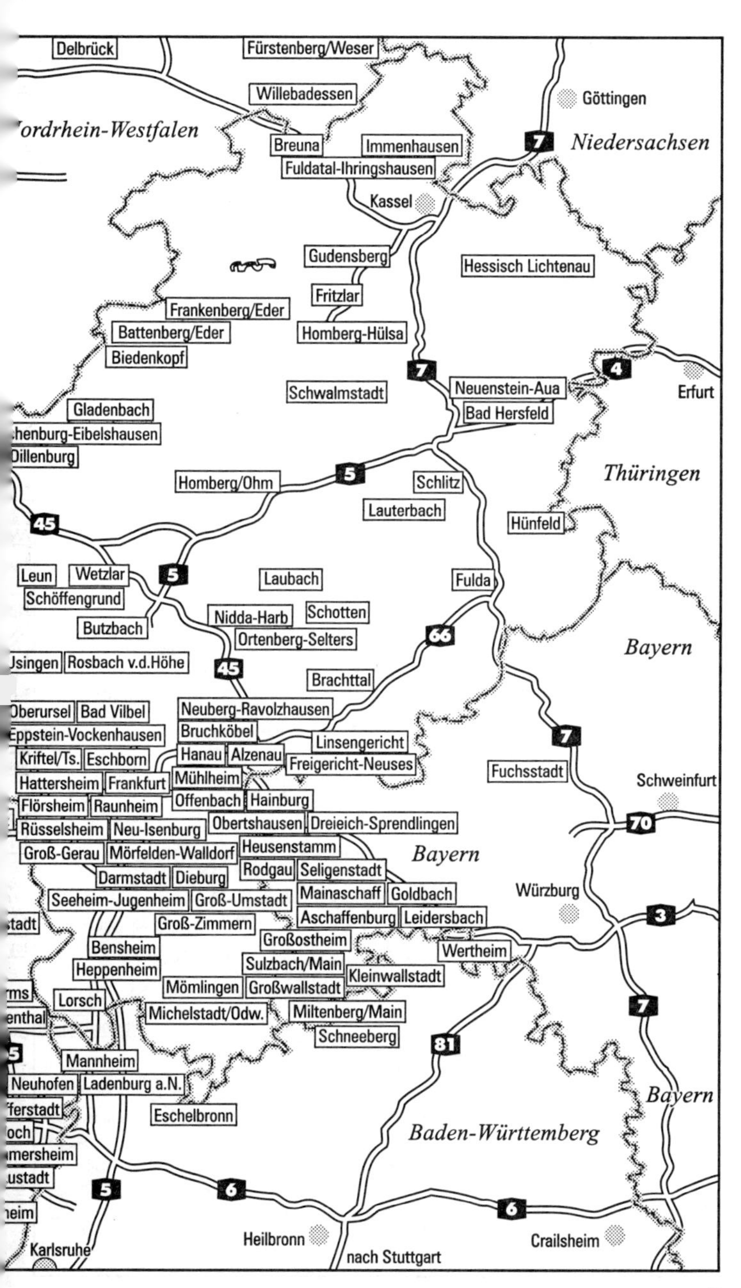
Delbrück
Fürstenberg/Weser
Willebadessen
Göttingen
ordrhein-Westfalen
Breuna
Immenhausen
Niedersachsen
Fuldatal-Ihringshausen
Kassel
Gudensberg
Hessisch Lichtenau
Fritzlar
Frankenberg/Eder
Battenberg/Eder
Homberg-Hülsa
Biedenkopf
Schwalmstadt
Neuenstein-Aua
Erfurt
Gladenbach
Bad Hersfeld
henburg-Eibelshausen
Dillenburg
Thüringen
Homberg/Ohm
Schlitz
Lauterbach
Hünfeld
Leun
Wetzlar
Laubach
Fulda
Schöffengrund
Schotten
Nidda-Harb
Butzbach
Ortenberg-Selters
Bayern
Usingen
Rosbach v.d.Höhe
Brachttal
Oberursel
Bad Vilbel
Neuberg-Ravolzhausen
Eppstein-Vockenhausen
Bruchköbel
Linsengericht
Kriftel/Ts.
Eschborn
Hanau
Alzenau
Freigericht-Neuses
Fuchsstadt
Hattersheim
Frankfurt
Mühlheim
Schweinfurt
Flörsheim
Raunheim
Offenbach
Hainburg
Rüsselsheim
Neu-Isenburg
Obertshausen
Dreieich-Sprendlingen
Groß-Gerau
Mörfelden-Walldorf
Heusenstamm
Bayern
Darmstadt
Dieburg
Rodgau
Seligenstadt
Würzburg
Seeheim-Jugenheim
Groß-Umstadt
Mainaschaff
Goldbach
tadt
Aschaffenburg
Leidersbach
Groß-Zimmern
Großostheim
Bensheim
Wertheim
Sulzbach/Main
Heppenheim
Kleinwallstadt
Mömlingen
Großwallstadt
rms
Lorsch
Michelstadt/Odw.
Miltenberg/Main
enthal
Schneeberg
Mannheim
Neuhofen
Ladenburg a.N.
Bayern
ferstadt
Eschelbronn
och
Baden-Württemberg
mersheim
ustadt
heim
Heilbronn
Crailsheim
Karlsruhe
nach Stuttgart
7
4
5
45
66
70
3
81
6

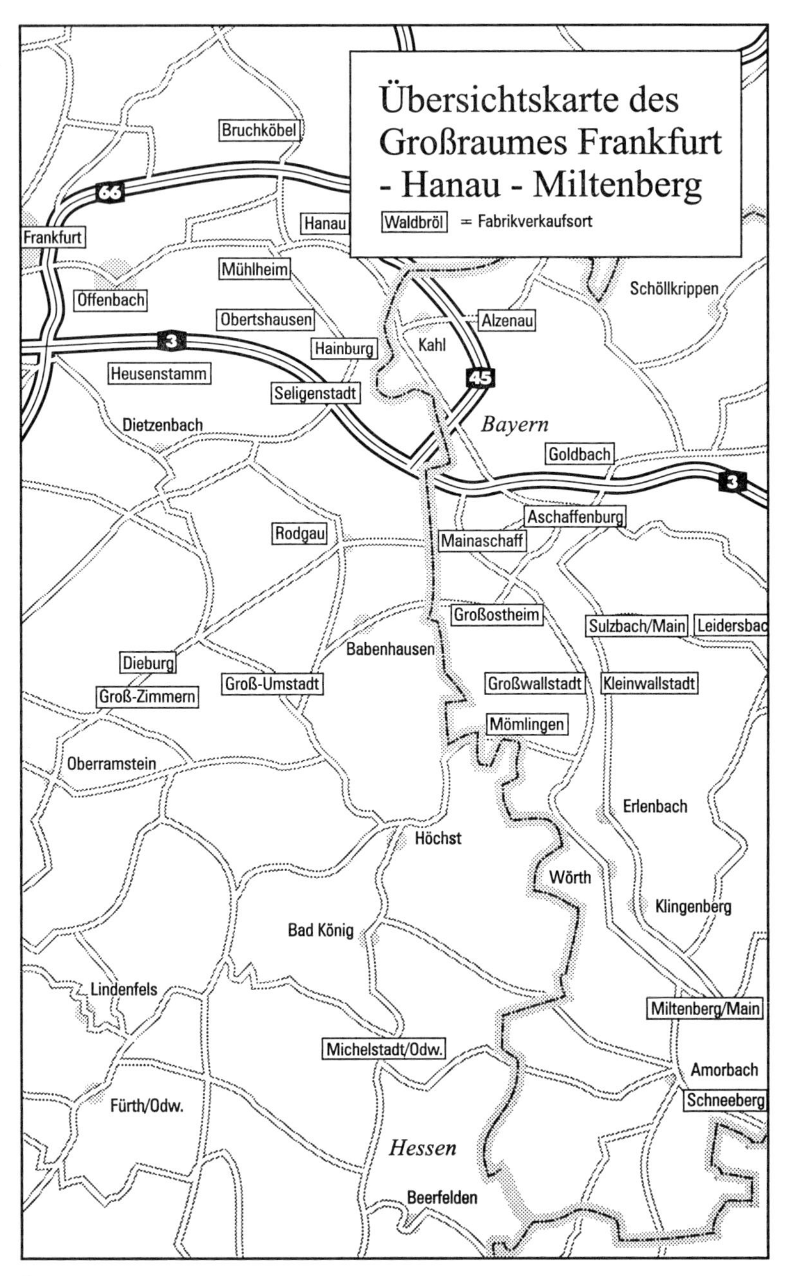
Übersichtskarte des Großraumes Frankfurt - Hanau - Miltenberg
Waldbröl = Fabrikverkaufsort
Bruchköbel
66
Hanau
Frankfurt
Mühlheim
Offenbach
Obertshausen
Schöllkrippen
Alzenau
Kahl
3
Hainburg
Heusenstamm
Seligenstadt
45
Dietzenbach
Bayern
Goldbach
3
Aschaffenburg
Rodgau
Mainaschaff
Großostheim
Sulzbach/Main
Leidersbac
Babenhausen
Dieburg
Groß-Umstadt
Großwallstadt
Kleinwallstadt
Groß-Zimmern
Mömlingen
Oberramstein
Erlenbach
Höchst
Wörth
Klingenberg
Bad König
Lindenfels
Miltenberg/Main
Michelstadt/Odw.
Amorbach
Schneeberg
Fürth/Odw.
Hessen
Beerfelden

Zum Gebrauch dieses Buches

Die Übersichtskarten auf den Seiten 6 bis 8 haben Sie sicherlich schon ein wenig neugierig gemacht. Sie zeigen deutlich, wo die Zentren des Fabrikverkaufs in Hessen/Rheinland-Pfalz/Saarland liegen. Diese Karten sind erste Orientierungsrahmen für Ihre Schnäppchentour.

Das Inhaltsverzeichnis (Seite 14–23) gibt nun genauere Orientierung. Streng alphabetisch stellen sich die Orte mit Fabrikverkauf vor: alphabetisch angeordnet nach Firmennamen, nicht nach Markenbegriffen.

Anwendungsbeispiel: Sie möchten wissen, was es in Pirmasens so alles an Fabrikverkauf gibt. Im Inhaltsverzeichnis unter „Pirmasens" stehen die Firmen. Die Details gibt's im Hauptteil des Buches, Seite 226–233. Von der Streckenbeschreibung „Wie komme ich nach Pirmasens?" über die Orientierungskarten bis hin zu Warenangebot, Ersparnis, Einkaufssituation und Öffnungszeiten erfahren Sie hier Seite für Seite die Spezialinformationen zu jeder einzelnen Firma.

Dieser Pfeil in den Orientierungskarten zeigt Ihnen den Standort der jeweiligen Firma an.

Ein Firmen- und Markenregister am Schluss des Buches (S. 287 ff.) dient als zusätzliche Suchhilfe. Dieses Register gibt zusätzlich erste Hinweise auf die jeweiligen Warengruppen eines Fabrikverkaufs.

Anwendungsbeispiele: Sie suchen die Firma Goldpfeil. Sie finden das Unternehmen am schnellsten im Firmen- und Markenregister. Zusätzlich erhalten Sie die Basisinformation, dass diese Firma Lederwaren ab Fabrik verkauft (Seite 221).

Wichtig noch: Jede Firmenbeschreibung ist eine Momentaufnahme. Redaktionsschluss dieser Auflage war der September 1999. Falls sich die Einkaufssituation geändert hat, tragen Sie das unter Ihren persönlichen Einkaufsnotizen ein, und berichten Sie uns (siehe auch Seite 4 und 5) Ihre Erfahrungen.

Ihnen viel Spaß bei der Planung Ihrer Schnäppchenroute. Und viel Erfolg beim Einkauf ab Fabrik!

Die Schnäppchen-Story

Schon als Kinder wussten wir, wo's preisgünstig Fußballschuhe und Sportartikel gibt: Dort, wo die Ware hergestellt wird, in der Fabrik. Also radelten wir zu „adidas“ nach Herzogenaurach und holten dort unsere Sportschuhe. Ich hatte das eigentlich längst vergessen, wenn da nicht eine Kollegin gewesen wäre, die uns zum Einzug in unsere eigenen vier Wände zwei Seiten bedrucktes Papier mit rotem Schleifchen herum geschenkt hätte. „Ihr werdets gebrauchen können!“ schmunzelte sie. Was wir nicht wussten: Die zwei Seiten waren ihr persönliches Schatzkästlein fürs Einkaufen ab Fabrik. Und so konnten wir's ausprobieren. Um es vorweg zu sagen: Wir waren begeistert. Und wo immer wir von unseren Schnäppchen erzählten, jeder wollte unsere Liste haben ...

Die Liste wurde durch „Adressentausch“ größer, und es ist vielleicht zehn Jahre her, da bot ich die Schnäppchenidee einem Stuttgarter Verlag an. Er lehnte ab. Jahre später verhandelte ich mit einem großen Sachbuchverlag. Auch er lehnte ab. Die Sache sei zu gefährlich, das Prozessrisiko zu hoch ...

Damals war ich Leiter der Ratgeber-Redaktion des Süddeutschen Rundfunks. Als wir in der Redaktion eine Geld-Spar-Radiosendung andachten, meldete ich mich zum Thema „Schnäppchen ab Fabrik“. Nach der Sendung standen die Telefone nicht mehr still. Die Hörer wollten nur eines wissen: Wo gibt es die Fabrikverkaufsadressen? Nur ein einziger wollte etwas anderes: ein Buch mit mir machen, einen Schnäppchenführer fürs Einkaufen ab Fabrik. Der Mann heißt Bodo Neiss und war Hauptgeschäftsführer beim Verlag Fink-Kümmerly + Frey, Ostfildern. Ihm herzlichen Dank.

Einfach war die Recherche nicht. Schon im Vorfeld gab's Androhungen von gerichtlichen Schritten. Manche Hersteller sahen buchstäblich „rot“. Von Existenzvernichtung war da die Rede. Damals war mir noch nicht klar, dass diese Angst so unberechtigt nicht war. Doch es blieb beim erhobenen Zeigefinger. Die Ratgeber-Reihe Schnäppchenführer ist für die Hersteller kein Schaden. Für den Buchhandel auch nicht. Die Schnäppchenführer sind Bestseller und sie ziehen ganz neue Kunden in die Buchhandlung.

Das erste Buch über das Einkaufen ab Fabrik in Deutschland war der Schnäppchenführer Baden-Württemberg. Es wurden Schwarzmarktpreise für dieses Buch bezahlt. Die Leser spürten, das Buch könnte verboten werden, weil der Einzelhandel und ein Teil der Hersteller Sturm dagegen liefen.

Aus ziemlich zuverlässiger Quelle weiß ich, dass ein mächtiger Verband des Einzelhandels das Buch aus dem Markt klagen wollte. Weil ich sauber recherchiert habe, kam es zu keiner gerichtlichen Auseinandersetzung. Laut „DER SPIEGEL" wetterte ein Vertreter des Deutschen Textileinzelhandels: „Das Buch ist eine Sauerei!" Das Kampfblatt „markt intern" orakelte gar, „ein Heer von angestachelten Verbrauchern werde schon bald deutsche Hersteller belagern". Aus Protest gegen den Schnäppchenführer schickten über 1000 Einzelhändler eine von „markt intern" vorgedruckte Beschwerde-Postkarte an meinen Intendanten. „Die wollen dich fertigmachen, pass auf", war der kollegiale Rat derer, die es gut mit mir meinten. Mein Intendant wehrte die Angriffe ab; „Waldmüller habe fair berichtet, die Vorwürfe seien einseitig und interessenbezogen".

Als die Einzelhandelsverbände dann mit Boykottandrohungen gegen die Hersteller mit Fabrikverkauf, aber auch gegen unsere Schnäppchenführer zu Felde zogen, baten NRW-Autor Armin E. Möller und ich das Bundeskartellamt, dagegen einzuschreiten. Das Bundeskartellamt untersagte den mächtigen Verbänden den Boykottaufruf. Und es untersagte den Verbänden auch, die Belieferung des Buch- und Zeitschriftenhandels mit Schnäppchenführern zu verhindern. Der Kartellsenat des Kammergerichts Berlin bestätigte höchstritterlich den Spruch (Az.: Kart 19/93) in seinem „Schnäppchen-Urteil". Das war ein Sieg auch für die Verbraucher. Denn schließlich soll jeder Käufer frei entscheiden, wo er was einkaufen will. Das soll nicht die Lobby des deutschen Einzelhandels tun. Markt ist Vielfalt.

Warum die Schnäppchenführer so erfolgreich auf dem Markt sind, werde ich oft gefragt. Ganz einfach: Einkaufen ab Fabrik, das ist der Spartrend heute. Wurden Fabrikverkaufsadressen bisher als Geheimtipp nur durch Mund-zu-Mund-Propaganda im Tennisclub oder beim Kaffeekränzchen weitergegeben, so lassen sich mit den Schnäppchenführern aus dem Verlag Fink-Kümmerly+Frey jetzt die günstigen Verkaufsstätten gezielt ansteuern. Anfahrtsbeschreibungen, Skizze, Angabe der Öffnungszeiten, Telefonnummer und Hinweise auf öffentliche Nahverkehrsmittel machen das Einkaufen ab Fabrik so einfach wie den Besuch im Zoo. Einkaufen mit unseren Schnäppchenführern – wer's ausprobiert, hat mehr vom Geld.

Heinz Waldmüller
Herausgeber

Pressestimmen zu den Schnäppchenführern

„Das Buch ist eine Sauerei!" wetterte der deutsche Textileinzelhandel über den Schnäppchenführer. Inzwischen ist er längst zum Bestseller geworden. Er verrät nämlich, wo man direkt ab Fabrik einkaufen kann ..."
„Heinz Waldmüller (Herausgeber der Reihe) ist vom Fuß bis zum Scheitel eine Provokation. Er hatte Dinge getan, die ehrbare Ladeninhaber für unfassbar halten. Nichts an ihm, aber überhaupt gar nichts stammt aus dem Einzelhandel, und auch alles in seinem Kleiderschrank ist in der Fabrik gekauft. Das Schlimme daran, er hat – so die Einzelhandelsverbände – mit seinem unglückseligen Schnäppchenführer andere Kaufwütige erst auf die Idee gebracht, es ihm nachzumachen."
ZDF-MAGAZIN „Frontal"

„... Schnäppchenführer zeigen detailliert auf, wo sparsame Käufer, wie bei BOGNER und BOSS, Ware billig ab Werk erwerben können. In der gegenwärtigen Rezession finden die Einkaufsführer reißend Absatz. Allein der baden-württembergische Fachverlag Fink-Kümmerly + Frey verkaufte innerhalb eines guten Jahres rund 750 000 Taschenbücher ..."
„... Ein Schnäppchenführer zu Sonderangeboten ab Fabrik wurde zum Bestseller."
DER SPIEGEL

„Lagerdruck, flaue Konjunktur und Schnäppchenführer auf den Bestsellerlisten haben dazu beigetragen, den Dauerbrenner Direktverkauf zum Explosivstoff aufzumischen.„
Fachzeitschrift „Textil-Wirtschaft"

„Schnäppchenjagd kann weitergehen. HDE darf nicht zum Boykott von Fabrikverkäufern aufrufen."
Stuttgarter Zeitung

„Verkauf ab Fabrik vom Gericht gestützt. Boykottaufruf des Handels verstößt gegen Kartellrecht. Schnäppchenjäger, die gerne preisgünstig ab Fabrik einkaufen, können sich freuen."
Die Welt

„Geheimtipps in Sachen Schnäppchen gibt es jetzt endgültig nicht mehr. Nun kann jeder schwarz auf weiß nachlesen, dass der Mann von Welt in einer Lagerhalle einkauft: Beim Edelkonfektionär ..."
Die Zeit

„Darauf haben alle gewartet: die neuen ‚Schnäppchenführer' für den preiswerten Einkauf direkt ab Fabrik sind da! Die ersten Bände dieser Reihe ... wurden bereits zu Bestsellern."
Zeitschrift „Brigitte"

„Fabrik-Adressen, bei denen Direktverkauf möglich ist, waren bisher eher Geheimtipps unter Schnäppchen-Jägern ... Lohnende Lektüre."
Zeitschrift „test" der Stiftung Warentest

„... das Buch ist an sich schon (ein) Knaller ..."
Fachblatt „markt intern" Textilbekleidung

„... im März vergangenen Jahres war der Verlag (Fink-Kümmerly+Frey) noch vorsichtig gewesen und hatte nur 30000 Exemplare drucken lassen. Jetzt steht fest: Der Buchhandel hat einen neuen Brotartikel, und das nicht nur in Baden-Württemberg, wo die Schnäppchenführer ‚erfunden' wurden."
„Schnäppchenführer – dieses harmlose Wort ... hat fast über Nacht ein Bedeutungsfeld bekommen, das sich aus elementaren Instinkten, Zeitgeist und Mentalität zusammensetzt. Dass das Phänomen in Baden-Württemberg erfunden wurde, ist wahrscheinlich kein Zufall, gelten doch die Schwaben als die sparsamste Spezies unter den Deutschen."
„Es gab kuriose Szenen, wie Leute, die sonst niemals Bücher kaufen, ihre Zettel aus der Tasche zogen, ‚Schnäppchenführer' buchstabierten und sich – als er wieder einmal kurzfristig nicht lieferbar war – auf eine Vormerkliste eintragen ließen. In einer Fernsehsendung hieß es einmal gerüchteweise, der ‚Schnäppchenführer' könnte verboten werden, worauf sogar Schwarzmarktpreise bezahlt wurden."
Börsenblatt

„Marken-Ware zum halben Preis einkaufen."
Verbrauchermagazin „DM"

„Bescheid wissen, Vorteile nutzen: Verkauf ab Fabrik. Wo es Qualität zum halben Preis gibt."
Süddeutsche Zeitung

Weitere Adressen in den angrenzenden Bundesländern Baden-Württemberg, Bayern, Nordrhein-Westfalen und Niedersachsen

BADEN-WÜRTTEMBERG

BAYERN

Vor- und Nachteile von Fabrikverkauf

Vorteile
Konkurrenzlos preisgünstige Einkaufsmöglichkeit.

Markenqualität
(als Einkäufer ab Fabrik mit Markenbewusstsein treffe ich im Vorfeld meine Entscheidung, welcher Marke ich mein Vertrauen gebe).

Sehr gute Preis-Leistungs-Relation (Qualität zum halben Preis).

Produktpalette der jeweiligen Marke/Firma meist in großer Auswahl.

Kennenlernen des Produktionsbetriebes und der Produktionsbedingungen.

Fabrikverkauf als Chance für Kurzurlaub (Anlässe für Kurzurlaub schaffen oder Freunde besuchen).

Nachteile
Nicht immer jeder Artikel in jeder Größe und Farbe vorhanden. Tipp: Winterware schon im September/Oktober, Frühjahrs- und Sommerware ab Mitte Februar einkaufen.

Oft nur Ware eines Herstellers.

Vor Ort kein Waren-Preis- und Qualitäts-Vergleich mit Produkten anderer Firmen möglich (Tipp: sich schon zu Hause informieren evtl. auch über Kataloge).

Anfahrtswege oft lang, Zeitverlust, Benzinkosten (Tipp: Fahrgemeinschaften aus Nachbarschaft, Freunde, Wochenendausflug, Shopping-Urlaub, Schnäppchen-Reise).

Kaufrausch, weil Ware so preisgünstig. Bei wenig Ware Gefahr, dass man ohne Einkauf zurückkommt oder Ware kauft, die einem gar nicht gefällt (Tipp: auf Schnäppchenreise Reiseroute ausarbeiten, die mehrere Fabrikverkäufe einbezieht).

Preisgünstige Ware oft mit kleinen Fehlern (Tipp: Ware genau anschauen).

Zum Fabrikverkauf kommt auch Ware, die sonst nahezu unverkäuflich ist (Ladenhüter). Der Käufer muss also die Spreu vom Weizen trennen.

Kaum Beratung, kein Umtausch.

Lagerhallen-Atmosphäre.

Was spart man beim Fabrikverkauf?

Zugegeben, eine schwierige Frage, weil echte Vergleiche zum Teil unmöglich sind. Beispiel: Ich habe zwei Tage lang die Endverbraucher-Preise von Edelkonfektionären in Fachgeschäften recherchiert. Dabei ist mir aufgefallen, dass der Fachhandel die hochaktuelle Ware anbietet. Zum Abverkauf im Fabrikverkauf kommt dagegen vor allem die Ware der vergangenen Saison. Wenn aber die gleiche Ware in den Fachgeschäften nicht zu finden ist, ist ein echter Preisvergleich nicht möglich.
Der Verbraucher will aber wissen, wie hoch die Ersparnis ist. Deshalb wurden für die Ermittlungen der Preise Hilfskonstruktionen gesucht. Um beim Beispiel Edelkonfektionäre zu bleiben: Es wurde die vergleichbare neue Kollektion als Maßstab herangezogen, auch wenn es nicht die gleiche Ware, sondern allenfalls vergleichbare Ware ist.
Es ist vom Grundsatz her problematisch, die Preise von 1. Wahl mit den Preisen von 1-b-Ware und 2. Wahl zu vergleichen. Denn 1-b-Ware ist ebenso fehlerhafte Ware wie die 2.-Wahl-Qualitäten. Nachdem es aber keinen sinnvollen anderen Maßstab gibt, wurden 1.-Wahl-Qualitäten zum Preisvergleich herangezogen. Der Leser muss das bei den Prozentangaben jeweils bedenken. Er muss wissen: Wenn 2.-Wahl-Ware 30% billiger ist als 1.-Wahl-Ware, dann wird hier eine mindere Warenqualität z.B. mit der fehlerfreien Ware verglichen.
Und noch etwas ist wichtig: Die Prozentangaben sind immer Zirkaangaben. Wo es mir möglich war, diente als Preisvergleichsmaßstab der empfohlene Endverkaufspreis aus Händlerpreislisten und Prospekten oder es wurde vor Ort in Fachgeschäften recherchiert. Um zu einer möglichst objektiven Beurteilung zu kommen, wurde in Zweifelsfällen aus den unterschiedlichen Aussagen ein Mittelwert festgelegt.
Als Faustregel lässt sich sagen: Im Textil- und Schuhbereich ist die Bandbreite der Ersparnis groß. Bei 1-b-Ware und 2. Wahl konnte eine durchschnittliche Preisreduzierung zum empfohlenen Endverkaufspreis von zirka 20 bis 50% ermittelt werden. In der Regel ist die Ware vom Umtausch ausgeschlossen.

Warum Verkauf ab Fabrik notwendig und preisgünstig ist

Stimmen von Herstellern:

„Textilmarketing heißt heute modische Aktualität. Hochmodische Ware muss so schnell wie möglich aus den Lagern geräumt werden. Beim Fabrikverkauf ist der Verlust am geringsten. Davon profitiert der Endverbraucher."

„Wenn die Geschäfte im Einzelhandel schleppend gehen, steigen bei mir die Reklamationen. Die Einzelhändler muten uns Herstellern da viel zu. Wir Hersteller sitzen da am schwächeren Hebel. Nehme ich die Reklamationen nicht an, ‚flieg' ich bei meinen Kunden raus. Also mach' ich gute Miene zum bösen Spiel. Fabrikverkauf ist eine Möglichkeit, diese Retouren noch zu verkaufen. Für den, der zu mir hinfahren muss, zu einem günstigen Preis."

„Ich bin sehr fachhandelstreu. Ich weiß den soliden Einzelhandel zu schätzen. Ich als Hersteller bin mit dem Einzelhandel verwoben. Trotzdem brauche ich den Fabrikverkauf für Altware und Vorjahreskollektionen. Ähnlich wie der Einzelhandel muss auch ich meine Lager für die nächste Kollektion sauber halten."

„Hochmodische Kollektionen bedürfen mehrmals jährlich der Überarbeitung; daher viele Musterteile und Überhänge aus laufender Disposition und Produkten mit erheblichen Preisnachlässen."

„Bei anspruchsvoller Kundschaft sowie hochpreisiger Ware wird ein hoher Qualitäts- und Terminmaßstab angelegt. Auch bei unbedeutenden Schönheitsfehlern, die der Endverbraucher gar nicht sieht, erfolgt keine Auslieferung. Daher Fabrikverkauf mit 2.-Wahl-Ware, die bei uns so kalkuliert wird: Händlereinkaufspreis zuzüglich Mehrwertsteuer. Unser Verkaufspreis ab Fabrik liegt damit ca. 50 Prozent unter dem Händler-Endverkaufspreis. Es handelt sich aber immer um 2.-Wahl-Ware."

„Einen Sakko, der mich in der Herstellung 150 DM kostet, verkaufe ich an den Handel für 160 DM. Der Einzelhändler hat hohe Kosten. Er kann es nicht preisgünstiger als für 320 DM an den Privatkunden anbieten, wenn er kein Bankrotteur werden will. Wenn ich einen Sakko, der nicht geordert wird, für 200 DM verkaufe, macht der Kunde einen guten Schnitt und ich auch."

„Warum ich Fabrikverkauf mache?
1. Bei hochaktueller Ware ist mein Fabrikverkauf mein Testmarkt. Ich probier's aus: Was kommt beim Publikum an?
2. Direktkunden sind Barzahler.
3. Keine Verpackung, kein Versand, nur Kleiderstangen vom Lager zum Fabrikverkauf; keine Post, keine Versandkosten.
4. Kein Verkaufspersonal, nur jemanden an der Kasse.
5. Ich krieg' auch die Ladenhüter los, wenn ich sie in die Ramschkiste tue. Ein Artikel für 5 DM am Bügel geht nicht, für 5 DM in der Ramschkiste geht er weg wie warme Semmeln.
6. Ich führe aktuelles Sortiment zum Händler-Einkaufspreis plus Mehrwertsteuer.
7. Das Sortiment der Vorjahreskollektion gibt's zu Supersparpreis."

Kommentar des Herausgebers

Fabrikverkauf ist aus betriebswirtschaftlicher Sicht eine kostengünstig organisierte Selbsthilfe der Hersteller, die ihm genauso nützt wie dem Verbraucher.

Wenn Markt Vielfalt ist, dann muss es dem Verbraucher erlaubt sein, dort einzukaufen, wo er für sein Geld den höchsten Gegenwert bekommt.

Ich verkenne nicht, dass im Textileinzelhandel Spannen von 120 Prozent notwendig sind, um im Markt zu überleben. Allerdings, der Markt ist keine Veranstaltung zur Erstattung von Kosten, die durch immer aufwendigere Nobelgeschäfte und immer teurere Standorte verursacht werden. Die Frage ist: Wieviel Geld ist der Verbraucher zu zahlen bereit. Wenn es um das Kosten-Nutzen-Verhältnis geht, sind für den preisbewussten Verbraucher die Hersteller bei uns im Lande ganz gewiss allerbeste Adressen.

Ich will nicht verkennen, dass es auch im Direktverkauf Manipulateure gibt, die ihre Waren oft zu teuer und unter falschem Etikett verkaufen.

Von Herstellern, ihren Notlügen, ihrem Tarnen und Täuschen

Manche Hersteller verkaufen offiziell nur an Ihre eigenen Mitarbeiter. Offiziell. Inoffiziell gibt es bei den Firmen, die in diesem Buch aufgeführt sind, offensichtlich keine Kontrollen, jedenfalls habe ich bei meinen Testkäufen keine erlebt. Und auch die Verkäuferinnen, die ich gefragt habe, ob ich denn als Nichtbetriebsangehöriger auch einkaufen dürfe, haben, ohne zu antworten, die Kassen klingeln lassen.

Um den Handel nicht zu verprellen, haben sich viele Firmen auch hinter dem Hinweis versteckt, es gebe nur 2. Wahl und Auslaufmodelle, Musterware und Sonderposten. Insider wissen, und meine Recherchen haben das bestätigt: Was da als „minderwertig" verkauft, was als Restposten abgetan wird, ist für den Verbraucher gute Ware. Es soll gelegentlich auch vorkommen, dass die Verkäuferin zum Lager eilt und die 1.-Wahl-Ware hervorzaubert. Dem Ideenreichtum im Fabrikverkauf sind da keine Grenzen gesetzt.

Grundsätzlich haben wir fünf verschiedene Kategorien von Herstellern erlebt:

1. Die Siegertypen wie Salamander oder Villeroy & Boch. Sie haben weniger Angst vor dem Einzelhandel, weil sie stark am Markt sind. Sie sagen: Wir machen unsere Firmenpolitik. Die ist geradlinig. In der Wirtschaft weiß man: Der Fabrikverkauf dient auch dem Fachhandel, weil der die Ware, die wir ab Fabrik anbieten, nicht verkaufen will.

2. Die anerkannt guten Markenhersteller, die in einem knallharten Wettbewerb untereinander stehen. Sie haben Angst vor Einkaufsverbänden und Einzelhändlern, dass ihr Fabrikverkauf die gute Partnerschaft gefährden könnte. Deshalb machen sie auch keine Werbung. Bei ihnen lebt der Fabrikverkauf von der Mund-zu-Mund-Propaganda.

3. Viele erfolgreiche Markenartikler haben keine eigene Herstellung. Sie lassen fertigen, haben aber ein hohes Ansehen beim Verbraucher. Auch sie haben große Lager und sind bestrebt, ihre Überhänge möglichst schnell an den Endverbraucher zu verkaufen. Diese Betriebe ohne eigene Produktion haben meist vergleichbare Qualitäten aufzuweisen wie die Hersteller.

4. Die Hersteller, die in Lohnarbeit für erfolgreiche Markenhersteller oder Vertriebs-Gesellschaften produzieren. Sie verkaufen im Fabrikverkauf die gleiche Ware, die sie für die Markenfirmen produzieren, nur eben nicht mit dem Markenlabel. Auch hier wird gute Qualität zu günstigem Preis produziert. Diese Lohnhersteller stehen meist in keiner direkten Partnerschaft zum Einzelhandel, deshalb treten sie etwas furchtloser auf mit ihrem Fabrikverkauf. Für welche Markenartikler sie fertigen, sagen sie nur unter vorgehaltener Hand. Denn Lohnhersteller sind auf Gedeih und Verderb auf die Markenartikler angewiesen.

5. Auf diesem Markt Fabrikverkauf tummeln sich auch all diejenigen, die ich die „Rosstäuscher" auf diesem Markt nennen möchte. Sie säen nicht und ernten doch. Sie kaufen Restware auf und verkaufen sie unter dem Etikett „Fabrikverkauf". Diese Kategorie erkennt man in der Regel daran, dass sie, wo immer es geht, für ihren Fabrikverkauf, der keiner ist, sehr großspurig werben.

Ein Wort zum Fabrikverkauf

Nicht alle Adressen in diesem Buch
haben Fabrikverkauf im Rechtssinne.

Für Fabrikverkauf im Rechtssinne gibt es strenge Rechtsnormen. Als Verbraucherjournalistin habe ich meine Aufgabe nicht darin gesehen zu überprüfen, ob die aufgeführten Firmen Fabrikverkauf im Rechtssinne durchführen. Ausschlaggebend war vielmehr die Frage: Ist dieser Verkauf für den Leser eine gute Einkaufsadresse im Sinne von Warenqualität und preisgünstig einkaufen? Deshalb gibt es in diesem Buch auch Vertriebsgesellschaften, Lagerverkauf, Direktverkauf, Werksläden oder auch Einzelhandelsgeschäfte, die Ware aus der eigenen Fabrik zu günstigen Preisen verkaufen.

Die Firmenadressen beschreiben, unter welchen Anschriften wir die Unternehmen erreicht haben. Sie geben keine Auskunft über die Rechtsform oder über die Gesellschaft, die den Verkauf betreibt.

HEGE UND PFLEGE

Das Schnäppchen-Jagdrevier wird größer

Wie jeder andere Jäger auch muss der Schnäppchenjäger sein Revier pflegen. Die Hege und Pflege ist auch wichtiger Teil der Schnäppchenjagd, deshalb werden die Adressen ständig gepflegt und die Hege dieser Jagd liegt allen Beteiligten am Herzen. Deshalb, helfen Sie uns bitte, wenn Sie neue Adressen finden.

Warenangebot: Ein paar Angaben, was in etwa verkauft wird, helfen uns.

Ersparnis: Hier würden wir uns über Ihre Schätzung freuen, auch wenn wir verpflichtet sind, selbst noch einmal zu recherchieren. Aber die berühmte „Hausnummer" signalisiert schon einmal, welche Qualität der Fabrikverkauf besitzt. Ein paar Preisbeispiele sind sicher nützlich.

Einkaufssituation: Es gibt angenehme Märkte und Geschäfte, die sich kaum von üblichen Einzelhandelslägern unterscheiden. Manchmal aber wird man auf den Hof gebeten, weil dort ein Lagerverkauf im abgeteilten Bereich einer großen Halle veranstaltet wird. Ein paar Tipps helfen. Gibt es Ankleidekabinen – ist das Personal motiviert oder mürrisch. Uns interessiert alles.

Firma: Hier kommt es schlicht und ergreifend auf die Adresse an, unter der der Verkauf gefunden wurde. Wenn es möglich ist, eine Telefonnummer dazu schreiben. Uns erreichen Sie unter: Verlagsgruppe J. Fink, Schnäppchenteam, Zeppelinstraße 29–32, 73760 Ostfildern.

Besonderheiten: Keine Leistung ohne Gegenleistung. Jeder gute Tipp ist uns ein gutes Buch wert – oder aber die nächste Ausgabe des Schnäppchenführers mit den neuesten Adressen, direkt von den Jägern und Hegern.

Öffnungszeiten: Wann hat der Laden auf. An welchen Tagen, zu welcher Uhrzeit.

Streckenbeschreibung: Wie kommt man hin? Ist der Eingang zum Fabrikverkauf leicht zu finden? Eine Anfahrtskizze oder das örtliche Straßenverzeichnis helfen uns sehr.

ROBENA LEDERMODEN GMBH

Ledermode vom Feinsten

Seit 30 Jahren Ledermode „made in Germany". Hochwertige Lederqualitäten sowie exklusive Drucke auf Leder, die man am Markt teilweise vergeblich sucht. Einzelfertigung möglich.

Warenangebot: Jacken, Parkas, Dufflecouts, Kostüme, Mäntel, Hosen, Röcke, in feinem Ziegenvelours, tuchweiches Lammnappa, exklusive Druck- und Prägeleder, Leder im Landhausstil. Pelzvelours und Pelz-Nappa-Modelle für Damen und Herren.

Ersparnis: Hochwertige Ware hat ihren Preis. Trotzdem auf 1. Handelsware 20 Prozent Nachlass. Auslaufmodelle und Einzelstücke aus vorausgegangener Produktion 30 bis 40 Prozent. Hauptverkaufspreislagen: Mäntel 500 bis 3 500 DM, Jacken 500 bis 1 500 DM, darauf gibt's den Nachlass. Im Sommer-/Winterschlussverkauf um ca. nochmals 25 Prozent reduziert.

Einkaufssituation: schöner, großer Verkaufsraum, 160 m^2. Freundliche und fachliche Beratung. Die Chefin bedient selbst mit. Gutes Einkaufserlebnis. Keine Hektik.

Firma: Robena Ledermoden GmbH, Rolf Bengs, Im Vischeltal 5, 53505 Altenahr-Kreuzberg, Telefon: 02643/1306, Fax: 7580.

Öffnungszeiten: Montag bis Freitag 9.00 bis 18.00 Uhr, Samstag 9.00 bis 16.00 Uhr.

Streckenbeschreibung: Altenahr-Kreuzberg liegt B 257 Bonn–Altenahr–Nürburgring, in Kreuzberg über Ahrbrücke, dann rechts, helles Fachwerkhaus mit Anbau, durchs Tor fahren.

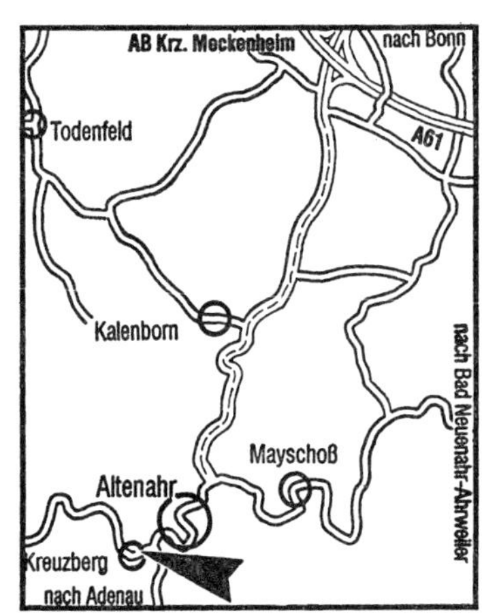

FASHION OUTLET

Designermode

Im Ex-Factory findet man Designermode und deutsche Handelsmarken. Das Sortiment umfasst Bekleidung, Wäsche, Taschen und Accessoires. Events und Sonderaktionen.

Warenangebot: Damen- und Herrenbekleidung; Anzüge, Sakkos, Blazer, Hosen, Jeans, Hemden und Blusen, Pullover, Shirts, Wäsche, Krawatten, sowie Ledertaschen und Accessoires. Monatlich wechselnde Auswahl.

Ersparnis: 30 bis 70 Prozent; Preisbeispiele: Hosen von 60 bis 100 DM, Anzüge ab 290 DM, Hemden und Blusen ab 40 DM. Im Sommer-/Winterschlussverkauf nochmals um 25 Prozent reduziert.

Einkaufssituation: Verkaufshalle mit ausreichend Parkplätzen vor der Tür. Einfache aber sympathische Einrichtung mit Kaffeetheke und nettem Verkaufspersonal.

Firma: Ex-Factory, Holger Schadt GmbH, Siemensstraße 22, 63755 Alzenau, Telefon: 0 60 23/99 34 62, Fax: 99 34 64, Internet: www.exfactory.de.

Öffnungszeiten: Montag bis Freitag 12.00 bis 19.00 Uhr durchgehend, Samstag 10.00 bis 15.00 Uhr.

Weitere Verkaufsstelle: **63843 Niedernberg,** Großostheimer Straße, Telefon: 06028/995274, Fax: 993476. Öffnungszeiten: Dienstag bis Freitag 10.00 bis 18.30 Uhr, Samstag 10.00 bis 15.00 Uhr. Streckenbeschreibung: von A 3 auf B 469 Richtung Miltenberg.

Streckenbeschreibung: A 45, Ausfahrt Alzenau, den Schildern folgen Richtung Alzenau. Im Gewerbegebiet Nähe HEBEL-Haus (Ex-Factory ist ausgeschildert), ca. 2 Minuten von der Autobahnausfahrt.

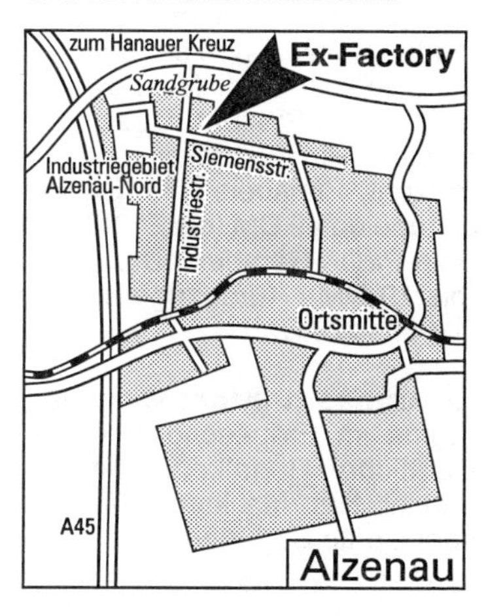

AHORN SPORTSWEAR BLICKAREN
BLICKLES INTERNATIONAL CACHAREL
HUIT JENNA ASCOT

Tischtennis-Bekanntschaften

Ahorn Sportswear ist bundes weit der Tischtennis-Bekleidungshersteller Nummer 1. Auch im Bereich der Piqué-Polohemden nimmt AHORN eine Spitzenposition ein. Das BASIC-Programm wurde wesentlich erweitert, das Angebot an schadstoffgeprüften Textilien vergrößert. Größenangebot von S bis 6XL.

Warenangebot: Damen- und Herren-Aktivsport-Bekleidung, modische Freizeitbekleidung, Shorts, Radler, Bermuda, Achsel-, T- und Sweat-Shirt, Jogging-Hosen, Sport-, Kur- und Freizeitanzüge, Polo-Hemden, Herren- und Damen-Nachtwäsche, Bademoden, Strümpfe, Kinder- und Babykleidung.

Ersparnis: bei neuen und laufenden Kollektionen ca. 30 Prozent, Auslaufmodelle und -farben ca. 50 Prozent, Designermuster, Einzelstücke ca. 70 Prozent. Preisbeispiele: Sportanzüge ab 49 DM (bis 249 DM), Polo-Piqué-Hemden ab 35 DM (bis 79 DM), Kuranzüge ab 69 DM (bis 179 DM).

Einkaufssituation: Verkaufsräume im Erdgeschoss, übersichtliche Regalkonstruktion, freundliches, fachkundiges Personal, gute Beratung.

Firma: Ahorn Sportswear Textilien GmbH, Wormser Straße 43, 55232 Alzey, Telefon: 06731/94 89 27.

Öffnungszeiten: Montag bis Freitag 9.00 bis 18.00 Uhr, Donnerstag 9.00 bis 20.00 Uhr, durchgehend, Samstag 9.00 bis 13.00 Uhr.

Streckenbeschreibung: A 61 (Koblenz–Ludwigshafen), Ausfahrt Alzey, Bundesstraße 40 durch die Stadt Richtung Kaiserslautern. Dann auf Bundesstraße Richtung Worms. Firma nach ca. 500 m linke Seite. Parkplätze vorhanden **(siehe Orientierungskarte Seite 35 und 36).**

PLAYTEX WONDERBRA CACHAREL

Drunter Spitzenmarken

Die Firma INTEX ist einer der führenden Vertreiber von BH's und Damenunterwäsche in Deutschland. Sie bietet Qualitätsware der bekannten Spitzenmarken Playtex, Cacharel und Wonderbra.

Warenangebot: Miederwaren, Damenunterwäsche, BH's, Miederhöschen, Korselettes.

Ersparnis: 40 bis 50 Prozent bei 2. Wahl. Body 45 DM, BH 10 bis 25 DM.

Einkaufssituation: ständig wechselndes Angebot.

Firma: INTEX Dessous GmbH, Am Wartberg, 55232 Alzey, Telefon: 06731/49431, Fax: 1700.

Öffnungszeiten: Montag bis Freitag 9.00 bis 18.00 Uhr, Samstag geschlossen.

Streckenbeschreibung: Alzey liegt nordwestlich von Ludwigshafen. A 61 Ludwigshafen–Mainz, Ausfahrt Alzey. Im Ort der Beschilderung Richtung Kaiserslautern folgen, bis zum Ortsende-Schild: Nach 300 m ist Intex auf der rechten Seite. Oder A 63 Kaiserslautern/Mainz, Abfahrt 10 über Freimersheim Richtung Alzey. Firma vor Ortsbeginn links. Parkplätze vorhanden **(siehe Orientierungskarte Seite 36).**

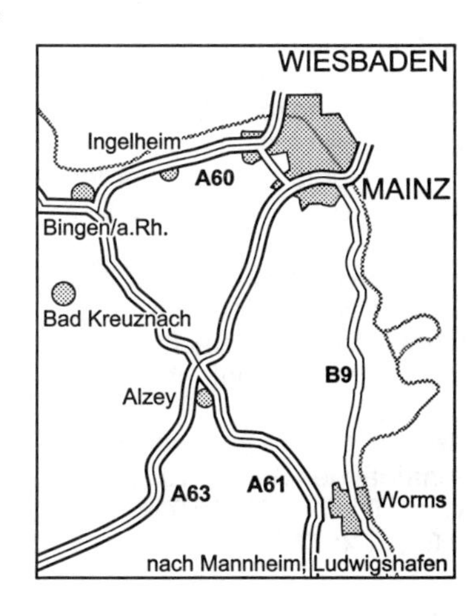

GARDINENMARKT KOCH

Hinter pfälzischen Gardinen

Aus jedem Gardinenfaden strahlt es weiß, auch wenn es draußen noch so graue Bindfäden regnet: Meterweise liegen die Stores auf Stoffballen. Sie warten nur darauf, ausgerollt zu werden, um luftig die Fenster in einem neuen Zuhause zu schmücken.

Warenangebot: weiße Stores in verschiedenen Höhen und Mustern, fein oder grobmaschig. Vom schlichten Modell bis zum Batist-Store. Große Auswahl an buntgemusterten und transparenten Decos. (Raffrollo-Service).

Ersparnis: durch Eigenproduktion 40 bis 50 Prozent bei erstklassiger Qualität: 25 bis 30 cm breite Stores pro Meter 4,50/5,50 DM, 2,60 m lange Stores für 13,95 DM pro Meter.

Einkaufssituation: Ladengeschäft mit netten, fachkundigen Verkäuferinnen, die hinter der Ladentheke bedienen. Ein Teil der Dekos sind Muster und müssen erst bestellt werden. Nähservice.

Besonderheiten: Es existiert ein Ausmesserservice, die Gardinen werden maßgerecht genäht und auf Wunsch aufgehängt.

Firma: Gardinenmarkt Koch, Schafhäuser Straße 10, 55232 Alzey, Telefon: 06731/7181 und 7182, Fax: 7750.

Öffnungszeiten: Montag bis Freitag 9.00 bis 18.00 Uhr durchgehend, Samstag 9.00 bis 13.00 Uhr.

Streckenbeschreibung: Alzey liegt nordwestlich von Ludwigshafen. A 61 Ludwigshafen–Mainz, Ausfahrt Alzey. In Alzey 200 m nach dem Ortsschild: Firma auf der linken Seite. Parkplätze vorhanden **(siehe Orientierungskarte Seite 35).**

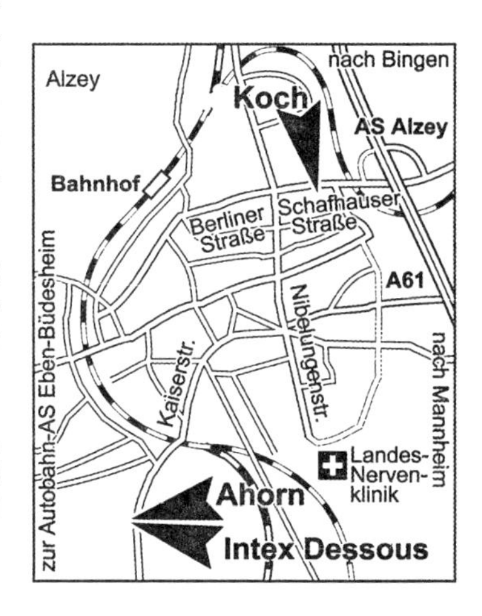

KALB LIGNE **DE KALB**

Edel-Schnäppchen

Mit diesen Blusen und Hemden sind die Damen und Herren in jeder Beziehung fein raus. Hochwertige Stoffe, zu zeitloser, lässiger Mode verarbeitet. Ideal zu eleganten Blazer-Kombinationen oder einfach zu Jeans für Business und Freizeit.

Warenangebot: DE KALB (Hemden): Stilrichtungen: Sportiv, Klassik, Phantasie. Materialien: Leinen, Baumwolle, Seide. KALB LIGNE (Blusen + Kombis): Kostüme, Hosenanzüge, Röcke, Hosen, Blazer in edlen Materialien. Auch trendorientierte Modeaussagen (saisonabhängig). Großzügige Auswahl. Angeboten wird 1. Wahl und 2. Wahl, auch Musterkollektionsteile. Zusätzlich Krawatten in Seide und Damengürtel.

Ersparnis: reguläre Kollektion 40 Prozent, 1b- und 2.-Wahl-Ware 60 Prozent.

Einkaufssituation: großzügiger Verkaufsraum mit sehr freundlichem Verkaufspersonal. Umkleidekabinen. Selbstbedienung und Beratung. Gute Parkplatzsituation.

Firma: KALB GmbH, Schwalbenrainweg 36, 63741 Aschaffenburg, Tel.: 0 60 21/41 22 01.

Öffnungszeiten: Montag bis Freitag 10.00 bis 18.00 Uhr, Samstag 10.00 bis 14.00 Uhr.

Streckenbeschreibung: von Frankfurt: A 3, Abfahrt Aschaffenburg West, dann Abfahrt Aschaffenburg (Schnellstraße), Abfahrt Strietwald, links abbiegen, bis zur Ampel, links abbiegen, Richtung Strietwald, 2. Straße rechts, Schwalbenrainweg. Nach Ampel ca. 50 m links.

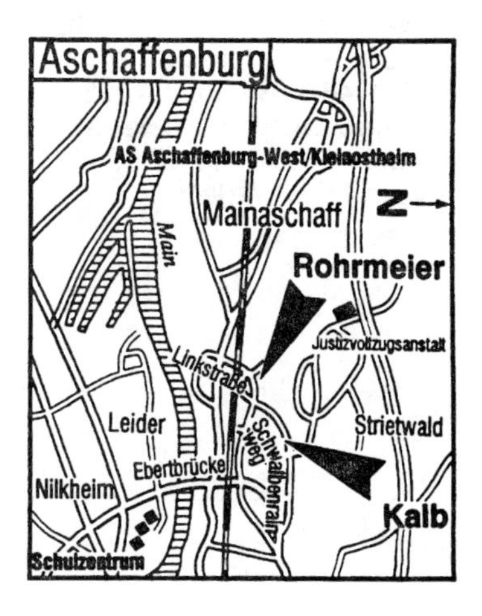

SCHUH UND SPORT ROHRMEIER

Sportshoes & Sportswear

Große Sportschuh- und Sportbekleidungsauswahl.

Warenangebot: Sportschuhe, Sportbekleidung, Funktionsbekleidung, Sportzubehör für Damen, Herren, Kinder. Markenware und Trendmarken. Alles auch in Übergrößen.

Ersparnis: mindestens 15 bis 20 Prozent. Einzel- und Restpaare besonders stark reduziert. Im Sommer-/Winterschlussverkauf nochmals 20 bis 50 Prozent reduziert.

Einkaufssituation: 100 Parkplätze, fachkundige Beratung, großzügige Atmosphäre.

Firma: Rohrmeier SPORTIVE, Linkstraße 66, 63741 Aschaffenburg – Strietwald Telefon: 0 60 21/46 06 86, Fax: 46 08 70, Internet: www.rohrmeier-sportive.de, e-mail: Rohrmeier-SPORTIVE@T-Online-de.

Öffnungszeiten: Montag bis Freitag 9.30 bis 19.00 Uhr. Samstag 9.00 bis 16.00 Uhr. Donnerstag bis 20.00 Uhr.

Streckenbeschreibung: Aschaffenburg liegt zwischen Frankfurt und Würzburg. A 3 Abfahrt Aschaffenburg-West. Richtung Aschaffenburg fahren, die 2. Möglichkeit rechts (nach 2 km) Strietwald (Industriegebiet), dann 2 mal links und Sie sehen die zwei großen Geschäfte **(siehe Orientierungskarte Seite 37).**

ARMANI BUGLI DIOR MONTANA

Gipfeltreffen der Modedesigner

Frau Adolff lädt zum Verweilen in angenehmer Gesellschaft ein mit Montana, Dior, Armani oder Bugli: Designer- und Kollektionskleidung. Besondere Schnäppchen für den größeren Geldbeutel im Exklusivvertrieb.

Warenangebot: wechselnde Pullover, Jacken, Blusen und Hosen aus besten Materialien. Viel im Woll- und Seidengemisch.

Ersparnis: satte 40 bis 50 Prozent für die im Hochpreis-Segment angesiedelte Kleidung. Bugli-Pullover: 159 DM. Auch entdeckt – das blaue Wunder: pepe Jeans für 79 DM. Im Sommer-/Winterschlussverkauf nochmals um 50 Prozent reduziert.

Einkaufssituation: Der Verkaufsbereich liegt im Foyer des Privathauses. Frau Adolff berät persönlich und freundlich.

Firma: Ingrid Adolff, 67661 Kaiserslautern-Aschbacherhof, Telefon: 0 63 06/22 20, Fax: 12 87.

Öffnungszeiten: Dienstag 10.00 bis 19.00 Uhr und Mittwoch 14.00 bis 19.00 Uhr. Betriebsferien im August, bitte vorher anrufen.

Streckenbeschreibung: von Kaiserslautern Universität Richtung Johanniskreuz. Vor Gasthof Aschbacherhof rechts ab. Nach 200 m Spitzkehre nach rechts, Weg bis zum Ende durchfahren, führt direkt zum Adolff-Haus.

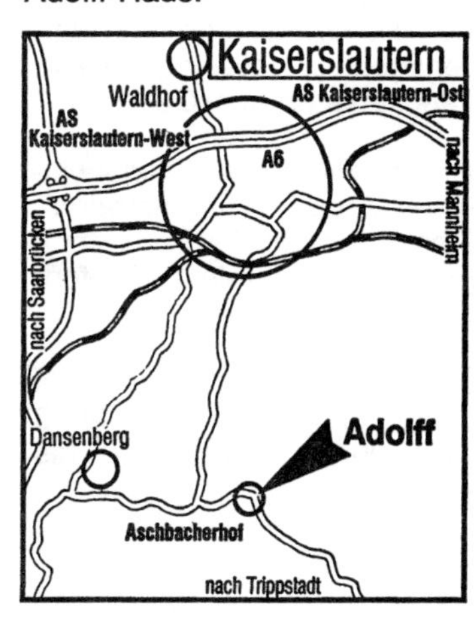

YES RÜCKERT

Zieh dich an, Mann!

Herrenmode für den sportlich-legeren Typ: Es muss nicht immer ein Anzug sein, soll Mann was hermachen. Ein edles Seidenblouson beispielsweise kleidet auch gut und wirkt saloppe.

Warenangebot: Blousons, Parkas, Sakkos, Hemden, Pullis, Shirts, Hosen, Jeans – das komplette Oberbekleidungssortiment für den Herrn.

Ersparnis: 20 bis 30 Prozent Ersparnis, bei Angeboten bis 60 Prozent. Preisbeispiele: Sakko 158 DM, Anzug 198 DM, Hosen 38 DM, Jeans ab 29,95 DM!

Einkaufssituation: Der Verkauf der Hersfelder Kleiderfabrik nennt sich „Evas Herrenmoden"; Präsentation in einfacher Halle; Fachberatung und genügend Umkleidekabinen; Parkplätze vor dem Geschäft.

Firma: Hersfelder Kleiderwerke, „Evas Herrenmoden", Frankfurter Straße 7 (Laden), 36251 Bad Hersfeld, Telefon: 0 66 21/80 48.

Öffnungszeiten: Montag bis Freitag nur nachmittags! 14.00 bis 18.00 Uhr, Samstag 9.00 bis 13.00 Uhr.

Streckenbeschreibung: in Bad Hersfeld auf der Frankfurter Straße Richtung Homberg fahren (stadtauswärts); an Ausfahrt Industriegebiet abfahren und links unter der Brücke (Frankfurter Straße) durch; immer geradeaus parallel zur Frankfurter Straße fahren (wieder zurück), die 2. Straße links, der Laden kommt nach 50 Metern auf der linken Seite (etwas umständlich, da man von der Schnellstraße, der Frankfurter Straße, nicht überall abfahren kann).

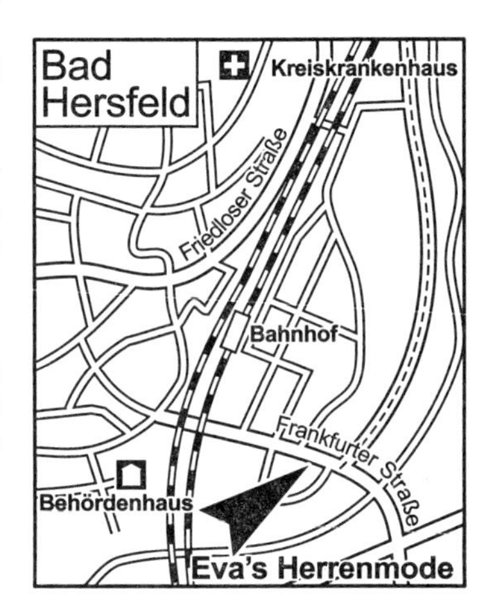

DER HEMDENPROFI

Hemden zum Anprobieren

Eigene Fertigung. Zur Verarbeitung kommt nur geprüfte, erstklassige Meterware aus dem EG- und EFTA-Raum. Großes Angebot auch bis Halsweite 54 und Überlängen in Armlänge und Rumpflänge. Änderungsservice – gute Kundenberatung.

Warenangebot: Herrenhemden im oberen bis höchsten Qualitätsstandard durch eigenen Fertigungsbetrieb. Riesensortiment von klassisch bis hochmodisch. Gute Auswahl auch in ausgefallenen Größen und Überlängen. Sonderanfertigung nach Maß sowie Vereinsausstattungen. Das Sortiment wird ergänzt durch Herrenstrick, Sakkos, Hosen, Krawatten und Socken.

Ersparnis: Verkaufspreise: eigene Fertigung von 49 DM bis 79 DM. Ersparnis gegenüber Fachgeschäften 50 Prozent. Einzelteile auslaufender Dessins von 20 DM bis 50 DM.

Einkaufssituation: Innenstadtbereich am Beginn der Fußgängerzone.

Besonderheiten: Alle Hemden können anprobiert werden. Änderungswünsche, wie Armlänge oder Taillenweite werden vom Kundenservice kurzfristig erledigt. Sonderanfertigungen bedingen eine Lieferzeit von fünf bis sechs Wochen.

Firma: Der Hemdenprofi, Salinenstraße 9, 55543 Bad Kreuznach, Telefon: 0671/43905, Fax: 43905.

Öffnungszeiten: Montag bis Freitag 9.00 bis 18.00 Uhr durchgehend, Samstag 9.00 bis 14.00 Uhr durchgehend.

Streckenbeschreibung: Innenstadtbereich zwischen Bahnhof und Fußgängerzone **(siehe Orientierungskarte Seite 42).**

GLÄSER

Blusen-Gläser

Das renommierte Unternehmen Gläser verspricht den Käuferinnen Blusen-Träume. Ein Festival für Frauen, die Wert auf flotte und gediegene Oberbekleidung legen.

Warenangebot: vor allem Blusen, viel aus Polyester, ebenso Viskose und Baumwolle. Auswahl an bunten Röcken, Hosen und Blazern sowie Gürteln.

Ersparnis: 35 bis 50 Prozent bei 1.-Wahl-Blusen und Blusen mit kleinen Fehlern. Sommerbluse 39,50 DM.

Einkaufssituation: heller Verkaufsladen mit Umkleidekabinen. Verkäuferinnen sind behilflich. Fehler sind auf Kleidungsstücken angezeichnet. Vom Parkplatz die Treppen hoch und ins äußerste linke Gebäude.

Firma: Gläser, Bosenheimer Straße 286, 55543 Bad Kreuznach, Telefon: 06 71/70 10, Fax: 70 11 59.

Öffnungszeiten: Montag und Freitag 13.00 bis 17.30 Uhr, Dienstag, Mittwoch und Donnerstag 9.00 bis 17.30 Uhr, Samstag 9.00 bis 14.00 Uhr.

Streckenbeschreibung: Bad Kreuznach liegt südwestlich von Mainz. Auf der B 41 durch Planig fahren. Danach an der Kreuzung links Richtung Kaiserslautern, 1. Straße rechts und 1. links, Firma ist nach 50 m auf der linken Seite.

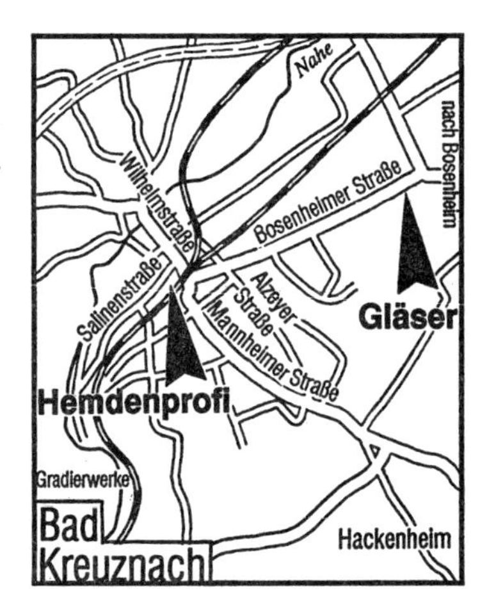

CHEVY

Mode-Mekka

Mode der bekannten Marke Chevy soweit das Auge reicht.

Warenangebot: Standardkollektion Mäntel, Jacken, Swinger, Anoraks, Blusen, Hosen, T-Shirts, Hemden, Jeans, Bermudas. In der Frühjahrskollektion auch leichtere Stoffe.

Ersparnis: 30 bis 45 Prozent. B-Ware ist jeweils auf dem Kleidungsstück vermerkt. Jeans 65 DM, Anorak 129 DM, Wollmantel 236 DM, Mikrofaser-Mantel 250 DM.

Einkaufssituation: einfacher, großer Verkaufsraum. Gegen Ende der Saison vermindert sich das Angebot stark. 2. Firmeneinfahrt benützen und geradeaus auf Parkplatz, Ladeneingang rechts.

Firma: Lebek International FASHION GmbH & Co., Kirburger Straße 1, 56470 Bad Marienberg, Telefon: 02661/6230, Fax: 62379.

Öffnungszeiten: Montag bis Donnerstag 9.00 bis 16.30 Uhr, Freitag bis 13.00 Uhr.

Streckenbeschreibung: Bad Marienberg liegt nordöstlich von Koblenz. Auf der B 413 nach Hachenburg, weiter auf der B 414 nach Bad Marienberg. Kurz nach Ortseingang liegt die Firma auf der rechten Seite.

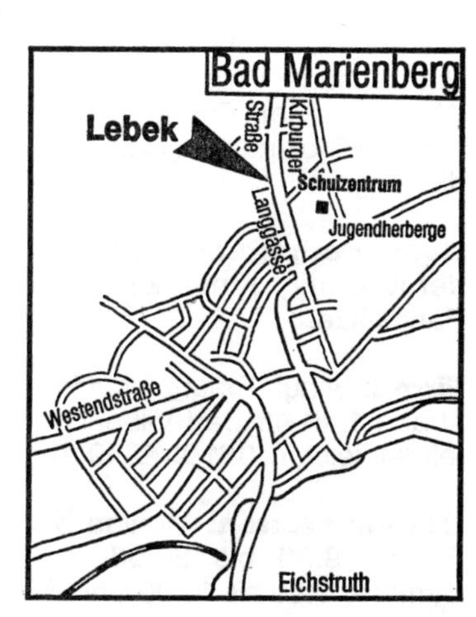

SCHUH-BRAUN

Elegant im Stil, schlicht im Preis

Die Firma Schuh-Braun ist eines der größten Schuhhäuser im Norden von Frankfurt. Kein Fabrikverkauf, aber günstiger Schuh-Einzelhandel.

Warenangebot: Riesenauswahl an Damen-, Herren- und Kinderschuhen; Sportschuhe und Wanderschuhe (bis Größe 52). In der Young-Fashion-Abteilung gibt es für die Kids Schuhe u. a. von Buffalo, Caterpillar, Fila, Hi Tec.

Ersparnis: ca. 15 bis 20 Prozent. Einzel und Restpaare bis 50 Prozent ermäßigt.

Einkaufssituation: Die 1500 m^2 große klimatisierte Verkaufsfläche zeigt mehr als 40.000 Paar Schuhe; Präsentation der Ware wie im Fachgeschäft; fachkundige und freundliche Bedienung.

Besonderheiten: in der Kinderabteilung Kinderkino. 60 Parkplätze.

Firma: Schuh-Braun, Industriestraße 1, 61118 Bad Vilbel-Dortelweil, Telefon: 0 61 01/52 49 20.

Öffnungszeiten: Montag bis Freitag 9.30 bis 20.00 Uhr, Samstag 9.30 bis 16.00 Uhr.

Streckenbeschreibung: von der A 3 Richtung Würzburg am Offenbacher Kreuz auf die A 661 Richtung Bad Homburg, am Preungesheimer Dreieck auf die B 3a Richtung Friedberg. Ausfahrt Bad Vilbel, auf die Homburger Straße. In Bad Vilbel links die Kasslerstraße bis Bad Vilbel-Dortelweil. Braun auf der rechten Seite.

Weitere Verkaufsstelle: **61381 Friedrichsdorf,** Houiller Platz 4, Telefon 0 61 72/59 22 60.

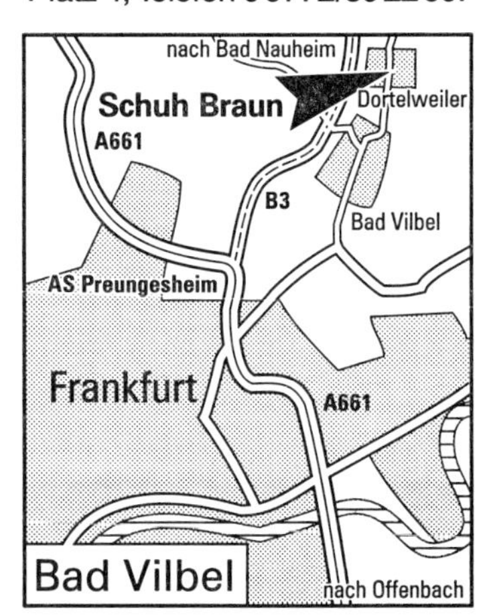

SCHNEIDER

Eine haarige Angelegenheit

Mollige Lammfellhausschuhe siegen über kühle Erdgeschosswohnungen; fellige Westen über einen schmerzenden Rücken; pelzige Bezüge versüßen das Sitzen: Hunderte von Generationen schätzten die Wärme des Lammfells.

Warenangebot: Lammfelle, Lammfell-Autositzbezüge, Westen und Hausschuhe aus Lammfell, Babyfelle (waschbar), Ziegenfelle und Fensterleder.

Ersparnis: nur 10 bis 20 Prozent Ersparnis, Beispiele: Lammfell 75 DM, Sitzbezug aus Lammfell 80 DM (bis 140 DM), Weste 138 DM.

Einkaufssituation: Im Untergeschoss des Postgebäudes ist „Schneiders Fellshop“; Eingang rechte Hausseite (beschildert); fachkundige Beratung.

Besonderheiten: kostenlose Montage von Autofellen. Lederreste werden günstig abgegeben.

Firma: Gerberei Schneider, Königsberger Straße 11, 35086 Battenberg/Eder, Tel.: 06452/3331, Fax: 3034.

Öffnungszeiten: Montag bis Freitag 9.00 bis 13.00 Uhr und 14.30 bis 18.00 Uhr, Samstag 9.00 bis 12.00 Uhr.

Streckenbeschreibung: Battenberg liegt nördlich von Marburg an der B 253; auf der Hauptstraße im Ort, der Marburger Straße, Richtung Post abbiegen; Fellshop im Postgebäude, Eingang rechte Seite.

GÖTTMANN & CO.

Mit Hut ist jedes Wetter gut

Kollektionen, die sich durch modisches Styling und hochwertige Stoffe auszeichnen. Gefertigt mit dem Können und der Sorgfalt aus über 50-jähriger Tradition.

Warenangebot: Kappen: Countryform, Baseballmützen, Cabriomützen, Ski-, Holzfäller-, Schläger-, Ballon-, Glencheckkappen, Stegmützen, Knautschhüte. Hüte: Straßen-, Stroh- und Haarhüte. Es werden Naturmaterialien, Mischgewebe, Leder, Tactel und Sympatex verwendet.

Ersparnis: 1.-Wahl-Ware 30 bis 50 Prozent; Beispiele: Lederkappe 60 DM, Stoffkappe 40 DM. Bei unserem Besuch war keine 2. Wahl erhältlich.

Einkaufssituation: Eingang an der Straßenseite, der Verkauf ist im 1. Stock; die Firma ist gut beschildert.

Besonderheiten: Die Hutgröße muss man kennen (man ermittelt sie durch Messen des Kopfumfanges).

Firma: Göttmann & Co. KG, Mützenfabrik, Wormser Straße 55, 64625 Bensheim, Telefon: 0 62 51/10 94-0, Fax: 10 94 33.

Öffnungszeiten: Dienstag, Mittwoch, Donnerstag 9.30 bis 11.30 Uhr.

Streckenbeschreibung: A 5 zwischen Mannheim und Darmstadt; Ausfahrt Bensheim, geradeaus Richtung Stadtmitte; vor der Aral-Tankstelle auf der linken Seite ist die Firma.

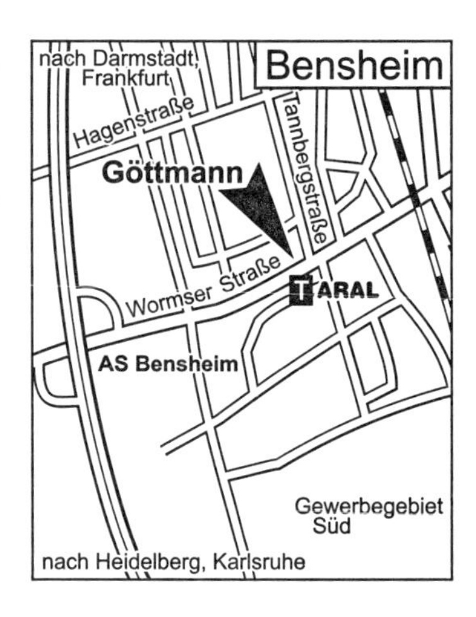

BREIDHOF **LETTMANN**

Der umgarnte Mann

Die grobe Masche für den „Derben", die feine Masche für den „Denker": Breidhof fertigt hübsche Herrenpullis in unterschiedlichen Stilrichtungen (für jeden was dabei) aus besten Qualitäten.

Warenangebot: Pullis und Westen für den Herrn. Sehr ansprechende Auswahl.

Ersparnis: reguläre Ware ca. 25 Prozent, bei Angeboten gut 60 Prozent Ermäßigung; Preisbeispiele: Pulli 91 DM, Angebote: Pullis alle 40 DM, Westen 55 DM.

Einkaufssituation: Der Eingang zum Verkauf ist links neben dem Hauptgebäude der Firma (das braune Haus; an der Tür stehen nur die Öffnungszeiten); Pullis schlicht in Regalen präsentiert; Preise ausgezeichnet.

Firma: Breidhof GmbH, Verkauf: Schulstraße 19, 35216 Biedenkopf, Tel.: 0 64 61/7 80 90, Fax: 78 09 10.

Öffnungszeiten: nur am Donnerstag 16.00 bis 17.30 Uhr.

Streckenbeschreibung: Biedenkopf liegt nordöstlich von Dillenburg, von B 253 kommend, Richtung Bahnhof/ Eckelshausen fahren; vor der Kirche (links) rechts die Firma Breidhof (die Verwaltung in Schulstraße 23 ist erkennbar, der Verkauf nicht so leicht).

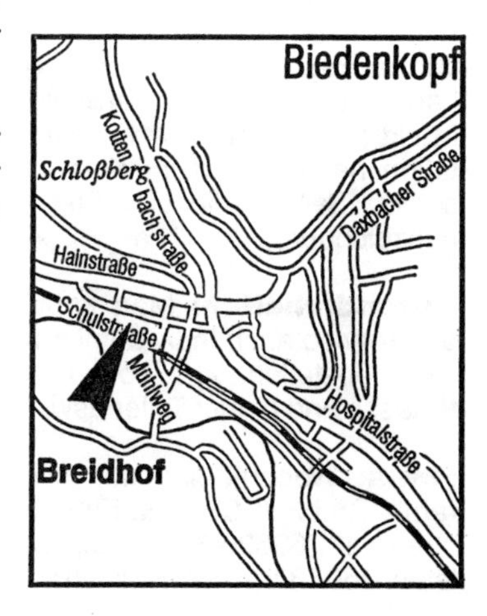

WAECHTERSBACHER KERAMIK

Ideen – Trends – Farben

Das Unternehmen wurde 1832 gegründet. Innovatives Design vereint mit traditioneller Handwerkskunst kennzeichnen die Keramikwaren von Waechtersbach. Die Produkte können individuell nach Geschmack zusammengestellt werden, passend zu jedem Ereignis.

Warenangebot: Service, Henkelbecher, Jumbotassen, Geschenkartikel, Brot- und Käsetöpfe aus Steingut, Back- und Auflaufformen. Brilliant leuchtende Glasuren sowie mit seidenmattem Schimmer.

Ersparnis: Hier kauft man das laufende Sortiment 30 bis 50 Prozent günstiger ein: Henkelbecher 3,20 DM, Service für 6 Personen ab 100 DM, Grillteller (6 Stück) 30 DM, Salatschüsseln ab 5 DM.

Einkaufssituation: Der Verkauf nennt sich „Keramik-Markt“; sehr einfache Präsentation, nach Design und Farben sortiert. Selbstbedienung; Preisauszeichnung.

Besonderheiten: Man kann die Service auch individuell zusammenstellen, z. B. rote Untertasse und blauer Teller usw.

Firma: Waechtersbacher Keramik GmbH & Co. KG, Fabrikstraße 12, 63636 Brachttal, Telefon: 06053/801-22, Fax: 5204.

Öffnungszeiten: Montag bis Freitag 9.00 bis 18.00 Uhr, Samstag 9.00 bis 13.00 Uhr, langer Samstag bis 15.00 Uhr.

Streckenbeschreibung: A 66 zwischen Frankfurt und Fulda. Ausfahrt Bad Orb/Wächtersbach, in Richtung Wächtersbach. Auf der B 276 an Wächtersbach vorbei, immer geradeaus bis Ortsteil Schlierbach. In Schlierbach rechts, Ausschilderung auf Hauswand.

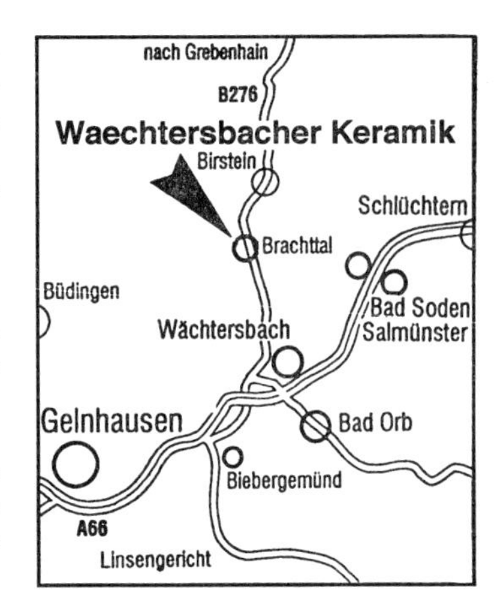

JARDIN VOGT

Startschuss für die Gartensaison

Das Beste für den Allerwertesten: Polsterformkissen für große, kleine, hohe, klappbare Liegestühle jeder Art. So sitzt man beim Gartenfest so komfortabel wie in der guten Stube.

Warenangebot: Kissen in den verschiedensten Farben, Formen und Dekors; für Hochlehner, Klappstühle, Liegestühle und Hocker; Sonnenschirme.

Ersparnis: in der Hauptsaison (Frühjahr/Sommer) ca. 20 Prozent, im Spätsommer gut 30 Prozent Ersparnis; Beispiele: Formkissen für Hochlehner 19 DM, Polsterkissen für Liegestühle 66 DM, runde Sitzkissen 6 DM.

Einkaufssituation: im Spätsommer nur noch geringe Auswahl, jedoch sehr günstig. Das Hauptgeschäft beginnt im Frühjahr (Ende Februar, Anfang März): Nach Eingang ins Lager ist links der Verkauf.

Besonderheiten: Gegenüber ist die Ledermodenfabrik Breuna mit einem empfehlenswerten Lederverkauf.

Firma: Textilkonfektion Vogt (TKV), Am Bachmann 5 (Gewerbegebiet), 34479 Breuna, Telefon: 05693/7400, Fax: 7484.

Öffnungszeiten: von März bis August Montag bis Freitag 9.00 bis 18.00 Uhr, Samstag 9.00 bis 13.00 Uhr.

Streckenbeschreibung: A 44 (Kassel–Dortmund) bis Ausfahrt Breuna; nach Ortseingang links Richtung Gewerbegebiet; das Gewerbegebiet besteht aus 2 Firmen, die rechte davon ist die TKV.

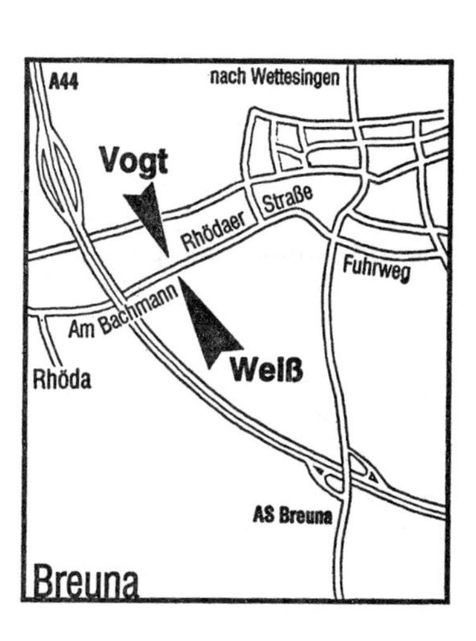

LEDERMODEN BREUNA FÖRSTER

Seit vier Generationen Erfahrung in Sachen Leder

Der Kunde profitiert durch Qualität, Geschmack und Vielfalt der eigenen Lederproduktion seit Generationen. Inzwischen führt die Firma auch Produkte von renommierten Designern aus dem In- und Ausland.

Warenangebot: Lederbekleidung für Damen und Herren: Jacken, Mäntel, Westen, Hosen, Röcke, Accessoires wie Taschen in verschiedenen Größen und Designs.

Ersparnis: Der Kunde spart 20 bis 30 Prozent: Lederjacke 496 DM, Lederhose 298 DM. Im Sommer-/Winterschlussverkauf nochmals um 10 bis 20 Prozent reduziert.

Einkaufssituation: Vor der Lederwerkstatt links lockt der abenteuerlich-echte Lederduft zur Anprobe; die Ware wird in gemütlicher Atmosphäre präsentiert; freundliche, fachkundige Beratung. Hier gilt noch der Grundsatz: Der Kunde ist König.

Besonderheiten: Jeden Mittwoch führt Herr Weiß interessierte Kunden und Besucher durch seine Design-Werkstatt. Sonderanfertigungen, Änderungen und Reparaturen gehören zum Service.

Firma: Arnold G. Weiß, Lederfabrik, Am Bachmann 6 (Gewerbegebiet), 34479 Breuna, Telefon: 0 56 93/9 89 40, Fax: 65 93.

Öffnungszeiten: Montag bis Freitag 9.00 bis 12.00 und 13.00 bis 18.00 Uhr, Samstag 10.00 bis 12.00 Uhr. Betriebsferien im August, bitte vorher anrufen.

Streckenbeschreibung: Autobahn 44 (Kassel–Dortmund) bei Ausfahrt Breuna; nach Ortseingang geht's links Richtung Gewerbegebiet (beschildert); das Gewerbegebiet besteht aus 4 Firmen, die linke ist die Firma Weiß (beschildert) **(siehe Orientierungskarte auf Seite 49).**

BIOFOOT FASHION COMFORT

Das Schuh-Paradies

Bei Billo-Schuhe finden Sie ein reichhaltiges Angebot an Damen-, Herren- und Kinderschuhen für jeden Geschmack, auf 500 m² Verkaufsfläche mit einer ständigen Auswahl von ca. 25 000 Paar Schuhen.

Warenangebot: Markenschuhe in großer Auswahl für Damen, Herren und Kinder, außerdem Sport- und Freizeitschuhe aller bekannten Marken.

Ersparnis: bei guter Qualität zwischen 10 DM und 40 DM, je nach Artikel. Im Sommer-/Winterschlussverkauf nochmals um 30 bis 50 Prozent reduziert.

Einkaufssituation: 500 m² Verkaufsfläche, Selbstbedienung mit Beratung, ständige Auswahl von ca. 25 000 Paar Schuhen; viele kostenlose Kundenparkplätze.

Firma: Billo-Schuhe, Karl-Eidmann-Straße 2, 63486 Bruchköbel, Telefon: 0 61 81/7 88 80.

Öffnungszeiten: Montag bis Freitag 9.00 bis 19.00 Uhr durchgehend, Samstag 9.00 bis 14.00 Uhr.

Streckenbeschreibung: Bruchköbel liegt nördlich von Hanau. A 66, Abfahrt Bruchköbel, in Richtung Friedberg. Das Geschäft liegt im Ortsteil Niederissigheim im Gewerbegebiet Karl-Eidmann-Straße.

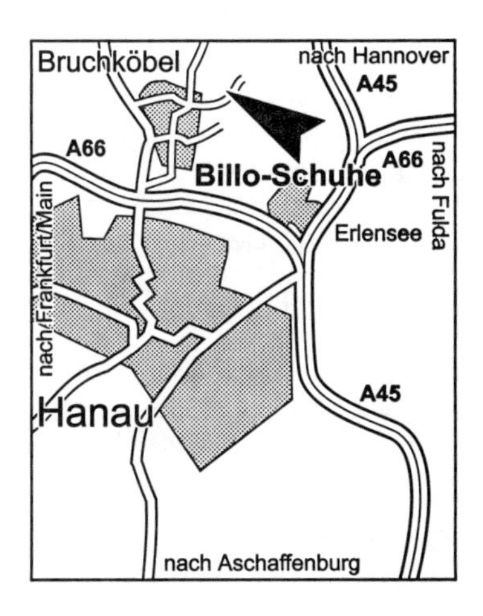

HESS NATUR RESTPOSTEN

Natürliche Kleidung

Seit 20 Jahren bietet hess natur natürliche Bekleidung an. Stets innovativ gilt hess natur als ein Wegbereiter der Naturtextilbranche. Auf Kunstharzbeschichtungen, Mottenschutz, Antimikroben, knitterfreie und andere chemische Ausrüstung wird konsequent verzichtet. hess natur arbeitet über Katalogversand, hat aber einen eigenen Laden in Bad Homburg. Seit 5 Jahren vermarktet hess natur seine Restposten in einem Restpostenverkauf.

Warenangebot: Naturtextilien aus vergangenen Saison. Damen-, Herren-, Unisex- und Kinderoberbekleidung. Unter- und Nachtwäsche, Schuhe, Betten, Decken, Accessoires. 2.-Wahl-Artikel aus der aktuellen Saison, Produktionsmuster.

Ersparnis: 35 bis 50 Prozent. Bei Wochenaktionen bis zu 70 Prozent. Im Sommer-/Winterschlussverkauf erheblich reduziert.

Einkaufssituation: Ladengeschäft mit dem Service des normalen Einzelhandels. Übersichtlich gestaltet. Lädt zum Stöbern ein. Der Jahreszeit entsprechendes, ständig wechselndes Warenangebot.

Firma: hess natur Restposten, Griedeler Straße 42, 35510 Butzbach, Telefon: 0 60 33/99 14 90, Fax: 99 14 91.

Öffnungszeiten: Montag bis Freitag 9.30 bis 13.00 Uhr und 14.00 bis 18.00 Uhr, Donnerstag bis 20.00 Uhr, Samstag 9.00 bis 13.00 Uhr.

Streckenbeschreibung: Butzbach liegt an der A 5 Frankfurt–Kassel. Ausfahrt Butzbach Richtung Innenstadt. Mit der Bahn auf der Strecke Frankfurt–Gießen–Kassel zu erreichen. Bahnhof Butzbach. Der Laden liegt am Rande der Innenstadt direkt am Friedhof.

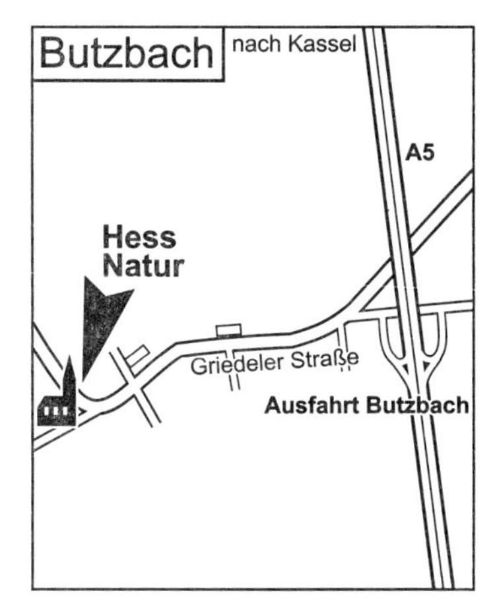

GLUMANN GOLDFISH WHY?NOT

DACAPO DESSOUS

Erfrischend bunter Bade-Spaß

Der Name Glumann ist bekannt für Mode und Passform.

Warenangebot: Dessous: BHs, Slips, Bodys bis Größe 120; Bademode: ganzjährig Badeanzüge, Bikinis bis Cup F. Strandbekleidung, Bademode für Herren und Kinder, Wäsche. Cups B, C, D und E.

Ersparnis: 40 bis 60 Prozent auf normale Ware aus der vergangenen Kollektion. Auch Kollektionsmuster und 1b-Ware aus laufender Kollektion. Viele Einzelteile oder Teile mit kleinen Fehlern aus der normalen Produktion günstiger.

Einkaufssituation: Verkauf am Firmensitz im Bürogebäude. Weg ist beschildert. Die beiden Verkaufsräume sind im Tiefparterre.

Firma: Glumann GmbH, Beach + Body, Wittichstraße 4, 64295 Darmstadt, Telefon: 0 61 51/ 81 94-0, Fax: 89 94 44.

Weitere Verkaufsstellen: **64683 Einhausen,** Waldstraße 19; **68647 Biblis,** Darmstädter Straße 141–143.

Öffnungszeiten: Montag bis Freitag 10.00 bis 18.00 Uhr, Samstag 10.00 bis 13.00 Uhr.

Streckenbeschreibung: Verkauf im Industriegebiet Darmstadt Südwest. Die Hauptausfallstraße in Richtung Bundesautobahn ist die Rheinstraße. Diese über die Bahnbrücke, erste Ampel links, immer geradeaus bis zum Ende der Straße. Dann rechts ab, nächste Straße wieder rechts ab. 2. Hofeinfahrt links.

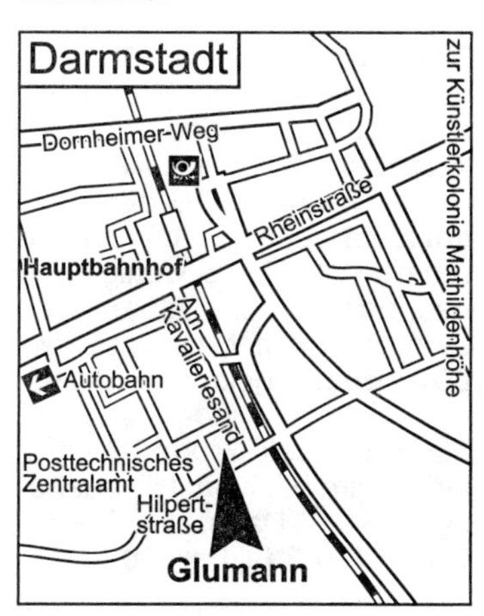

YARELL LOUIS FERAUD

Mode mit Stil

Mit den drei Marken Louis Feraud für höchste Ansprüche, Yarell und Fink für hohe Ansprüche, deckt die Firma preislich und qualitativ den gesamten Bereich gehobener Damenoberbekleidung ab. Höchstes Genre.

Warenangebot: Blusen, Hosen, Röcke, Pullover und Strickshirts, Mäntel, Jacken, Hosenanzüge und Kostüme, Cocktailkleider. Die drei Marken sind zahlenmäßig ungefähr gleichstark vertreten.

Ersparnis: genau 60 Prozent auf die ausgezeichneten (Einzelhandels-)Preise, Einzelteile und Bekleidung in der Mustergröße 38 erheblich mehr. Z. B. Blazer von Louis Feraud 503,40 DM (statt 839 DM), Kostüm von Fink 233,40 DM (statt 389 DM).

Einkaufssituation: An den Verkaufstagen ist der Weg durch das Betriebsgelände zum Verkaufsraum (Eingang linke Hausseite) beschildert. Großer und trotzdem sehr voller Verkaufsraum im UG. Viel zuwenig Kabinen. Es sind die regulären Preise ausgezeichnet, von denen die 60 Prozent abgezogen werden.

Firma: Yarell Mode GmbH/ Goodware Fashion, Hilpertstraße 35, 64295 Darmstadt, Telefon: 0 61 51/39 43 19, Fax: 39 42 90.

Öffnungszeiten: Dienstag 15.30 bis 18.00 Uhr, Donnerstag 15.30 bis 20.00 Uhr, Samstag 8.30 bis 13.00 Uhr.

Streckenbeschreibung: A 5 (Heidelberg–Frankfurt) oder A 67 (Mannheim–Rüsselsheim), Ausfahrt Darmstädter Kreuz. Richtung DA-Stadtmitte. Der Beschilderung Industriegebiet DA-Süd-West folgen. Dort der Beschilderung Bildungszentrum Telekom/Generaldirektion Dt. Post folgen. Yarell im letzten Haus rechts.

BIFFAR

Fruchtige Leckereien mit kleinen Schönheitsfehlern

Biffar ist einer der wenigen in Europa noch produzierenden Hersteller für kandierte Früchte, ein Produkt mit einer über 2000-jährigen Geschichte. Stellt auch Ingwerspezialitäten, Fruchpralines und Trüffel her. Ingwer stammt aus dem asiatischen Kulturraum. Schmeckt pikant scharf, mit anerkannt positiven Wirkungen auf Kreislauf und Verdauungssystem.

Warenangebot: 2. Wahl gemischt oder sortiert, je nach Verfügbarkeit. Belegfrüchte (zum Weiterverarbeiten, z. B. in der Küche). Restposten aus Musterproduktion und Sonderanfertigungen, z. B. auch einzelne Präsente.

Ersparnis: 2. Wahl zwischen 20 bis 30 Prozent günstiger. Keine Billigware. Qualität hat ihren Preis.

Besonderheiten: Deidesheim ist ein bekannter Weinort an der Deutschen Weinstraße mit anerkannt hervorragenden Lagen. Der Ort bietet erstklassige Gastronomie. Auch befindet sich in der Nachbarschaft ein zum Familienbesitz gehörendes Weingut.

Firma: J. Biffar & Co. GmbH, Niederkircher Straße 13–15, 67146 Deidesheim, Telefon: 0 63 26/50 28, Fax: 76 97.

Öffnungszeiten: Montag bis Freitag 8.00 bis 12.00 Uhr und 13.00 bis 17.00 Uhr, Samstag geschlossen.

Streckenbeschreibung: von A 61 auf A 650 abbiegen (Abfahrt Bad Dürkheim). Nach Autobahnende 2. Abfahrt links Richtung Deidesheim. Dort zweites Anwesen rechts.

HANNA

Ideen die beflügeln!

Delbrück liegt zwischen Rheda-Wiedenbrück und Paderborn. Hier haben die Hähnchen vom Lande ihre Heimat. Geflügelfleisch-Produkte gibt es hier in westfälischer Landqualität im besten Sinne.

Warenangebot: Hähnchen- und Putenbrustfilets, z. B. unpaniert, paniert, gefüllt. Produkte sind erhältlich im 3-kg-Karton oder 1-kg-Beutel. Besonders geeignet für die heimische Vorratshaltung in der Tiefkühltruhe.

Ersparnis: mindestens 20 Prozent. Preisbeispiele: Hähnchenbrustfilet natur, 3000-Gramm-Karton, 33 DM, dto. paniert, 29 DM. Kilogrammbeutel Chicken-Crossie bei 10,50 DM.

Einkaufssituation: Klein- oder Privatverkauf direkt an der Zentrale, Selbstbedienung aus den Tiefkühltruhen.

Firma: Hanna Feinkost GmbH, Bokerstraße 41, 33129 Delbrück, Telefon: 0 52 50/5 10 70, Fax: 51 07 43.

Öffnungszeiten: Montag bis Freitag 8.00 bis 18.00 Uhr.

Streckenbeschreibung: Delbrück ist von Rheda-Wiedenbrück oder von Paderborn aus per Landstraße zu erreichen. In Delbrück Richtung Salzkotten fahren – die Straße führt direkt an Hanna vorbei.

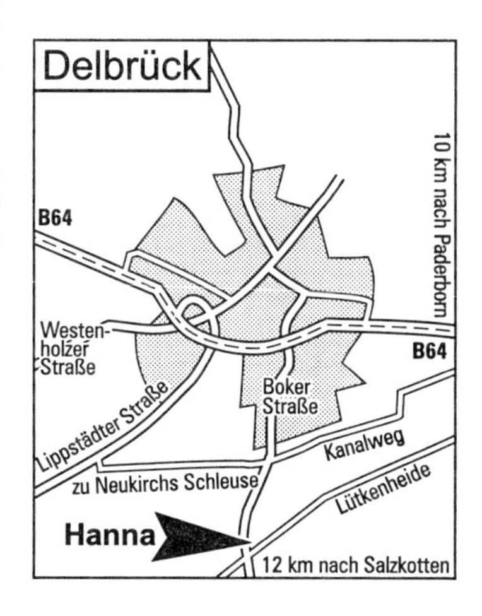

STOFFMARKT DIEBURG

Kleider- und Dekostoffe aus aller Welt

Supermodische Stoffe in anerkannter Qualität.

Warenangebot: Stoffe aus aller Welt in vielen aktuellen Qualitäten im Kinder-, Damen-, Gardinen- und Dekostoffbereich, Mustern und Farben, z. B. aus Italien, Spanien, Frankreich, Slowenien, Brasilien, Indien, China, Japan, Korea, Taiwan, Indonesien, Großbritannien und Deutschland. Nähservice.

Ersparnis: im Durchschnitt 30 Prozent, bei Sonderangeboten und Restposten bis zu 70 Prozent und mehr Preisnachlass. Topadresse für Frauen, die rechnen. Im Sommer-/Winterschlussverkauf nochmals bis 50 Prozent reduziert.

Einkaufssituation: Warenpräsentation übersichtlich. Freundliches, fachkundiges Personal.

Firma: Stoff- und Gardinenmarkt Rueth Textil GmbH, Dammweg 2–6, 64807 Dieburg, Telefon: 06071/209827, Fax: 21394.

Öffnungszeiten: Montag bis Freitag von 10.00 bis 18.00 Uhr durchgehend, Samstag 9.00 bis 13.00 Uhr.

Streckenbeschreibung: Zentraler Standort zwischen Frankfurt–Aschaffenburg und Darmstadt. 1. Von Frankfurt kommend – Autobahn A 3, Abfahrt Hanau, dann B 45 Richtung Dieburg bis Ausfahrt Dieburg-Nord Industriegebiet, Lagerstraße, Dammweg, hinter Minimal-Markt. 2. Von Aschaffenburg kommend – B 45 Richtung Hanau bis Dieburg-Nord Industriegebiet. Dann weiter siehe Punkt 1. 3. Von Darmstadt kommend – B 26 bis Dieburg-Nord Industriegebiet. Dann weiter siehe Punkt 1.

ORTH

Absolut konkurrenzfähig

Feminine Kollektionen, junge Mode und Mode für die Frau in der Blüte.

Warenangebot: Blazer, Mäntel, Jacken, Kostüme, Röcke, Hosen, Kleider, Lama-Mäntel, Lama-Jacken; Stoffreste.

Ersparnis: Bei 50 bis 60 Prozent Ersparnis gibt es keine Ladenhüter; Beispiele: legerer Mikrofaser-Parka 180 DM, Blazer ab 60 DM, Kostüme ab 150 DM.

Einkaufssituation: Verkauf direkt ab Nähhalle; Eingang ist die Tür rechts (vom Parkplatz aus betrachtet); in einer Lagerecke ist die Ware schlicht auf Ständerreihen postiert.

Firma: Orth GmbH & Co., Presber Straße 1, 35683 Dillenburg, Telefon: 0 27 71/2 10 31, Fax: 2 10 33.

Öffnungszeiten: Montag bis Freitag 8.00 bis 12.30 Uhr, Montag und Donnerstag zusätzlich 13.30 bis 16.00 Uhr.

Streckenbeschreibung: Vorsicht, da meist Einbahnstraßen: Am Ortseingang Schnellstraße Richtung Zentrum, an der 2. Ampel links einordnen, um Verkehrsinsel, parallele Straße zurück, ca. 200 Meter zur linken Hand.

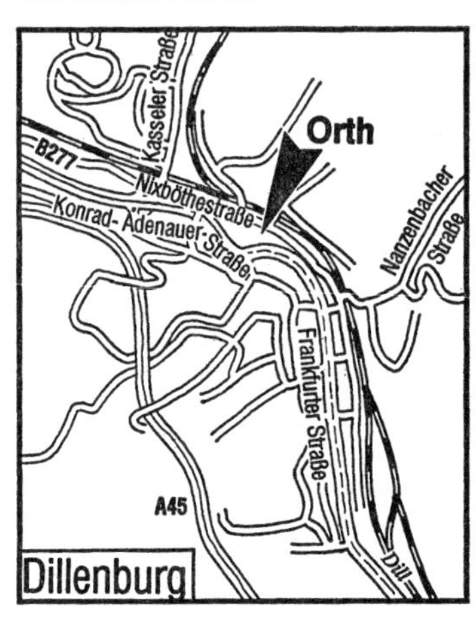

SPOTLIGHT **EDUARD DRESSLER** **SEIDENSTICKER**

Angezogen

Wer keinen übermäßigen „Klamottenkult" betreibt, wird hier für wenig Geld glücklich werden: durchschnittliche Mode ohne viel Schnickschnack aus guter Qualität.

Warenangebot: 1.- und 2.-Wahl-Ware: Große Hosenauswahl für Damen und Herren (Jeans, Stoff, Stretchhosen), schicke Mäntel und Jacken aus Sympatex und Tactel, Hosenanzüge, Kostüme, Blusen, Blazer, Strick und T-Shirts.

Ersparnis: 2.-Wahl-Ware mit kleinen Schönheitsfehlern: 50 bis 60 Prozent Ersparnis; Preisbeispiele: Jeans 49 DM, Blusen 50 DM, Sympatex-Jacken 249 DM, Sakkos 149 DM, Gürtel 2 DM. Im Sommer-/Winterschlussverkauf nochmals um 20 bis 30 Prozent reduziert.

Einkaufssituation: Großes Gebäude der Firma TEBE, der Eingang zum Verkauf ist in der Benzstraße; einfache Präsentation im schlauchförmigen Verkaufsraum; Selbstbedienung.

Besonderheiten: In der Benzstraße 10 gibt es einen „namenlosen" Schuhverkauf, der zu sehr günstigen Preisen italienische Schuhe anbietet; Öffnungszeiten: Freitag 11.00 bis 17.00 Uhr, Samstag 10.00 bis 13.00 Uhr.

Firma: TEBE GmbH, Benzstraße 20, 63303 Dreieich-Sprendlingen, Telefon: 0 61 03/ 93 66 66.

Öffnungszeiten: Montag bis Freitag 9.00 bis 13.00 und 14.30 bis 18.00 Uhr. Samstag 9.00 bis 13.00 Uhr.

Streckenbeschreibung: A 3 (Frankfurt – Darmstadt) bis Ausfahrt Dreieich-Sprendlingen; nach Ortsbeginn Sprendlingen die 2. Straße rechts und nochmals die 2. Straße rechts.

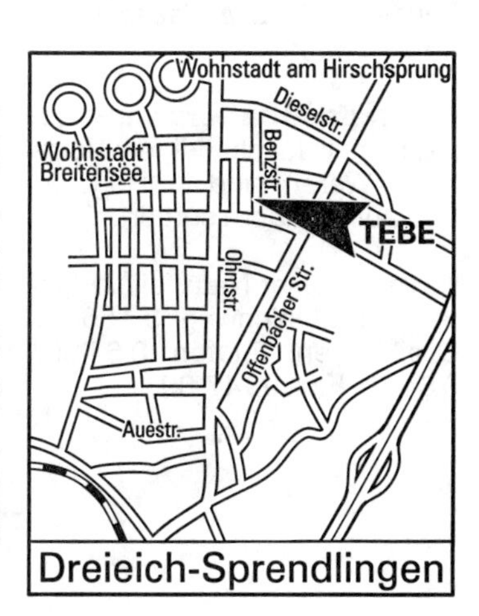

KAISER

Lammfrommer Schutz

Ob Luxuskarosse oder Schrottkarre – Kaisers Autositzfelle aus Lamm zieren jeden Sitz. Damit der Weg vom Auto zum Haus nicht zu Frostbeulen führt, gibt es die Lammfellfäustel. Und zu Hause wärmen die flauschigen Hausschuhe in Lammqualität die frostigen Füße.

Warenangebot: Autositzfelle für Vorder- und Rückbank, lammfellgefütterte Lederhausschuhe (auch mit Borten), Arbeits- und Stückelwesten, zum Teil auch Lederbekleidung (Hosen, Röcke, Jacken).

Ersparnis: 20 bis 30 Prozent für durchweg erste Qualität. Lammfellvordersitz für Mercedes 130 DM, für Rückbank 385 DM, Vordersitz aus Patchwork und Webpelz 59 DM, Lammfell-Fäustel 19,80 DM, Hausschuhe ab 35 DM.

Einkaufssituation: Verkaufslager mit fachkundiger Beratung. Waren sind in Regalen und auf Ständern sortiert.

Firma: Kaiser Naturfellprodukte, Am Mühlenweg 3, 56414 Dreikirchen, Telefon: 0 64 35/ 9 64 70, Fax: 96 47-09.

Öffnungszeiten: Montag bis Freitag 8.00 bis 12.00 Uhr und 13.00 bis 17.00 Uhr.

Streckenbeschreibung: Dreikirchen liegt nordwestlich von Limburg. A 3 Köln–Frankfurt, Ausfahrt Diez, Richtung Nentershausen/Dreikirchen. Firma liegt im Gewerbegebiet Dreikirchen.

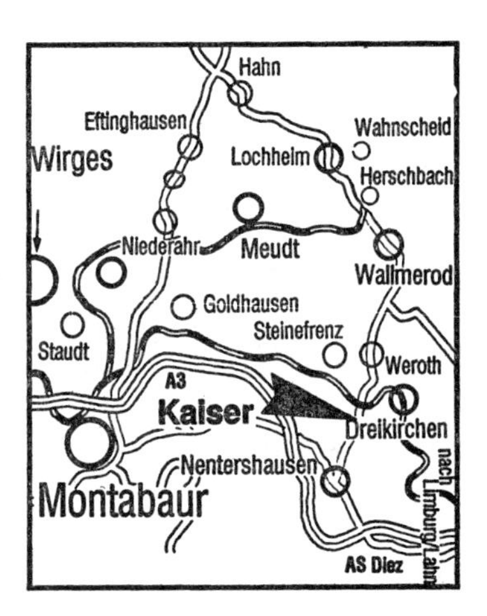

KLARMÖBEL

Transparente Wohnlichkeit

... mit edlen Möbeln aus Acryl und Glas, die den Raum optisch nicht füllen. Mit ihrer Brillanz passen sie zu jeder Einrichtung und Holzart. Klarmöbel sind gänzlich schadstoff-frei, langlebig und vielseitig verwendbar.

Warenangebot: Phonomöbel, Regale, Vitrinen, Schreibtische, Couch- und Esstische, Rollwagen, CD-Ständer, Wohn- und Büroaccessoires, alle Arten von Sonderausführungen.

Ersparnis: auf 1a-Qualitäten 30 Prozent Ersparnis, 2. Wahl und Auslaufmodelle stärker reduziert.

Einkaufssituation: Ware übersichtlich präsentiert; Fachberatung und Prospektmaterial.

Besonderheiten: Die Klarmöbel-Waren werden in Handarbeit aus hochwertigem Acryl und Glas gefertigt. Sie sind antistatisch behandelt, pflegeleicht und beständig. Maßanfertigungen möglich.

Firma: Klarmöbel KV-Kunststoff-Verarbeitung GmbH, Hauptstraße 71, 65817 Eppstein-Vockenhausen, Telefon: 0 61 98/ 82 53 und 74 16, Fax: 3 30 13.

Öffnungszeiten: Mittwoch und Freitag 10.00 bis 18.00 Uhr, Samstag 10.00 bis 14.00 Uhr (Oktober bis Dezember bis 16.00 Uhr).

Streckenbeschreibung: AB Richtung Köln, nach Wiesbaden, Abfahrt Niedernhausen nach Königstein. An der 1. Ampel links, Vockenhausen, Hauptstraße.
Von Frankfurt a. M. A 66, Abfahrt Hattersheim/Eppstein. In Eppstein nach Ampel links, 400 m bis 2. Ampel, dort rechts, Vockenhausen, Hauptstraße.

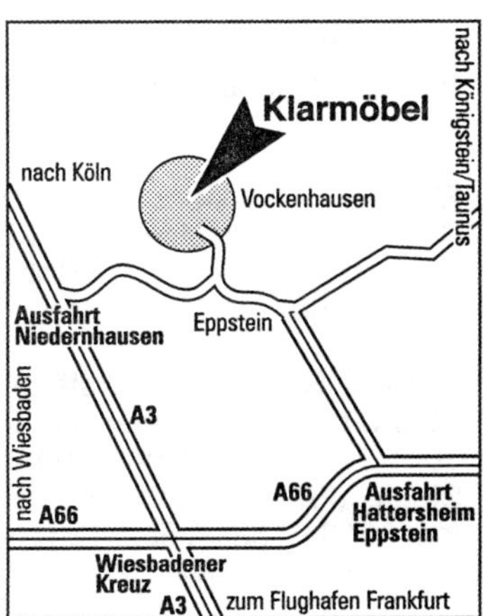

SCHMUCK-WERKSTÄTTEN W. GROSS KG

GOLDKETTE GRUPPE

Gold und Juwelen direkt ab Hersteller

Die Schmuck-Werkstätten W. Groß KG ist ein Tochterunternehmen der Goldkette, die seit Jahren in den deutschen Modezentren Handel und Gewerbe mit echtem Schmuck beliefert.

Warenangebot: Colliers, Diamantringe, Brillant-Ohrstecker, Juwelen-Ware aus eigener Herstellung. Das gesamte Großhandels-Sortiment der Goldkette-Gruppe. Außerdem bietet die Werkstatt den Service eines hochwertigen Schmuckanbieters: Reparaturen, Einzelanfertigung, Umarbeitung etc.

Ersparnis: Alle Artikel sind mit Endverbraucherpreisen ausgezeichnet. Preis direkt ab Hersteller ist davon die Hälfte + MwSt. Markenuhren minus 20 Prozent.

Einkaufssituation: Eschborn-Süd, Frankfurter Straße 70–72, Haus der Mode 3, 1. Stock, Raum 0150.

Firma: Schmuck-Werkstätten W. Groß KG, Frankfurter Straße 70–72, Haus 3, Raum 0150, 1. Stock, 65760 Eschborn, Telefon: 06196/45317, Fax: 42665.

Öffnungszeiten: Montag bis Freitag 9.00 bis 17.00 Uhr, 1. Samstag im Monat 10.00 bis 14.00 Uhr, auch verkaufsoffene Sonntage.

Streckenbeschreibung: A 66, Ausfahrt Eschborn, 1. Ampel rechts ist Frankfurter Straße, nach 500 m liegen rechts die Häuser der Mode, Parkmöglichkeit in der Tiefgarage oder im Hof, 1,5 Std. frei.

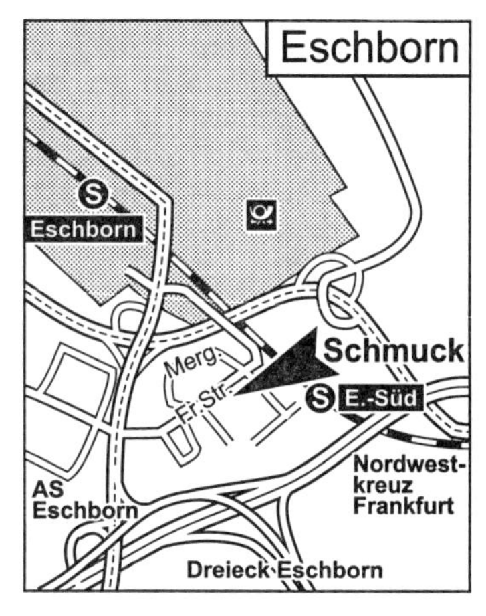

KLOECK-LEUCHTEN

Atmosphäre durch Licht

Hochwertige Qualität zum vernünftigen Preis – so lautet die Philosophie von Kloeck-Leuchten. Edle Materialien (Bronze, massives Messing, Swarowski-Kristall, mundgeblasenes Kristall) werden zu exklusiven, klassischen und modernen Leuchten in verschiedenen Stilrichtungen geformt.

Warenangebot: Hänge-, Steh- und Deckenleuchten in verschiedenen Variationen.

Ersparnis: bis 25 Prozent, Auslaufmodelle und 2. Wahl, je nach Mangel bis 60 Prozent.

Einkaufssituation: 280 m² großer Ausstellungsraum mit guter Warenpräsentation (alle Leuchten sind angeschlossen). Gute Beratung durch Personal.

Firma: Kloeck-Leuchten, Gartenstraße 13, 74927 Eschelbronn, Telefon: 06226/41201-2, Fax: 42332.

Öffnungszeiten: Montag bis Freitag 9.00 bis 13.00 Uhr, Samstag 10.00 bis 13.00 Uhr. Auch telefonische Terminvereinbarung möglich.

Streckenbeschreibung: A 6 Ausfahrt Sinsheim, auf B 45 Richtung Heidelberg, nach Zuzenhausen rechts ab auf die L 549 bis Eschelbronn. Dort Wegweiser Firma Kloeck-Leuchten.

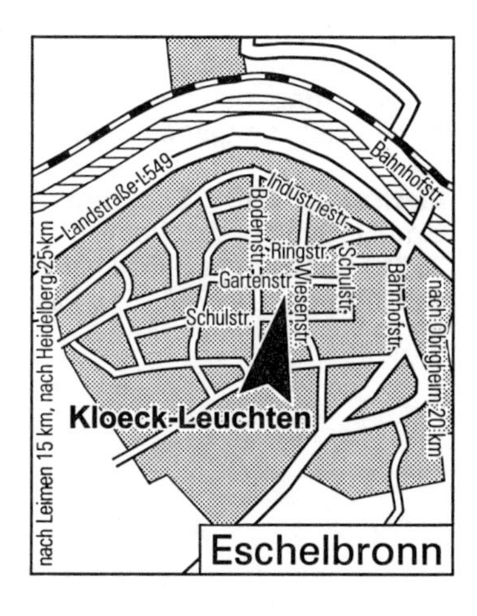

EIBE

Sicher in bester Form

Die neue Formel für Schutzschuhe, die im Einzelhandel kaum erhältlich sind: Sicherheit (EN 345) + Naturkork + Naturform. Hohes technisches Know-how, der Einsatz bester Materialien und verschiedene Leistengrößen garantieren bequemes Gehen und Stehen: Schuhe für viele Zwecke.

Warenangebot: Halbschuhe, Stiefeletten, Sandalen, Stiefel. Stabilität und Gewicht der Sohle variieren.

Ersparnis: ca. 30 Prozent: Halbschuhe (Nitrilsohle) 66 DM, Halbschuhe (leichte PUR-Sohle) 76 DM.

Einkaufssituation: direkt ab Lager; Parkplätze und Eingang an Rückseite des Gebäudes bei Schild „Lager".

Besonderheiten: Die Schuhe haben einen Komfort und ein Design, das durchaus einem Allzweckschuh gerecht wird.

Firma: EIBE-Schuhfabrik GmbH, Simmersbacher Str. 17, 35713 Eschenburg-Eibelshausen, Telefon: 02774/6079, Fax: 6579.

Öffnungszeiten: Montag bis Donnerstag 7.00 bis 16.00 Uhr, Freitag 7.00 bis 14.30 Uhr. Betriebsferien im Sommer/Weihnachten.

Streckenbeschreibung: Eschenburg-Eibelshausen liegt an der B 253 (Battenberg–Dillenburg); von Battenberg kommend, vor Eschenburg rechts nach Eibelshausen, dort immer Richtung Skilift fahren; kurz vor Ortsende ist links die Firma.

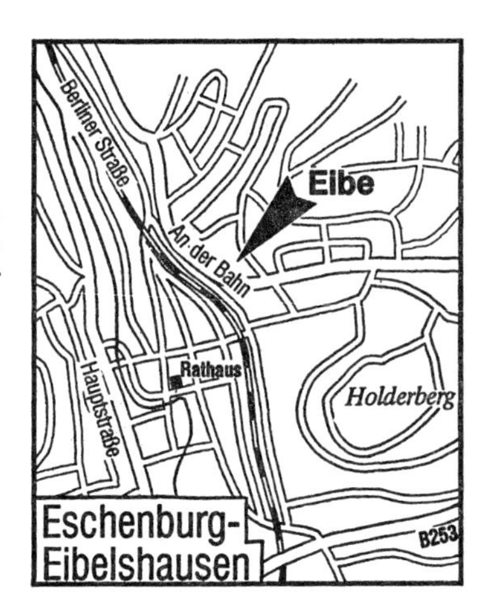

KARSTADT

Restposten zu volkstümlichen Preisen

Auch eine der größten Kaufhausketten kann nicht das ganze Warensortiment bis zum letzten Paar Schuhe verkaufen. Einzelstücke, Auslaufmodelle und Restposten werden in Flörsheim verkauft.

Warenangebot: vor allem Haushaltswaren und Bekleidung. Von der Stalllaterne über das Autoleder bis hin zu Kinderfahrradhelmen, Bohrmaschinen, Schuhen und Mülleimern. Viele Artikel, jedoch kein vollständiges Sortiment.

Ersparnis: 20 bis 30 Prozent; Einzelteile bis zu 50 Prozent.

Einkaufssituation: zwei große Lagerhallen. Präsentation: vom Wühltisch bis zum gut sortierten Regal. Waren werden bei gutem Wetter auch auf dem Vorplatz präsentiert.

Besonderheiten: Die Filialen von Karstadt und Hertie im Umkreis von Frankfurt wechseln sich monatlich ab. Das Angebot der Ware hängt somit von der Filiale ab.

Firma: Karstadt Verbundlager Flörsheim, Weilbacherstraße 29, Telefon: 0 61 45/5 70.

Öffnungszeiten: Donnerstag und Freitag 10.00 bis 18.00 Uhr, Samstag 9.00 bis 14.00 Uhr.

Streckenbeschreibung: von Frankfurt aus auf der A 66 Richtung Wiesbaden; Ausfahrt Flörsheim auf die B 519. Weilbach durchfahren immer Richtung Flörsheim. Am Ortseingang von der Rheinallee gleich links in die Weilbacherstraße. Großer Parkplatz auf der linken Seite.

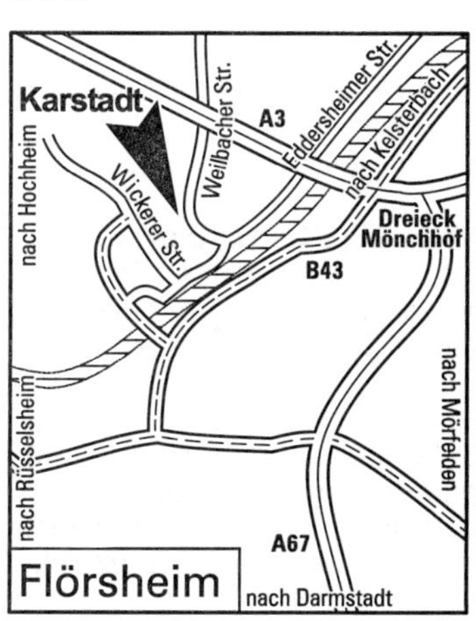

WIN-COSMETIC **CIEN** **KD** **A&P** **AHORN** **W5**

Der Drogerie-Fachmann

Die rhein-hessische Firma produziert vor allem für die großen Ketten, wie Kd-Markt, A&P, Lidl, Aldi usw. In Flörsheim-Dalsheim mixen die Chemiker im eigenen Labor Seifen, Shampoos und Putzmittel, die aus den Kesseln direkt in die handelsüblichen Flaschen und Spender abgefüllt werden.

Warenangebot: Körperpflegeprodukte: Duschgels, Waschlotionen, Schaumbadezusätze, medizinische Badezusätze (Eukalyptus, Melisse etc.), verschiedene Shampoos, Kinderpflege, Creme- und Flüssigseifen, Körpercremes. Reinigungsmittel: Sanitär-, Bad-, WC-, Allzweckreiniger, Scheuermilch, Essigreiniger-, Bodenglanz und -reiniger, Spülmittel, Entkalker.

Ersparnis: ca. 40 bis 50 Prozent, Beispiel: Cremeseife (500 ml) 1,20 DM; bei Flaschen mit Schönheitsfehlern (Delle, schiefes Etikett, Füllung nicht exakt) rund 85 Prozent, Beispiel: WC-Ente 0,80 DM.

Einkaufssituation: ein schlichtes weißes Schild weist den Weg zu dem unscheinbaren Verkaufsraum, der an das Lager angegliedert ist. Ware preisausgezeichnet in Regalen. Artikel mit Schönheitsfehlern sind direkt an der Eingangstür aufgetürmt und mit schwarzem Kreuz, meist auf dem Deckel, gekennzeichnet.

Firma: WIN Cosmetic GmbH, Wilhelm-Ternis-Straße 21, 67592 Flörsheim-Dalsheim, Telefon: 0 62 43/90 60-0.

Öffnungszeiten: nur am Samstag 10.00 bis 12.00 Uhr.

Streckenbeschreibung: A 61, Ausfahrt Worms, dann auf B 47 nach Monsheim, weiter nach Flörsheim-Dalsheim; dort Richtung Westhofen/Gundheim; Firma am Ortsende rechts; Besucherparkplätze.

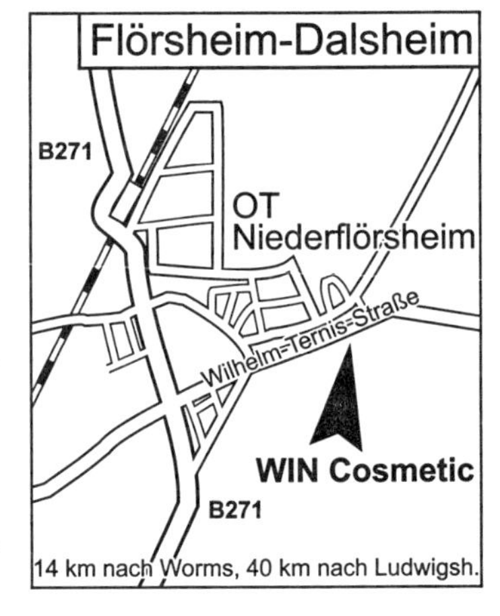

MÜTZE TEXTILBAND GMBH

Textilbänder und Stoffe – Qualität am laufenden Band

Als internationaler Partner der Bekleidungs- und Heimtextil-Industrie ist die Mütze Textilband GmbH einer der führenden Hersteller von hochwertigen Textilbändern. Sie werden aus den unterschiedlichsten Stoffqualitäten geschnitten.

Warenangebot: Textilbänder und Restbestände von hochwertigen, modisch aktuellen Stoffen in unterschiedlichsten Breiten und Qualitäten – vom leichten Blusenstoff bis hin zu schweren Möbelstoff-Qualitäten; sehr großes Angebot an Samt- und Veloursstoffen zu Dekorationszwecken, Kurzwaren.

Ersparnis: Einsparungen bis zu 50 Prozent vom normalen Ladenpreis, darüber hinaus sehr günstige Sonderangebote. Es wird nur 1.-Wahl-Ware angeboten.

Einkaufssituation: Verkaufsraum von ca. 100 m², einfache, übersichtliche Präsentation der Stoffballen, größere Metragen werden aus dem Fabriklager entnommen, fachkundiges Personal. Sehr gutes Preis-Leistungs-Verhältnis.

Firma: Mütze Textilband GmbH, 35066 Fankenberg/Eder, Sachsenberger Straße 3, Telefon: 0 64 51/4 00 00, Fax: 2 20 60.

Öffnungszeiten: Montag und Freitag 9.00 bis 13.00 Uhr, Mittwoch 14.00 bis 18.30 Uhr.

Streckenbeschreibung: Frankenberg liegt an der B 252 zwischen Marburg und Diemelstadt sowie an der B 253 zwischen Dillenburg und Fritzlar. Aus der Kernstadt kommend, Richtung Sachsenberg zum Ortsteil Schreufa. Nach scharfer Linkskurve 2. zurückliegendes Fabrikgebäude rechts.

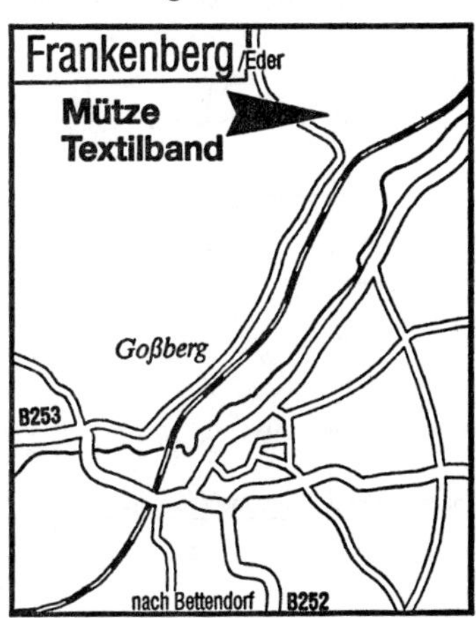

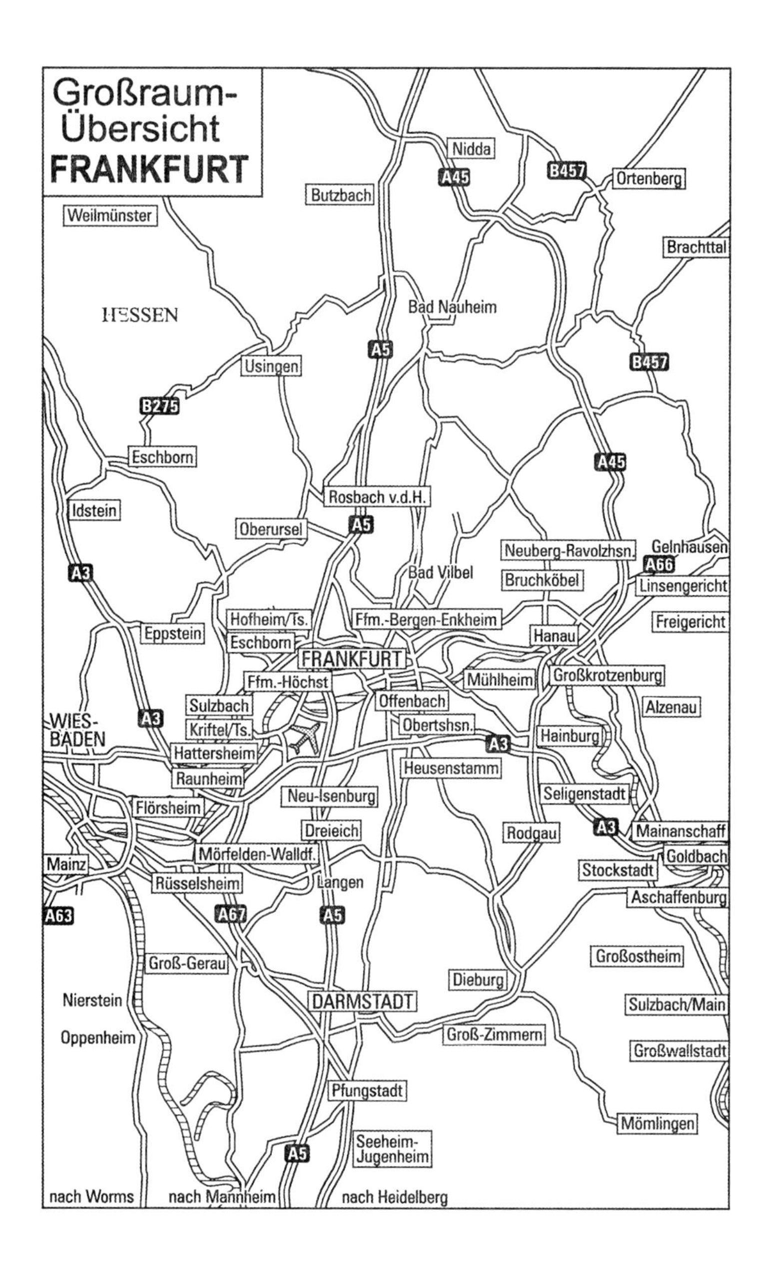
Großraum-
Übersicht
FRANKFURT
Weilmünster
Butzbach
Nidda
A45
B457
Ortenberg
Brachttal
HESSEN
Bad Nauheim
A5
B457
Usingen
B275
Eschborn
A45
Idstein
Rosbach v.d.H.
Oberursel
A5
Neuberg-Ravolzhsn.
Gelnhausen
A66
A3
Bad Vilbel
Bruchköbel
Linsengericht
Hofheim/Ts.
Ffm.-Bergen-Enkheim
Freigericht
Eppstein
Eschborn
Hanau
FRANKFURT
Mühlheim
Großkrotzenburg
Ffm.-Höchst
Sulzbach
Offenbach
Alzenau
WIES-
BADEN
A3
Kriftel/Ts.
Obertshsn.
Hainburg
A3
Hattersheim
Heusenstamm
Raunheim
Seligenstadt
Neu-Isenburg
Flörsheim
Dreieich
Rodgau
A3
Mainanschaff
Mörfelden-Walldf.
Goldbach
Mainz
Stockstadt
Rüsselsheim
Langen
Aschaffenburg
A63
A67
A5
Großostheim
Groß-Gerau
Dieburg
Nierstein
DARMSTADT
Sulzbach/Main
Oppenheim
Groß-Zimmern
Großwallstadt
Pfungstadt
Mömlingen
Seeheim-
Jugenheim
A5
nach Worms
nach Mannheim
nach Heidelberg

SCOUT

Bekannteste deutsche Schulranzenmarke

Über acht Millionen verkaufte Scout-Schulranzen und dreimal „SEHR GUT“ von der Stiftung Warentest sprechen für die Spitzenqualität des Schulranzen-Marktführers. Passend dazu gibt es ein breites Ergänzungssortiment, vom Mäppchen bis zur Sporttasche.

Warenangebot: Schulranzen. Ein sehr praktisches und kindgerechtes Vorschulprogramm rundet das Sortiment ab.

Ersparnis: ausschließlich 2. Wahl ohne Funktionsfehler. Bei Scout zwischen 30 und 40 Prozent.

Einkaufssituation: heller, einfach eingerichteter Verkaufsraum. Ware übersichtlich präsentiert.

Firma: Alfred Sternjakob GmbH & Co. KG, Frankenstraße 47–55, 67227 Frankenthal-Pfalz, Telefon: 0 62 33/49 01-0 oder 49 01 26, Fax: 49 01 67.

Öffnungszeiten: jeden Mittwoch von 14.00 bis 17.30 Uhr.

Streckenbeschreibung: A 6 – Viernheimer Dreieck – Saarbrücken, Abfahrt Ludwigshafen/ Worms, Richtung Ludwigshafen, Abfahrt Frankenthal bis zur Ampel, dann links, zweite Straße links.

MARBERT JADE MOUSON SCHWARZKOPF

Exklusive Marken

Die weltbekannten Kosmetik-Marken MARBERT, JADE, MOUSON und SCHWARZKOPF bieten Spitzenkosmetik. Dass diese Marken direkt neben HÖCHST verkauft werden, hat historische Gründe. Früher gehörten bekannte Kosmetik-Marken zum Höchst-Konzern. Aus dieser Zeit stammt der COSMETIC-Verkauf in der Jahrhundert-Halle.

Warenangebot: Marbert: komplette Hautpflegeserie. Schwarzkopf: komplettes Haarpflegeprogramm von Gliss, Seborin-Shampoo, Kaloderma-Rasierpflege, Pilca-Haarentfernungscreme, Hattric-Pre-Shave, Massage- und Saunaartikel.

Ersparnis: 25 Prozent auf reguläre Ware, Beispiel: Marbert-Intensive-Creme (50 ml) 46,50 DM, Jade-Kajal 3,60 DM; Sonderangebote 50 Prozent und viel mehr; Beispiel: Marbert-Nagellack 1,95 DM (!), -Mascara 1,95 DM.

Einkaufssituation: Verkauf in der Jahrhunderthalle; Eingang ca. 50 m links neben Haupteingang oder netten Pförtner fragen. Verkaufsstand im Vorraum zur Werkskantine. Rechtzeitig erscheinen, da die Verkäuferin bereits 10 Minuten vor Feierabend einpackt.

Firma: Der Cosmetic-Verkauf, Jahrhunderthalle, Pfaffenwiese, 65929 Frankfurt.

Öffnungszeiten: Montag, Dienstag, Donnerstag und Freitag 12.00 bis 15.00 Uhr.

Streckenbeschreibung: A 66 (Wiesbaden–Frankfurt), Ausfahrt Zeilsheim, ab hier Beschilderung Jahrhunderthalle folgen; Parken direkt vor Jahrhunderthalle.

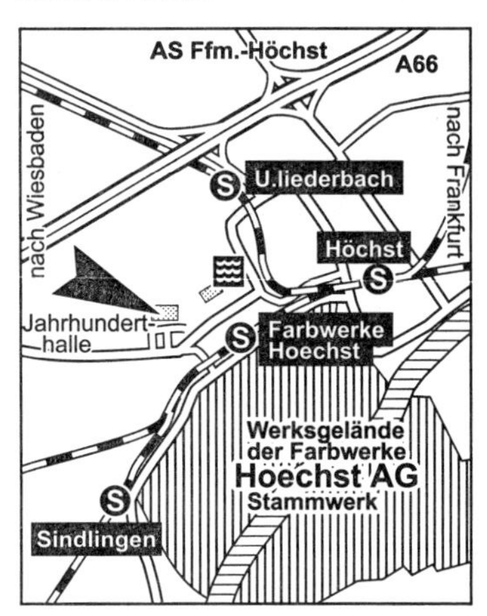

HÖCHSTER PORZELLAN

Höchster Porzellan – die Traditionsmarke mit dem Rad

Im Jahr 1746 wurde in Höchst am Main die kurfürstlich-mainzische Höchster Porzellan-Manufaktur gegründet. Sie ist damit die zweitälteste Manufaktur in Deutschland.

Warenangebot: Manufakturporzellane in weiß und handbemalt. Service- und Zierporzellane (Vasen, Schalen, Dosen) sowie Figuren. Attraktive Angebote der Höchst Decor GmbH.

Ersparnis: Erst- und Zweitsortierung. Zweitsortierung 25 Prozent günstiger. Wechselnde Angebote mit Sonderpreisen. Im Sommer-/Winterschlussverkauf nochmals um 25 Prozent reduziert.

Einkaufssituation: Direktverkauf im Dalberger Haus. Im historischen Kellergewölbe befindet sich eine exklusive Ausstellung mit Filmvorführung.

Tipp: Die Porzellanstadt Höchst mit Schloss, Bolongaropalast und dem Porzellanmuseum ist immer einen Besuch wert.

Firma: Höchster Porzellan-Manufaktur GmbH, Bolongarostraße 186 (Dalberger Haus), 65929 Frankfurt-Höchst, Telefon (Verkauf) 0 69/30 09 02-40, Fax: 0 69/30 09 02-24.

Öffnungszeiten: Montag bis Freitag 10.00 bis 18.00 Uhr, Samstag 10.00 bis 14.00 Uhr.

Streckenbeschreibung: Abfahrt Frankfurt-Höchst von der A 66 auf die Königsteinerstraße, Bahnunterführung, rechts abbiegen in die Hostatostraße, links abbiegen in die Leverkuserstraße, geradeaus bis Ende, links abbiegen Bolongarostraße – 1. Haus links Dalberger Haus. Parkplatz vorhanden.

MAM LIMITED

Polstermöbel preiswert

MAM limited bietet beste Qualität und beste Marken zum günstigen Preis. Es handelt sich um Polstermöbel von renommierten deutschen Herstellern und internationalen Designern – Möbel die überwiegend von Messen und Ausstellungen stammen.

Warenangebot: Sofas, Couch- und Wohnzimmergarnituren, Wohnzimmertische, Sessel, Stühle, Schlafmöbel; Esszimmermöbel; Bettwäsche, Bettwaren aller Art.

Ersparnis: ca. 30 bis 70 Prozent; Ledersessel 1000 DM, Couch-Glastisch 700 DM, Polstermöbelgarnituren 2000 bis 9000 DM.

Einkaufssituation: Ware in großer Halle ausgestellt und preisausgezeichnet. Ware so wie angeboten erhältlich.

Firma: MAM-Liegewiese, Borsigallee 17, 60388 Frankfurt, Telefon: 069/40 80 61-85, Fax: -86.

Öffnungszeiten: Dienstag bis Freitag 10.00 bis 20.00 Uhr, Samstag 10.00 bis 16.00 Uhr.

Streckenbeschreibung: Die Borsigallee erreicht man über die A 66 (Ausfahrt Frankfurt–Bergen–Enkheim). Einmündung ist Borsigallee. Hier links ca. 600 m. Oder A 661, Ausfahrt FFM-Ost, Richtung Riederwald.

Weitere Verkaufsstellen:
63741 Aschaffenburg, Auhofstraße 20, Telefon: 0 60 21/ 41 09 80, Fax: 41 09 81.
68535 Edingen-Neckarhausen, Rosenstraße 83 (bei Mannheim), Telefon: 06 21/4 84 22 73, Fax: 4 84 22 74.
55120 Mainz-Mombach, Hauptstraße 17–19, Telefon: 0 61 31/ 96 81 04, Fax: 96 81 05.
63263 Neu-Isenburg, Hans-Böckler-Straße 9, Telefon: 0 61 02/78 70 35, Fax: 78 70 36.

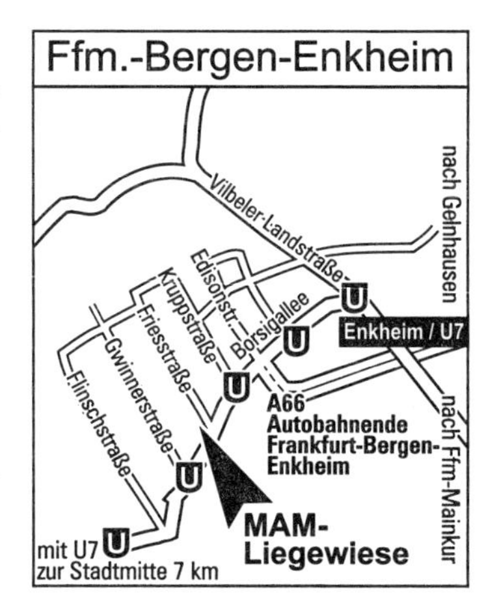

JACK WOLFSKIN **JANSPORT** **BIG PACK** **THINK PINK** **MAMMUT** **VAN DEE** **CAMEL**

Immer einer Spur voraus

Die Wolfstatze ist wohl das bekannteste Markenzeichen für Outdoor-Equipment in Deutschland. Die Mode von Jack Wolfskin ist Schwerpunkt bei Mc Trek. „Der Outdoor-Schotte".

Warenangebot: Musterstücke, Garantieware, Auslaufmodelle und Restposten von bekannten Outdoorherstellern. 2.-Wahl-Ware ist mit farblich unterschiedlichen Preisschildern ausgezeichnet: Outdoorbekleidung, Rucksäcke, Schlafsäcke, Isomatten, Zelte, Kocher, Flaschen.

Ersparnis: 30 bis 50 Prozent. Einzelne Stücke bis zu 70 Prozent reduziert. Im Sommer-/Winterschlussverkauf nochmals reduziert.

Einkaufssituation: großer, überschaubarer Raum. Bekleidung nach Größen geordnet, für jeden Artikel extra Abteilung.

Besonderheiten: günstige Markenfahrräder bei BEN BIKE im gleichen Gebäude.

Firma: Mc TREK GmbH, Hamburger Allee 49–53, 60486 Frankfurt a. M., Telefon: 069/97992010, Fax: 069/97992040.

Öffnungszeiten: Montag bis Freitag 10.00 bis 19.00 Uhr, Samstag 10.00 bis 16.00 Uhr, Winter bis 18.00 Uhr.

Streckenbeschreibung: von der A 5 bis zum Westkreuz, dann auf die A 648 bis zur Messe in die Theodor-Heuss-Allee, dann in den Kreisverkehr (3. Abzweigung links) in die Hamburger Allee. Auf der linken Seite Hausnummer 49.

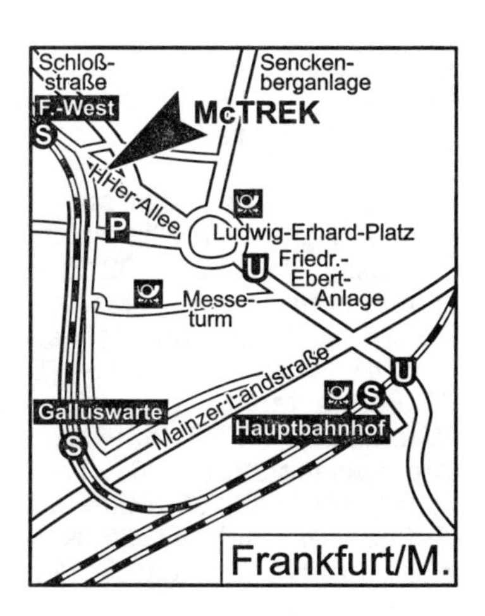

NECKERMANN

Keine „Ladenhüter“

Während der Laufzeit der Kataloge wird die Absatzwegeplanung für die sogenannte „Überhangware“ erstellt. Alles, was nicht wie gewünscht „läuft“, muss so früh wie möglich auf anderem Wege „an den Mann“ gebracht werden – um Ladenhüter zu vermeiden.

Warenangebot: Damen-, Herren-, Kinderkonfektion (Ober- und Unterbekleidung), Heimtextilien, Schuhe, Schmuck.

Ersparnis: rund 50 Prozent.

Einkaufssituation: großzügige aber einfache Präsentation; die Preise sind ausgezeichnet; Umtausch möglich.

Firma: FOX-Markt für Textilien, Hugo-Junkers-Straße 1, 60386 Frankfurt a. M., Telefon: 0 69/ 4 04 74 33.

Öffnungszeiten: Montag bis Freitag 9.30 bis 18.30 Uhr, Samstag 9.30 bis 15.00 Uhr.

Weitere Verkaufsstellen: **63450 Hanau,** Freiheitsplatz 16, Telefon: 0 61 81/25 70 02 (Fußgängerzone neben Hertie). **35576 Wetzlar,** Karl-Kellner-Ring 41, Telefon: 0 64 41/4 34 79 (Fußgängerzone gegenüber Woolworth). **55743 Idar-Oberstein,** Hauptstraße 367, Telefon: 0 67 81/2 58 99 (Mitte der Fußgängerzone). **67665 Kaiserslautern,** Marktstraße 19, Telefon: 06 31/6 98 27 (Fußgängerzone). **67059 Ludwigshafen,** Ludwigstraße 71, Telefon: 06 21/51 39 60 (Fußgängerzone, Haltestelle Ludwigstraße). **63065 Offenbach,** Frankfurter Straße 25, Telefon: 0 69/81 51 03.

Streckenbeschreibung: von Frankfurt auf Hanauer Landstraße (Beschilderung Hanau folgen), oder A 661, Ausfahrt „Hanauer Landstraße“, nach ca. 2 km auf der rechten Seite; riesige Schrift „Fox-Markt“.

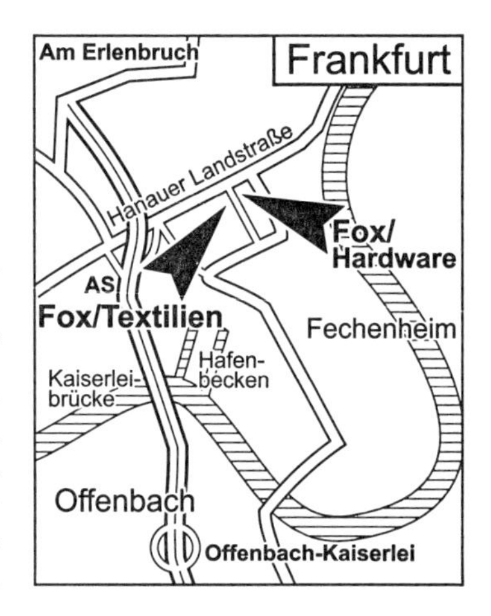

NECKERMANN

Für „schlaue Füchse“

Um teure Lagerhaltungskosten zu vermeiden und die Regale für neue Ware leer zu bekommen, werden hier Überhänge und Restposten, die oftmals noch hochaktuell sind, der gesamten Neckermann-Katalogware verkauft (ausgenommen Textilien und Möbel). Es handelt sich um Eigenmarken der Firma wie auch um Fremdmarken wie z. B. Siemens etc. (prinzipiell alle Marken aus dem Katalog).

Warenangebot: Freizeit, Spielwaren, Haushalt, Groß- und Kleinelektrogeräte, Beleuchtung, Rundfunk/TV, Computer, Uhren, Fotoapparate und -zubehör, Selbstwerker, Fahrräder, Autozubehör, Matratzen, Teppiche.

Ersparnis: 30 bis 40 Prozent, PC teilweise mehr. Alle Geräte sind technisch einwandfrei, es gilt eine halbjährige Garantie und der volle Kundenservice. U. U. kleine Schönheitsfehler (Lackschaden etc.), die gekennzeichnet sind.

Einkaufssituation: Verkauf in der ehemaligen Reithalle von Joseph Neckermann; über 1 000 m² Verkaufsfläche, Ware mitnahmebereit und preisausgezeichnet aufgestellt; Hallenflohmarktatmosphäre.

Firma: FOX-Markt für Hartwaren, Hugo-Junkers-Straße 8, 60386 Frankfurt a. M., Telefon: 0 69/4 04 74 09 und 74 27.

Öffnungszeiten: Montag bis Freitag 9.30 bis 19.00 Uhr, Samstag 9.30 bis 16.00 Uhr.

Weitere Verkaufsstellen:
35576 Wetzlar, Bahnhofstraße 11, Telefon: 06441/42000 (Fußgängerzone gegenüber Kaufhaus Mauritius).
67663 Kaiserslautern, Marktstraße 19, Telefon: 0631/69827.

Streckenbeschreibung:
von Frankfurt Richtung Hanau auf Hanauer Landstraße (Beschilderung Hanau folgen), oder A 661, Ausfahrt „Hanauer Landstraße“, nach ca. 2 km am Fox-Markt rechts abbiegen (Ampel); Verkauf nach ca. 300 m rechte Seite **(siehe Orientierungskarte Seite 74).**

OUT OF FRANKFURT

Die Insider-Adresse

Hier wird auf ca. 800 m^2 Fläche nach amerikanischem Vorbild in einem Factory-Pool-Outlet eine Vielzahl von Designer- und Markenmode präsentiert. Das Angebot richtet sich an den anspruchsvollen Verbraucher, der besonderen Wert auf gute Qualität zu einem günstigen Preis legt.

Warenangebot: für Damen: Kostüme, Blazer, Röcke, Hosen, Jeans, Blusen, Strick, Leder, Pelze, Schuhe, Taschen, Modeschmuck, Tücher. Für Herren: Sakkos, Anzüge, Hosen, Jeans, Hemden, Krawatten, Leder, Gürtel, Schuhe.

Ersparnis: Die Waren werden zwischen 35 und 50 Prozent billiger angeboten. Es gibt keine 2.-Wahl-Ware. Im Sommer-/ Winterschlussverkauf nochmals 30 bis 50 Prozent reduziert.

Einkaufssituation: Im R&L-Center befindet sich der Verkaufsraum im Erdgeschoss links. Hinweisschild im Eingangsbereich und am Eingang: „Out of Frankfurt".

Firma: Out of Frankfurt, Imperial Products GmbH, Ludwig-Landmann-Straße 349, 60487 Frankfurt a. M., Telefon: 0 69/ 7 92 05-1 92.

Öffnungszeiten: Dienstag bis Freitag 10.30 bis 18.30 Uhr, Samstag 10.00 bis 14.00 Uhr. Montag geschlossen.

Streckenbeschreibung: A 66 Richtung Miquel-Allee, Abfahrt: Rödelheim/Hausen, Richtung Rödelheim bis zum Kreisverkehr. Geradeaus weiter, nach ca. 200 m befindet sich auf der linken Seite das „R&L-Center". An der nächsten Ampel nach einem U-Turn wieder zurück. Parkplätze am Haus.

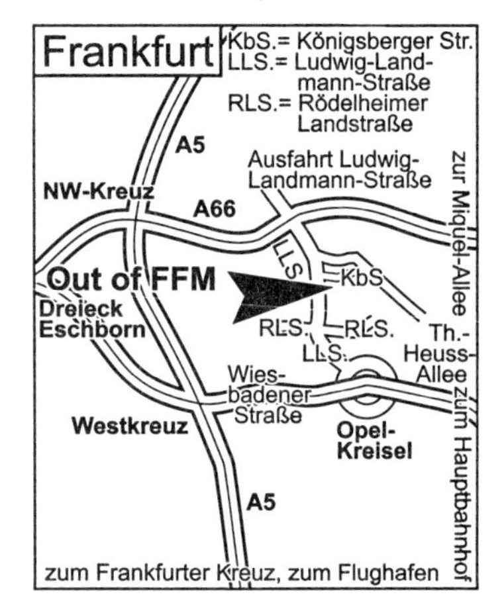

PERLEN & SCHMUCKCENTER FRANKFURT

Deutschlands größtes Perlensortiment

Das Perlen & Schmuckcenter Frankfurt ist ein seit 35 Jahren in Frankfurt-Westend etabliertes Familienunternehmen. Die Familie Narasimhan ist Importeur, Hersteller, Großhändler und Lieferant für Großkonzerne mit Edelsteinen, Diamanten, Perlen und Goldschmuck. Es gibt auch eine extra Abteilung für den Direktverkauf.

Warenangebot: Zucht-, Südsee-, China- und Süßwasserperlen. Lose Perlen, Stränge, Ketten, Armbänder, Ringe, Ohrstecker. Goldschmuck 585 und 750 aller Art, von Standard bis hochwertig, für Damen, Herren und Kinder. Platinschmuck, Farbsteinschmuck, Antikschmuck.

Ersparnis: bis 50 Prozent.

Einkaufssituation: Straßenschaufenster, fachkundige Beratung, alle Artikel ausgezeichnet, Kreditkarten, Getränke.

Besonderheiten: Perlen-Pass, Schmuck-Pass, Geschenk-Gutscheine. Umarbeitung und Neuanfertigung von Perl- und Goldschmuck. Riesiges Schließen-Sortiment, Reparaturen wie: eigene Perlenketten verändern, neues Schloss. Besuch im Palmengarten, 5 Min. Entfernung, lohnend.

Firma: Perlen & Schmuckcenter Frankfurt, Friedrichstr. 23, Ecke Liebigstr. 33, 60323 Frankfurt-Westend, Tel.: 069/71 71 72, Fax: 72 78 70.

Öffnungszeiten: Montag bis Freitag 10.00 bis 18.00 Uhr, Samstag 10.00 bis 14.00 Uhr.

Streckenbeschreibung: Frankfurt-Westend, nähe Palmengarten, Parkplätze im Hof, Einfahrt von der Liebigstraße 33.

SKIN'S LEDERMODEN

Leder total – klassisch und trendorientiert

Skin's ist ein Begriff für hochwertige Lederjacken weit über den Großraum Frankfurt hinaus.

Warenangebot: Lederjacken aus eigener Herstellung und Direktimport, sportlich jung und klassisch, Blousons, Parka aus Ziegenvelour, Rind- oder Kalbnubuk, Lamm-Nappa, Lederhosen in verschiedenen Qualitäten und Farben. Federleichte Qualitäten und vielseitige Farben.

Ersparnis: bis zu 50 Prozent. Immer auch Sonderposten auf Lager, auch 1a-Ware. Besonders preisgünstig: Messemuster.

Einkaufssituation: Der Lagerverkauf ist im hinteren Teil des Grundstücks in einer großen Halle, Eingang links. Firmenhinweisschilder ab Borsigallee. Gute Parkmöglichkeiten. Im Lagerverkauf Selbstbedienung.

Firma: Skin's Ledermoden, Kruppstraße 122, 60388 Frankfurt, Telefon: 0 69/41 71 71, Fax: 0 69/41 10 21.

Öffnungszeiten: Donnerstag und Freitag 14.00 bis 19.00 Uhr, Samstag 10.00 bis 15.00 Uhr.

Streckenbeschreibung: Lagerverkauf in Frankfurt-Bergen-Enkheim. Von Frankfurt Innenstadt über Riederwald, Nähe Hessencenter, in die Borsigallee, dann links ab in die Kruppstraße 122. Aus östlicher Richtung die A 66 bis Ende der Autobahn (Bergen-Enkheim), Richtung Frankfurt-Riederwald, dort links und die nächste Straße an der ESSO-Tankstelle rechts.

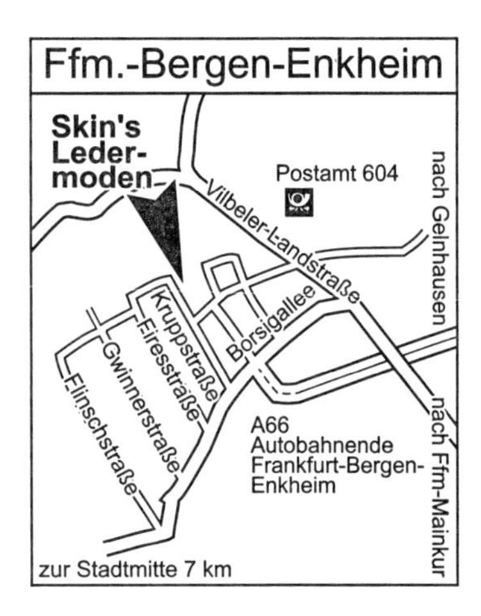

DESIGN DISCOUNT

Neue Gardinen braucht das Land

Dekostoffe, Gardinen und Polsterstoffe aus Kollektionen verschiedener Hersteller und Designer. Auslauf-Dessins, Restposten.

Warenangebot: hochwertige Gardinen-, Dekorations- und Polsterstoffe, einfarbig, bedruckt, gewebt. Ausbrenner – 1. Wahl (Auslaufdessins, Restposten), 2. Wahl. Ständig ca. 10 000 m Stoff im Lager. Auf Wunsch günstiger Nähservice.

Ersparnis: ca. 60 bis 80 Prozent, je nach Artikel, z. B. Polsterstoff, bunt gewebt, 324 DM/m für 54 DM/m, einfarbige Seidenstoffe 19,50 DM/m, teuerste Preise bei ca. 70 DM/m.

Einkaufssituation: eigene Parkplätze, Zugang im Hof. Die Ware wird auf Rollen in Regalen präsentiert, auf Wunsch aber gern ausgerollt, teilweise auch fachliche Beratung.

Firma: V.R. Design Discount Heimtextilien Outlet GmbH, Am Hessencenter 2, 60388 Frankfurt/Bergen-Enkheim, Telefon und Fax: 0 61 09/3 60 05.

Besonderheiten: Ganz in der Nähe ist der Fabrikverkauf Skin's Ledermoden.

Öffnungszeiten: Montag, Dienstag, Donnerstag, Freitag 15.00 bis 18.00 Uhr, Samstag 10.00 bis 14.00 Uhr, Mittwoch geschlossen.

Streckenbeschreibung: von Ffm: Borsigallee bis Vilbeler Landstraße fahren, dann rechts ab auf Vilbeler Landstraße, nächste rechts, dann gleich wieder rechts, 1. Einfahrt (Hof). Von A 66: Autobahnende Bergen-Enkheim, rechts auf Borsigallee, dann wie oben.

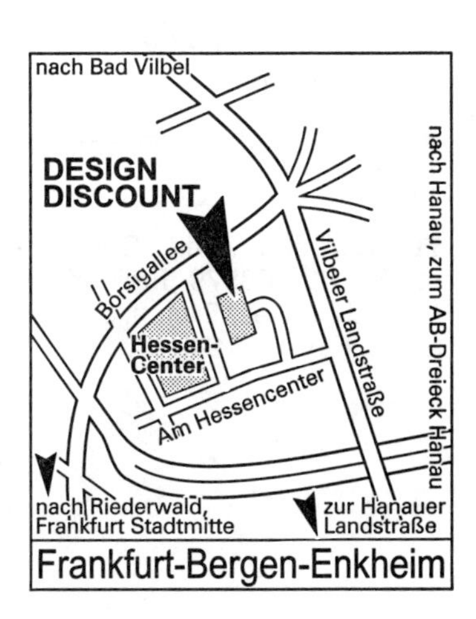

LEDER KREIS

Ledertracht und Seppelhose

Trachtenlederhosen und Trachtenmode mit und ohne Stickereien. Die Produkte werden aus hochwertigen Ledern gefertigt – ausschließlich deutsche Herstellung.

Warenangebot: Trachtenkniebundhosen für Damen, Herren und Kinder. Trachtenröcke, Kostüme, Trachtenjanker und Hosen für Herren. Alle Artikel ausschließlich aus Leder. Trachtiges Zubehör wie Socken, Hemden, Tücher, Blusen.

Ersparnis: Kniebundhose Wildbock mit Trachtenstickerei ab 385 DM für Herren. Ledertrachtenkostüme für Damen, Ziegenvelours ab 1 190 DM.

Einkaufssituation: In Freigericht-Neuses kleines Verkaufsgeschäft an die Lederwerkstatt angeschlossen.

Besonderheiten: Reparaturservice.

Firma: Leder Kreis, Bahnhofstraße 42, 63579 Freigericht, Ortsteil Neuses, Telefon: 06055/ 2335, Fax: 8 23 24.

Öffnungszeiten: Montag bis Freitag 10.00 bis 13.00 Uhr und Dienstag, Freitag 14.00 bis 18.00 Uhr, Donnerstag 14.00 bis 20.00 Uhr, Samstag 10.00 bis 12.00 Uhr. Betriebsferien im Juli/August, bitte vorher anrufen.

Streckenbeschreibung: Autobahn-Ausfahrt Alzenau, nach Michelbach. Ampel links nach Albstadt. Hier durch den Ort, am Ortsende rechts ab nach Neuses. Immer geradeaus, bis Sie rechter Hand das Firmenschild sehen.

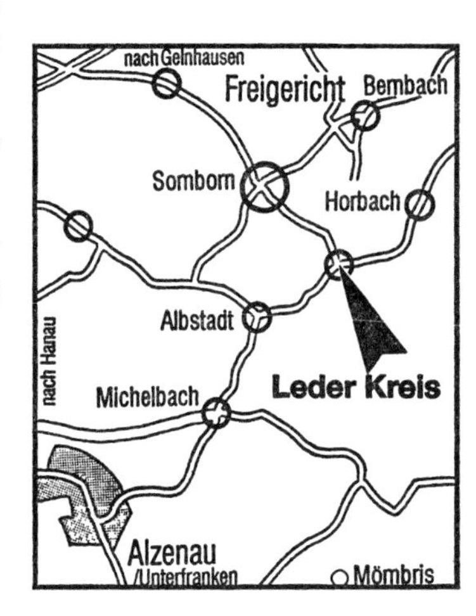

HENGSTENBERG

Alles Essig

Es gibt nur wenige, welche die pikante Bekanntschaft mit Hengstenberg-Produkten noch nicht gemacht haben: Sei es mit dem milden Sauerkraut, pfiffig-würzigen Saucen, den zarten Rote-Bete-Bällchen, dem erlesenen Kräutersalatdressing. Hengstenberg – so nötig wie der Senf auf der Wurst und der Essig im Salat.

Warenangebot: Ware mit beschädigter Packung (z. B. verbeulte Dosen), ständig wechselndes Angebot: gut 10 Sorten Essig, Rotkraut, Sauerkraut, Salatdressings, Tomatenmark, viele Sorten Senf, Gourmet-Saucen zu Fondue, sauer Eingemachtes und Salate, Essiggurken und mehr.

Ersparnis: bei Angeboten, von verbeulten Dosen beispielsweise oder näherrückendem Ablaufdatum (ca. 2 bis 3 Monate), ca. 60 Prozent Ermäßigung: Rotkraut (800 g) –,98 DM, Champagner-Sauerkraut –,75 DM, Salatdressing (300 ml) 1,30 DM.

Einkaufssituation: Der Verkauf ist direkt neben dem Casino: An der Pforte den Sicherheitsweg rechts hinter der Leitplanke bis zum Zebrastreifen gehen; über Zebrastreifen in den Eingang „Verkauf/Casino"; beides im 3. Stock.

Firma: Hengstenberg, Pappelallee 8–16, 34560 Fritzlar, Tel.: 0 56 22/80 40, Fax: 80 41 02.

Öffnungszeiten: nur jeder erste Dienstag im Monat 7.00 bis 14.00 Uhr.

Streckenbeschreibung: Fritzlar liegt südlich von Kassel; von A 7 (Kassel–Fulda) kommend, Richtung Fritzlar-Stadtmitte, vor Ederbrücke links; Firma nach 100 Metern links.

GINO PILATI | SIR HENRY | SEPP HALBRITTER

Der Schlips mit Charakter

Ausgefallen, extravagant, kunstvoll – die junge, moderne Auswahl an Krawatten zum Bestaunen, Schmunzeln und Bewundern.

Warenangebot: Krawatten uni und unzählige Motivserien: Nostalgie, Landleben, Phantasie, verschiedene Künstler, Musikliebhaber, Klassiker, Frankenwein-Motive, bayrische Krawatten. Klassische Herrenhemden und ausgefallen poppige Dessins. Westen, Schals (Seide und Wolle).

Ersparnis: Krawatten 5 bis 49 DM, Hemden 20 bis 89 DM.

Einkaufssituation: Verkaufsraum auf dem Betriebsgelände. Ware übersichtlich und in freundlichem Ambiente präsentiert.

Firma: Halbritter's Krawatten Gesellschaft mbH, Kissinger Straße 68, 97727 Fuchsstadt, Telefon: 0 97 32/8 07-0, Fax: 8 07-8.

Öffnungszeiten: Montag bis Donnerstag 10.00 bis 17.00 Uhr, Freitag 10.00 bis 15.30 Uhr.

Streckenbeschreibung: A 7 (Kassel–Würzburg), Ausfahrt Hammelburg, dann Richtung Hammelburg. Links ab nach Fuchsstadt, Firma auf dieser Straße am Ortsende rechts. Hinweisschilder beachten.

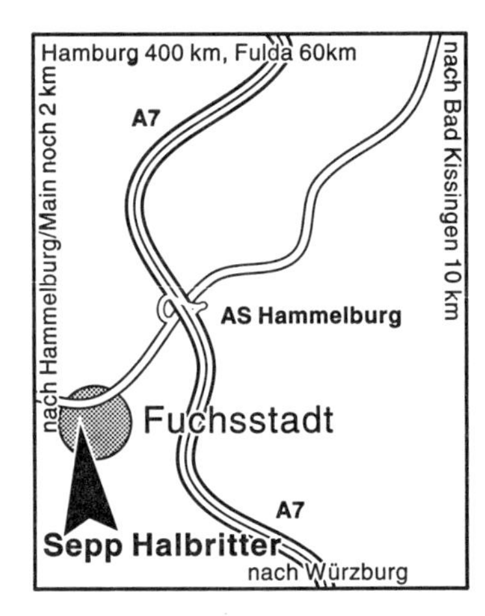

CRIS DEVI

Kleider machen Leute – Leute machen Kleider

Elegante Sportswear-Kombinationen. Smart Leisurewear.

Warenangebot: Blazer, Blusen, Westen, Stretchhosen, Jeanshosen und -jacken, Shirts, Hosen, Röcke, mit Stickereimotiven.

Ersparnis: 60 bis 70 Prozent.

Einkaufssituation: Das Haus wirkt von außen wie ein Wohnhaus, der Barverkauf ist im 1. Stock. Man muss an der Tür läuten; voller Verkaufsraum, Fachberatung und Umkleidekabinen.

Firma: CRIS DEVI, Langebrückenstraße 14, 36037 Fulda, Telefon: 06 61/7 80 44, Fax: 7 93 99.

Öffnungszeiten: Montag bis Donnerstag 11.00 bis 16.00 Uhr, Freitag und Samstag geschlossen.

Streckenbeschreibung: in Fulda am Dom (Stadtmitte) vorbei Richtung Schlitz; bereits nach dem Dom die nächste Straße links, die Firma ist nach ca. 20 Metern auf der rechten Seite.

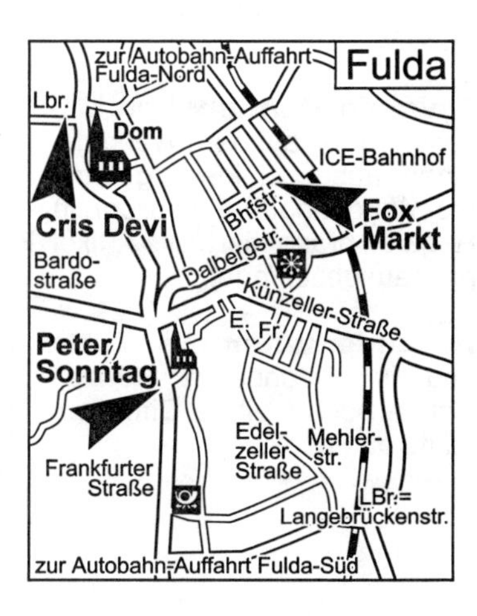

KEMA-KERZEN

Dauerbrenner

Die Firma produziert vor allem Kerzen für den Alltagsgebrauch oder festliche Anlässe: Von der klassischen Haushaltskerze bis hin zur originellen „Designerkerze" alles zu haben. Kirchliche Motive oder Wachsbilder ebenfalls in großer Auswahl.

Warenangebot: Haushaltskerzen, Teelichter, Stumpen-, Zier- und Geschenkkerzen, Tischkerzen, Fackeln, Grablichter, Oster-/Weihnachtskerzen, Gartenpartyartikel, Schwimmkerzen, Zubehör wie Kerzenhalter, Servietten und Blütenkränze.

Ersparnis: sehr große Auswahl an Kerzen unter 10 DM; die Preisnachlässe liegen zwischen 30 und 50 Prozent: 10 Spitzkerzen, in vielen Farben, 3,95 DM, Teelichter (25 Stück) 1,95 DM.

Einkaufssituation: Der „Kerzenshop" ist auf dem Werksgelände ausgeschildert; gesamtes Warenangebot schlicht in Regalen präsentiert, alle Artikel preisausgezeichnet.

Besonderheiten: In Fulda und im Nachbarort Künzell locken noch weitere Direktverkäufe ab Fabrik.

Firma: KEMA Kerzen, Frankfurter Straße 8, 36043 Fulda, Telefon: 0661/83060, Fax: 830640.

Öffnungszeiten: Montag bis Freitag 8.30 bis 12.00 Uhr und 13.00 bis 16.30 Uhr, Samstag geschlossen bzw. nach telefonischer Vereinbarung.

Streckenbeschreibung: von Fulda-Stadtmitte Richtung Frankfurt fahren; vor der Fuldabrücke links in die Frankfurter Straße, die Firma ist nach ca. 50 Metern auf der rechten Seite.

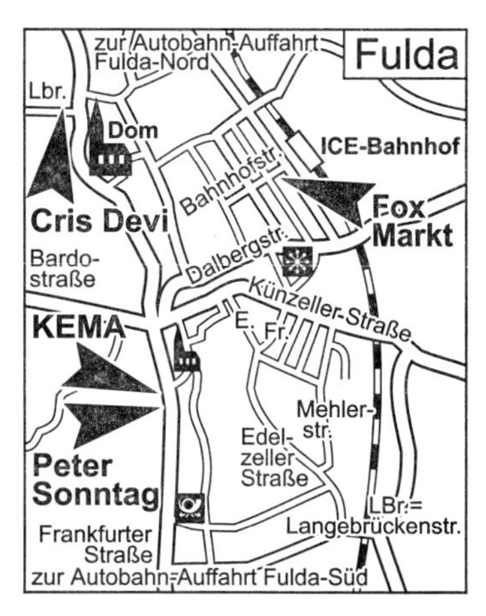

NECKERMANN

Gemischter Markt

Neckermann, das drittgrößte Versandhaus in Deutschland mit 4,2 Milliarden Umsatz pro Jahr, handelt nach folgendem Konzept: Laufen die Bestellungen für einen Artikel nicht in geplanter Höhe ein, wird sofort ein Teil dieser aktuellen Ware in die stationären Fox-Märkte verfrachtet – lieber zu halbem Preis oder noch weniger verkaufen, als Ladenhüter ansammeln. Sobald der Katalog ausläuft, kann diese Ware nicht mehr über den Versand verkauft werden, die Regale müssen jedoch wieder leer sein.

Warenangebot: Damen-, Herren-, Kinderkonfektion (Oberbekleidung und Unterwäsche), Heimtextilien (Tisch-/Bettwäsche, Handtücher usw.), diverse Textilwaren, Schmuck. Freizeit, Sport, Camping, Spielwaren, Haushalt, Groß- und Kleinelektrogeräte, Beleuchtung, Rundfunk/TV, Computer, Uhren, Fotoapparate und -zubehör, Selbstwerker, Fahrräder, Autozubehör.

Ersparnis: rund 50 Prozent: Damenpulli (BW-Gemisch) 39 DM, Bettwäsche 25 DM, Kinder-Jogginganzug 15 DM; auf Elektroartikel 30 bis 40 Prozent, PC teilweise mehr. Alle Geräte sind technisch einwandfrei, es gilt eine halbjährige Garantie und der volle Kundenservice.

Einkaufssituation: funktionale, zweckmäßige und einfache Ausstattung; Verkauf auf ca. 600 m^2 Fläche; Umkleidekabinen vorhanden. Beratung nur in begrenztem Umfang.

Firma: FOX-Markt, Bahnhofstraße 18, 36037 Fulda, Telefon: 06 61/7 00 98.

Öffnungszeiten: Montag bis Freitag 9.00 bis 18.00 Uhr, Samstag 9.00 bis 14.00 Uhr.

Weitere Verkaufsstellen:
86150 Augsburg, Maximilianstraße 30.
95028 Hof, Königstraße 61.
98693 Ilmenau, Poststraße 1.
85053 Ingolstadt, Eriagstraße 3.
81543 München, Pilgersheimer Straße 38.
63065 Offenbach, Frankfurter Straße 25.
94032 Passau, Brunnstraße 7–9.

Streckenbeschreibung: in Fulda immer Richtung Hauptbahnhof; Fox-Markt gegenüber Bahnhof in der Fußgängerzone **(siehe Orientierungskarte Seite 83).**

SCHNEIDER FASHION

Frech und Feminin

Dressed for success – Kostüme machen Karrierefrauen. Was den Männern der Zweireiher, ist den Frauen der Zweiteiler. Greta Garbo und Marlene Dietrich gelten als Pioniere der Kostümmode. Schneider-Fashion bietet jedoch weit mehr als nur Kostüme für die modebewusste Frau.

Warenangebot: Kostüme und Hosenanzüge, Blazer, Röcke, Hosen, Blusen, Jeans, Jacken und Mäntel.

Ersparnis: Ware bis 50 Prozent reduziert; Beispiel: Wintermantel aus Wollgemisch 136 DM plus Mehrwertsteuer.

Einkaufssituation: Eingang an der linken Hausseite, Verkauf im obersten Stock; keine Preisauszeichnung, aber Verkäuferinnen geben Auskunft (zu allen Preisen muss noch die Mehrwertsteuer zugerechnet werden); reger Andrang.

Besonderheiten: ein traumhafter Fabrikverkauf wie aus dem Bilderbuch.

Firma: Theo Schneider-Fashion, Fabrikverkauf: Maberzellerstraße 35–37 (über Autohaus Jaguar-Center), Firma: Justus-Liebig-Straße 8, 36093 Künzell, Telefon: 0661/934040, Fax: 93404-40.

Öffnungszeiten: Freitag 14.00 bis 18.00 Uhr, Samstag 10.00 bis 13.00 Uhr.

Streckenbeschreibung:
von Würzburg kommend: Abfahrt Fulda-Süd, Richtung Alsfeld/Lauterbach.
Von Kassel kommend: Abfahrt Fulda-Nord, Richtung Alsfeld/Lauterbach.

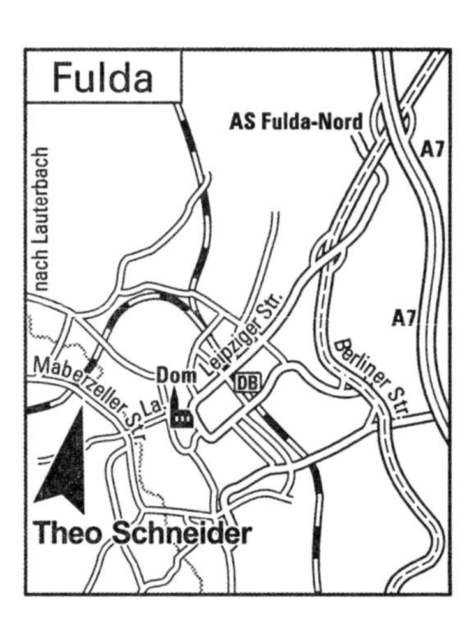

SONNTAG-MODEN

Sonntag steht für Blusenmode

Sonntag-Moden verarbeitet hochwertige Stoffe zu Blusen und Röcke. Eine Spezialität der Firma sind Modeaccessoires.

Warenangebot: Hosen, Kleider, Blusen, Röcke, Shirts. Außerdem Kragen, Einsteckwesten, Ziertücher. Besondere Blusen, Trachtenblusen.

Ersparnis: Händlerpreis plus ca. 30 DM Aufschlag für 1. Wahl. Ersparnis ca. 20 Prozent. Günstig ist 2.-Wahl-Ware, bis 50 Prozent Nachlass. Im Sommer-/Winterschlussverkauf nochmals 50 Prozent reduziert.

Einkaufssituation: Persönliche Beratung, 2 Kabinen zum Umkleiden. Kürzen, Erweitern sofort möglich.

Besonderheiten: in unmittelbarer Nähe Fabrikverkauf von Kerzen der Firma KEMA.

Firma: Peter Sonntag GmbH, Frankfurter Straße 10–12, 36043 Fulda, Telefon: 06 61/ 7 71 04, Fax: 7 53 49.

Öffnungszeiten: Montag bis Freitag 8.00 bis 18.00 Uhr, Donnerstag 8.00 bis 19.00 Uhr, Samstag 9.00 bis 12.00 Uhr.

Streckenbeschreibung: Der Betrieb liegt an der Ausfallstraße aus der Innenstadt in Richtung Frankfurt, zwischen Kerzenfabrik KEMA und Teppichbodenfabrik Dura **(siehe Orientierungskarte Seite 83)**.

EDSCH

Spezialitäten für Naschkatzen

Neben einer Vielfalt an traditionellen Schaumzuckerwaren wird hier der einzige zuckerfreie Negerkuss hergestellt – als zuckerarmer Genuss mit leckerer Vollkornwaffel schließt er die Lücke zwischen Schleckerei und diätetischem Lebensmittel.

Warenangebot: Schaumzuckerwaren: Negerküsse braun, weiß, weiß-braun, auch zuckerfrei, Krokant, Kokosbälle. Spezialitäten: Schaumwellen, Kasseler Zöpfe, Kasseler Schnitten, Riesen-Törtchen, Schaumwaffelhörnchen, Schaum-Muscheln, Igel-Kokos-Waffelschnitten, Negerbrot, Vanillewaffeln. Marken: jumi-zuckerfrei, jumi-black&white, jumi-maxi, Waffel-Willy, Knusper-Fratz, Don Knabbo.

Ersparnis: über 50 Prozent bei Spezialitäten, Sonder-Aktionen, Waffelbruch.

Einkaufssituation: Plakate an der Straße weisen auf den Direktverkauf hin; Schalter mit Einblick in die Produktionshalle; es gelangt stets fabrikfrische Ware in den Verkauf; großer Parkplatz vorhanden.

Firma: Kurt Schmalz GmbH, Niedervellmarsche Straße 25, 34233 Fuldatal-Ihringshausen, Telefon: 05 61/81 19 41, Fax: 05 61/81 94 22.

Öffnungszeiten: Montag bis Freitag 7.00 bis 17.00 Uhr durchgehend, Samstag 9.00 bis 12.00 Uhr.

Streckenbeschreibung: Ihringshausen liegt östlich von Kassel zwischen Kassel und Fuldatal; A 7, Abfahrt Kassel-Nord, Richtung Stadtmitte, bis Binding-Brauerei, an Ampel rechts einordnen, Richtung Fuldatal, in Ihringshausen an der 1. Kreuzung mit Ampelanlage links, ca. 300 m auf der linken Seite (gegenüber VW Klein).

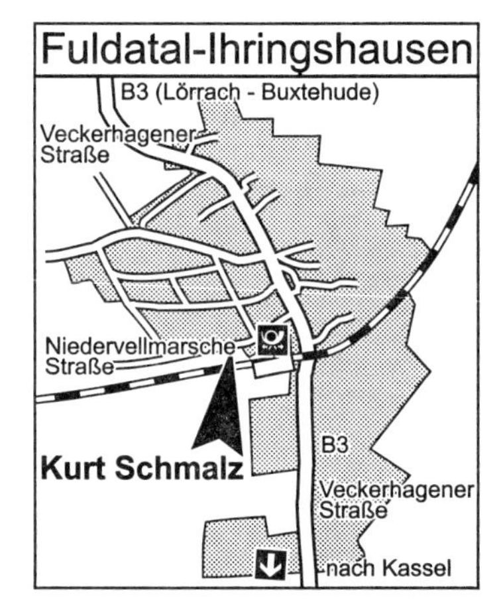

PORZELLANMANUFAKTUR FÜRSTENBERG

Porzellan im Schloss

Hochwertige Rohmaterialien (Kaolin, Quarz, Feldspat) und eine unnachahmliche Glasur – ergänzt um manufakturtypische Charakteristiken wie „Tasse auf Fuß“, handgemalte Teller“, „Obertassenrandschliff“ machen Fürstenberg zu einer unter Kennern besonders geschätzten Porzellanmarke. Einem anspruchsvollen Kundenkreis wie eine breite Palette historischer, stilechter und auch moderner Geschirr-, Zierformen und Dekore angeboten unter dem Motto „Für wenige das Richtige“.

Warenangebot: Die Porzellanmanufaktur Fürstenberg hat europäische Porzellangeschichte geschrieben und bietet noch heute als einziger Hersteller aus jeder wichtigen europäischen Stilepoche mindestens eine Original-Geschirrform an. Im Verlauf von über zweieinhalb Jahrhunderten entstand eine beeindruckende Kollektionsbreite, die durch die Fürstenberg typische Kollektionstiefe ergänzt wird. Dem Verbraucher wird bei jeder Geschirrform die Möglichkeit geboten, sich komplett auszurüsten, er ist daher nicht nur auf die Hauptteile wie z. B. Kaffeetassen und Teller angewiesen. Jedes Geschirrteil einer Stilform entspricht dem Original und weist die charakteristischen Merkmale der jeweiligen Zeit auf. Das Zierporzellanangebot ist ebenfalls aus dem großen Fundus der Vergangenheit, gemischt mit modernen Formen und sehr umfangreich in Formen und Dekoren. Neben den üblichen Artikeln, wie z. B. Schalen, Vasen, Dosen etc., bietet die Manufaktur eine Vielzahl von Figuren und -gruppen aus dem 18. Jahrhundert an, die nach Originalmodellen heute wieder hergestellt werden, oft in limitierter und numerierter Auflage. Erhältlich sind alle Porzellanartikel in Weiß oder mit Dekor, wobei hier unterschieden wird in Druckdekore und handgemalte Dekore, die wiederum auf historischen Vorlagen oder modernem Design basieren.

Ersparnis: 1.-Wahl-Ware: ständig große Auswahl in allen Dekoren und in Weiß nach Preisliste. 2.-Wahl-Ware: nach Anfall erhältlich, ca. 30 Prozent günstiger als Listenpreise. Bei den jährlich stattfindenden Schlossfesten und -veranstaltungen werden zusätzlich Leckerbissen angeboten.

Einkaufssituation: intensive fachkundige Beratung und Bedienung.

Prospekte: im Verkaufsraum erhältlich oder auf Anfrage.

Firma: Porzellanmanufaktur Fürstenberg GmbH, 37699 Fürstenberg/Weser, Tel.: 0 52 71/ 40 10, Fax: 40 11 00, freecall: 08 00/7 67 93 55.
Internet: www.Fuerstenberg-Porzellan.de.

Öffnungszeiten: Dienstag bis Samstag 10.00 bis 18.30 Uhr, Sonn- und Feiertage sowie Adventssonntage 12.00 bis 18.30 Uhr. Montag geschlossen. Von Januar bis März nur Dienstag bis Samstag 10.00 bis 17.00 Uhr.
Die genannten Zeiten gelten für den Ostersonntag und die darauffolgenden 39 Sonn- und Feiertage. Danach bleibt das Geschäft sonntags mit Ausnahme der Adventssonntage geschlosen.

Streckenbeschreibung:
aus Süden kommend: Autobahn Dortmund–Kassel (A 44), Abfahrt Warburg in Richtung Beverungen / Lauenförde / Fürstenberg; von Norden kommend: Autobahn Dortmund–Hannover (A 2), Ausfahrt Lauenau, über Hameln/Höxter oder Holzminden nach Fürstenberg.

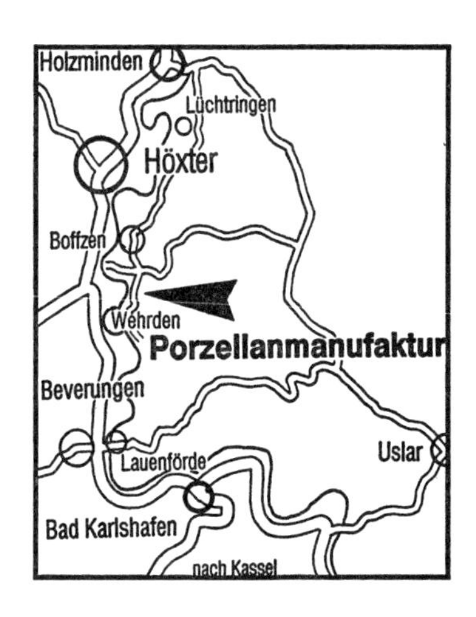

BISANZ

Hier liegen Sie richtig

Seit über 30 Jahren führender Hersteller von orthopädischen Kaltschaum-Matratzen und medizinischen Patientenlagerungshilfen. Das verwendete Material ist FCKW-frei, atmungsaktiv, antiallergen und mit dem Ökosiegel ausgezeichnet. Handgefertigte Qualität und individuelle Maße.

Warenangebot: orthopädische Matratzen, Gesundheitskopfkissen, Rollen und Halbrollen, Wickelauflagen, Stillkissen, Sitzkeile, Lendenkissen, Venenkissen, Schaumstoffzuschnitte in jeder Form und Festigkeit.

Ersparnis: 20 bis 50 Prozent gegenüber Sanitätsfachhäusern und Möbelfachhandel. Beispiele: orthopädische Matratze ab 540 DM, Gesundheitskopfkissen ab 75 DM.

Einkaufssituation: separater, 150 m² großer Verkaufsraum, fachkundige Beratung.

Besonderheiten: sämtliche Artikel in jeder gewünschten Größe herstellbar. Zusatzartikel: Betten, Lattenroste, orthopädische Bürostühle.

Firma: Bisanz Medizinische Polster GmbH, Max-Planck-Straße 24–26, 55435 Gau-Algesheim, Telefon: 0 67 25/93 00-0, Fax: 0 67 25/93 00-10, Internet: www.bisanz.de, e-mail: info@bisanz.de.

Öffnungszeiten: Montag bis Freitag 9.00 bis 12.00 und 13.00 bis 18.00 Uhr, Samstag 9.30 bis 13.00 Uhr.

Streckenbeschreibung: Gau-Algesheim liegt westlich von Mainz an der A 60 zwischen Mainz und Bingen, Ausfahrt Gau-Algesheim/Ingelheim-West. Vor Gau-Algesheim ist links das Gewerbegebiet. Firma nach ca. 200 m auf der linken Seite. Parkplätze vor dem Haus.

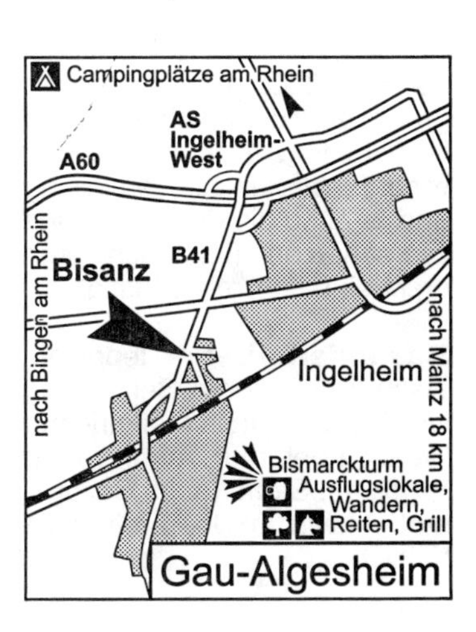

HINDER

Am Anfang war das Spinnen

Hier wird fast alles selbst gemacht: vom Spinnen des Fadens angefangen bis zum Weben von Teppichen und Stoffen, die dann verschneidert werden.

Warenangebot: Teppiche (bis 3,55 Meter Breite, Länge beliebig), Wandbehänge, Stoffe; aus diesen Stoffen gefertigte Kleidung: Wendemäntel und -jacken, Kostüme, Sakkos; Tischwäsche. In der dazugehörigen Töpfereiausstellung gibt's Gebrauchskeramiken (Teller, Tassen etc.) und Keramik für Sammler.

Ersparnis: kein direkter Preisvergleich möglich; Beispiele: Teppiche, 2 × 3 Meter, 1170 DM, Sakko 455 DM.

Einkaufssituation: Der angenehm-großzügige Verkaufsraum grenzt an die Werkstatt mit den Webstühlen: Der Kunde gewinnt Einblick in die Herstellung und lernt so die Qualitätsarbeit zu schätzen (im nachhinein erscheint der Preis günstig).

Besonderheiten: Teppiche, Tischdecken und Bekleidung werden auch nach Maß und auf Wunsch gefertigt. Aurch runde Teppiche. Stoffe (auch Bezugsstoffe) sind in Überbreiten erhältlich.

Firma: Handweberei und Töpferei Hinder OHG, Jahnstraße 3, 35075 Gladenbach, Telefon: 0 64 62/84 82.

Öffnungszeiten: Montag bis Samstag 10.00 bis 12.00 Uhr und 14.00 bis 17.00 Uhr, Sonntag 11.00 bis 12.00 Uhr und nach Vereinbarung.

Streckenbeschreibung: Gladenbach liegt östlich von Dillenburg; kurz nach Ortsende in Richtung Biedenkopf rechts. Baumgrundstück.

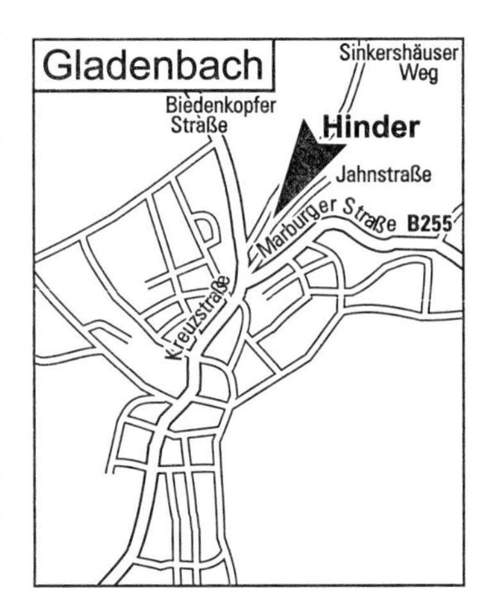

DESCH

Klassische Herrenkonfektion

Die Desch Herrenkleiderwerke fertigen seit 125 Jahren hochwertige Konfektion für den Herrn. Stil und Farben sind klassisch, die Qualität ist sehr gut. Man(n) zeigt sich von der besten Seite.

Warenangebot: Herren-Anzüge, Sakkos, Hosen, Westen, Smoking, Jeans (Marke: Desch Cotton). Zur Komplettierung des Angebotes: Hemden und Krawatten von de Kalb.

Ersparnis: ca. 20 Prozent auf 1. Wahl. Z. B. Anzug 500 DM, Sakko 350 DM, Herren-Hemden zwischen 59 DM und 79 DM.

Einkaufssituation: Der zweistöckige Verkauf nennt sich „Factory-Shop“: Im OG sind die Anzüge präsentiert, im EG alles andere. Ambiente und Service wie im Einzelhandelsgeschäft.

Besonderheiten: In der Region um Aschaffenburg gibt es viele erstklassige Fabrikverkäufe für Herrenbekleidung (vgl. Großostheim, Großwallstadt u. a.)

Firma: Desch GmbH & Co./ Factory-Shop, Aschaffenburger Straße 10, 63773 Goldbach, Telefon: 0 60 21/59 79 49, Fax: 59 79 33.

Öffnungszeiten: Dienstag bis Freitag 10.00 bis 18.00 Uhr durchgehend, Samstag 9.00 bis 14.00 Uhr.

Streckenbeschreibung: A 3 (Frankfurt–Würzburg), Ausfahrt Aschaffenburg-Ost. Dort nach Goldbach. Firma am Ortseingang rechte Seite (sofort erkennbar). Kundenparkplätze.

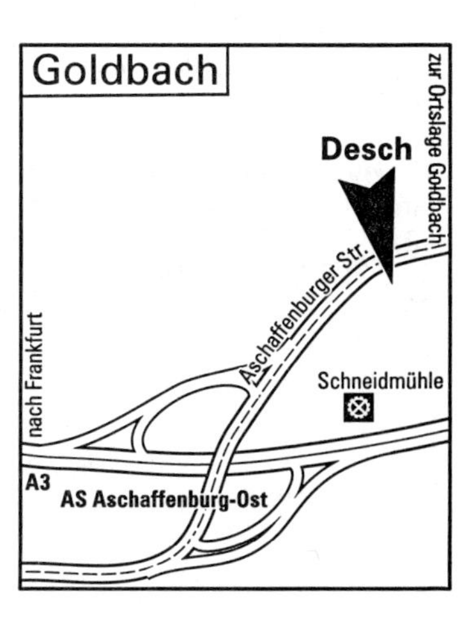

KASTELL GUY LAROCHE

Mode-Impressionen

Stilvolle Eleganz im Schnitt, feine Stoffe italienischer Provenienz und das Renommee des Pariser Couture-Hauses vereinen sich in der Kasteller Spitzenkonfektion.

Warenangebot: Anzüge, Sakkos, Hosen, Kostüme, Mäntel, Blazer, Jacken, Hosen und Pullis.

Ersparnis: reguläre Konfektion 15 bis 30 Prozent ermäßigt. Keine 2. Wahl, aber Sonderrestposten. Beispiele (reguläre Ware): Sakkos 320 DM bis 400 DM, Anzüge ab 480 DM, Smokings 598 DM bis 698 DM.

Einkaufssituation: Eingang: an der Anmeldung geradeaus vorbei und die Treppen ins Untergeschoss hinab; heller, freundlicher Verkaufsraum, die Ware ist übersichtlich und großzügig präsentiert.

Firma: Kastell, Otto Hugo GmbH & Co. KG, Borngasse 12, 63773 Goldbach, Telefon: 0 60 21/5 30 41-0, Fax: 5 30 41-99.

Öffnungszeiten: Montag bis Freitag 8.30 bis 18.00 Uhr, Samstag 8.30 bis 14.30 Uhr.

Streckenbeschreibung: von der A 3 Würzburg–Frankfurt Ausfahrt Goldbach. Die Aschaffenburger Straße befindet sich vor dem Ortseingang Goldbach links (1. Straße). Schild Kastell.

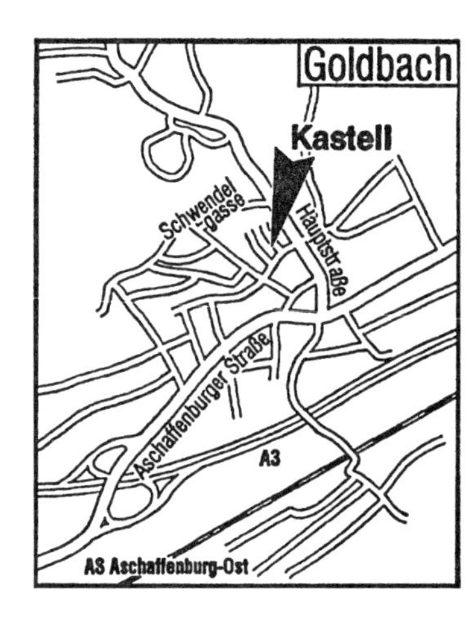

APART

Bon appetit

Edel – pfiffig – modern – so präsentiert sich die Auswahl der Apart-Textilien. Frei nach dem Motto: Wie etwas auf dem Tisch steht, macht ebensoviel aus wie das, was auf dem Tisch steht.

Warenangebot: riesige Auswahl an Kissenbezügen in vielen Größen, Formen, Farben, Designs; Tischwäsche und Servietten farblich in Regalreihen getrennt, Stoffe für Tischwäsche, Bezugs- und Dekostoffe als Meterware, Stoffreste.

Ersparnis: Ganz aktuelle neue Serien sind kaum verbilligt, Ware in 2. Wahl und Restposten gut 50 Prozent; Beispiele: Kissenbezüge (Baumwolle) 2 DM, Kissenbezüge größtenteils 10 bis 15 DM, Tischdecken 10 DM, Stoffreste 5 DM/kg.

Einkaufssituation: Der Fabrikverkauf ist groß beschildert; reguläre Ware nach Farben und Größen sortiert, jedoch kaum billiger; Wühlen lohnt sich, da 2. Wahl und reduzierte Ware an Wühltischen oder auf Ständern gut gekennzeichnet angeboten werden; inspirierende Dekoration wie im Fachgeschäft.

Besonderheiten: eine relativ große Anzahl an Sondermaßen für Tischdecken und Kissen.

Firma: APART Textil Stoll GmbH, Bahnhofstraße 37, 67377 Gommersheim, Telefon: 06327/1455, Fax: 974840.

Öffnungszeiten: Montag bis Freitag 9.00 bis 19.00 Uhr, Samstag 10.00 bis 14.00 Uhr.

Streckenbeschreibung: B 39 aus Speyer oder Neustadt bis nach Neustadt-Geinsheim fahren. Von A 65, Ausfahrt Neustadt-Süd, weiter auf B 39. In Neustadt-Geinsheim nach Gommersheim (dort ausgeschildert).

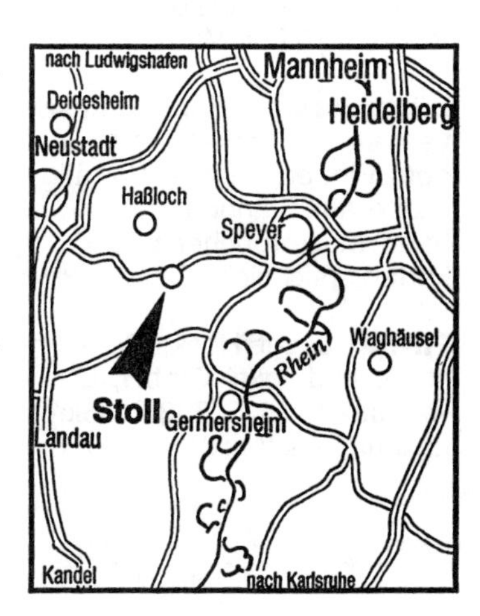

HOCK

...bitte setzen

Alles auf Maß; Hersteller von Polstern für Wohnwagen, Eckbänke, Stuhlauflagen und Designsofas. Verkauf von Deko-, Vorhang- und Polsterstoffen sowie Schaumstoffen für den Do-it-yourself-Typ.

Warenangebot: Polster-, Deko-, Vorhangstoffe von allen international namhaften Herstellern. Zahlreiche unifarbene Stoffe in verschiedenen Qualitäten, gemusterte Stoffe von konservativem Velours bis zum hochmodernen Design. Auf Wunsch Verarbeitung in der eigenen Näherei.

Ersparnis: rund 30 bis 40 Prozent, Stoffe aus Italien etwas teurer; Beispiele: Bezugsstoff 24,40 DM/Meter, italienischer Bezugsstoff (edel) 60 DM/Meter, Mikrotex-Stoffe (Art Velours) 70 DM/Meter.

Einkaufssituation: Privatverkauf im Verkaufsraum auf dem Firmengelände. Vorrätige Stoffe auf Ständern, sonst anhand Musterbücher und Farbkarten ersichtlich.

Firma: Josef Hock, Schaumstoffe und Textil GmbH, Oberwaldstraße 19, 63538 Großkrotzenburg, Telefon: 06186/7028.

Öffnungszeiten: Montag, Dienstag, Donnerstag, Freitag 9.00 bis 12.00 und 14.00 bis 18.00 Uhr, Mittwoch 9.00 bis 12.00 Uhr, Samstag 10.00 bis 13.00 Uhr. Betriebsferien im September.

Streckenbeschreibung:
von Großkrotzenburg Richtung Industriegebiet Oberwald; nach der Abzweigung zum Industriegebiet immer geradeaus; Straße macht scharfe Linkskurve; Firma nach 30 Metern rechts.

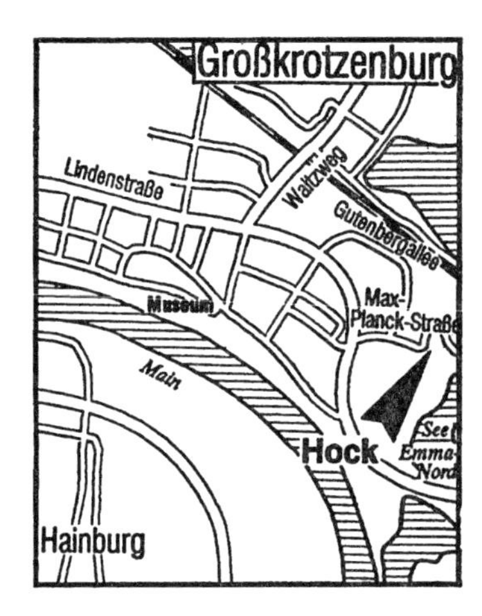

AUBI **PIONEER** **MAC**

Wenn sie passt, dann ist es eine ...

... Bundfaltenhose, Kombi-Hose, Stretchjeans, Kurzleib-Hose ... von AUBI. Die Firma produziert selbst nur Herrenhosen, hat ihr Sortiment aber um namhafte Markenartikel und reizvolle Angebote geschmackvoll erweitert.

Warenangebot: Herrenhosen in gigantischer Auswahl, viele Größen, Stoffe, Schnitte. Sportliche Mode wie Jeans, Jacken, Pullis, Shirts, Blusen, Hemden.

Ersparnis: Hosen aus eigener Produktion 25 Prozent ermäßigt, Hosen, die zugekauft wurden (Jeans) ca. 15 Prozent; Preisbeispiele: Stoffhose 75 DM, Jeans (MAC) 109 DM; Angebote: Jeans-Einzelstücke alle 59 DM, Herrenpullis 49 DM. Im Sommer-/Winterschlussverkauf nochmals 20 Prozent reduziert.

Einkaufssituation: Die Fremdware wird wie im Einzelhandel angeboten; Fachverkäuferinnen. Viele Umkleidekabinen.

Besonderheiten: Die Firma führt unter dem Namen „Indigo" einen separaten Jeans-Shop direkt links daneben. Preiswerte Markenjeans und ausgewählte junge Mode. Gegenüber ist die Firma Schuler. Es lohnt sich, deren Werksverkauf zu besuchen.

Firma: August Bickert GmbH & Co. KG, Aubi die Hose, Verkauf: Aschaffenburger Straße 38, 63762 Großostheim, Telefon: 0 60 26/97 29-26, Fax: 97 29-21.

Öffnungszeiten: Montag bis Mittwoch 8.30 bis 18.00 Uhr, Donnerstag und Freitag 8.30 bis 19.00 Uhr, Samstag 8.30 bis 15.00 Uhr.

Streckenbeschreibung: A 3 (Frankfurt–Würzburg), Ausfahrt Stockstadt. B 469 Richtung Miltenberg, Ausfahrt Großostheim, nach Großostheim/ Flughafen, links Aschaffenburger Straße, neben Lidl **(siehe Orientierungskarte Seite 98).**

PESÖ-WÄSCHEFABRIK PETERMANN

Der Hemdenprofi

Eigene deutsche Fertigung, Verarbeitung nur geprüfte, erstklassige Meterware aus dem EG- und EFTA-Raum. Großes Angebot auch bis Halsweite 54 und Überlängen in Armlänge und Rumpf.

Warenangebot: Herrenhemden im oberen bis höchsten Qualitätsstandard durch eigenen Fertigungsbetrieb. Riesensortiment von klassisch bis hochmodisch. Gute Auswahl auch in ausgefallenen Größen und Überlängen. Sonderanfertigung nach Maß sowie für Vereinsausstattung möglich. Das Sortiment wird ergänzt durch Herrenstrick, Krawatten und Socken.

Ersparnis: Verkaufspreise der eigenen Fertigung von 59,80 DM bis 79,80 DM, Designer-Hemden 79,80 DM bis 99,80 DM. Ersparnis gegenüber Fachgeschäften bis zu 50 Prozent.

Besonderheiten: Änderungswünsche werden vom Kundenservice sofort erledigt. Sonderanfertigungen bedingen eine Lieferzeit von 3 bis 4 Wochen.

Firma: Petermann, Hemden- und Blusenfabrik, Aschaffenburger Straße 28, 63726 Großostheim, Tel.: 0 60 26/50 02-0, Fax: 50 02-21.

Öffnungszeiten: Montag bis Freitag 9.00 bis 18.00 Uhr, Samstag 9.00 bis 15.00 Uhr.

Streckenbeschreibung: Großostheim liegt im Maintal bei Aschaffenburg am Autobahnzubringer Stockstadt/Miltenberg. Zweite Abfahrt nach Großostheim, unmittelbar vor der Eder-Brauerei. Auffallend durch 4 Fahnen mit „Pesö“ an der Einfahrt.

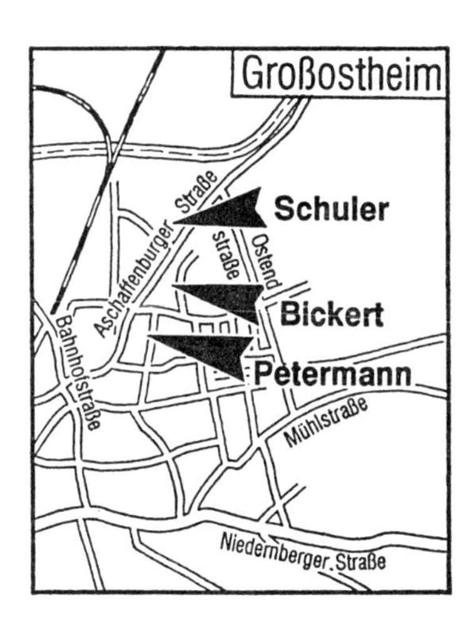

SAN SIRO DISCOVERY

Auffallend modisch

Seit 1970 Hersteller modischer Herrenhosen. Bekannt als Baumwollspezialist, mittlerweile umfasst das Sortiment auch modische Wollhosen und Jeans. Seit 10 Jahren mit sportlichen Sakkos und jungen Anzügen am Markt. Der Composé-Gedanke setzt sich verstärkt in der Kollektion durch. Stecktaschenhosen, vorwiegend aus Stretchqualitäten, ergänzen das Soritment.

Warenangebot: Herrenhosen, -sakkos, -anzüge und Sportswear (Jeans, Shirts, sportliche Hemden und Westen). Damenanzüge/-kostüme, sportliche Hosen.

Ersparnis: Preisvorteile von ca. 30 bis 40 Prozent in der Saison, zum Schlussverkauf nochmals großzügige Reduzierungen. Beispiele: Hosen ab 80 DM, Sakkos 190 DM, Anzüge 290 DM, Leinenhemden 69 DM. Im Sommer-/Winterschlussverkauf nochmals um ca. 20 Prozent reduziert.

Einkaufssituation: Vom Parkplatz im Hof ist der Eingang gut sichtbar. Mit Schildern (Verkauf) und Dekorationen wird der Weg in das Verkaufslager gewiesen.

Firma: SAN SIRO GmbH und Co. KG, Babenhäuser Straße 45, 63762 Großostheim, Telefon: 0 60 26/50 07-42, Fax 0 60 26/ 69 14.

Öffnungszeiten: Montag bis Freitag 12.00 bis 18.00 Uhr, Samstag 10.00 bis 15.00 Uhr.

Streckenbeschreibung: von der A 3 Frankfurt–Würzburg kommend, Abfahrt Stockstadt/Obernburg, weiter auf der B 469 bis zur Ausfahrt Großostheim/Ringheim/Flugplatz, Richtung Großostheim führt der Weg direkt an SAN SIRO vorbei (rechte Seite).

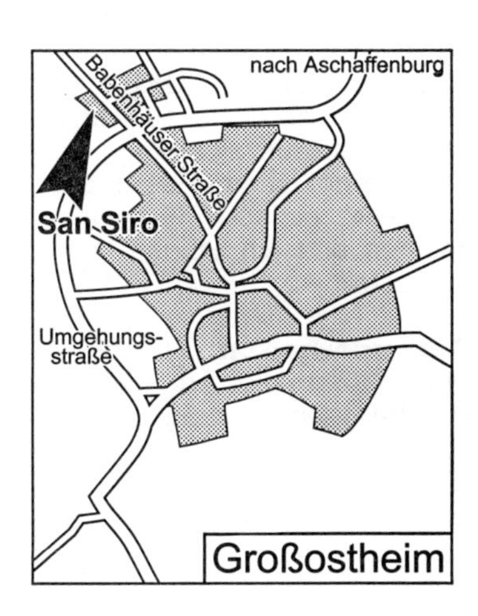

SCHULER

Exklusive Herrenmode zu echten Fabrikpreisen

Qualität als Prinzip – Luxus, der höchsten Ansprüchen gerecht wird – Stilistische Klarheit, die den Stil der Elite auszeichnet.

Warenangebot: Anzüge, Sakkos, Hosen, Hemden, Krawatten, Mäntel. Verkauft wird nur die aktuelle Ware in 1. Wahl.

Ersparnis: Hier spart man noch 40 bis 50 Prozent, die Beispiele: alle Anzüge um 300 DM, Sakkos zwischen 170 DM bis 240 DM, Mantel (Schurwolle-/Kaschmir-Gemisch) 329 DM, Hosen 85 DM.

Einkaufssituation: Verkauf direkt aus dem Lager; „Förderhaken" transportieren „noch warme Ware" aus der Fabrik ins Lager; da hier auch der Einzelhändler seine Ware auswählt, keine Preisauszeichnung, die Verkäuferin ist im Besitz der Preisliste; einfache Umkleidekabinen und ein Spiegel sind aufgestellt.

Besonderheiten: Legerere Mode führt die Fa. Bickert (AUBI-Hosen) schräg gegenüber.

Firma: Otto Schuler GmbH, Aschaffenburger Straße 35, 63726 Großostheim, Telefon: 0 60 26/62 55, Fax: 62 67.

Öffnungszeiten: Montag bis Freitag 9.00 bis 17.30 Uhr, Samstag 9.00 bis 14.00 Uhr.

Streckenbeschreibung: Großostheim liegt südlich von Aschaffenburg; von Aschaffenburg kommend, nach Ortseingang ist die Firma das erste Haus auf der rechten Seite; Kundenparkplätze vorhanden; zum Verkauf führt die weiße Tür im flachen Gebäude der Firma (rechtes Gebäude) **(siehe Orientierungskarte Seite 98).**

BRUNCH **FISCHER**

Vier auf einen Streich

Smartes Outfit für den modernen Mann: Schnitte für den lässig-abenteuerlichen Typ – dieser Stil ist nicht steif, aber stilvoll.

Warenangebot: Anzüge, Sakkos, Mäntel, Jacken, Pullis, Shirts, Hemden, Krawatten, Accessoires wie Krawattennadeln.

Ersparnis: Die Ware besteht aus regulärem Angebot und Restposten (alles 1. Wahl), Preisbeispiele: Pulli 99 DM Angebot), Anzug 389 DM, Sakko 209 DM.

Einkaufssituation: Vor der Anmeldung in das rechte Gebäude gehen, Schild „Verkauf" im ersten Stock; die drei Herren auf den Bildern im Treppenhaus repräsentieren zum Glück nicht die gesamte Kollektion des Verkaufs.

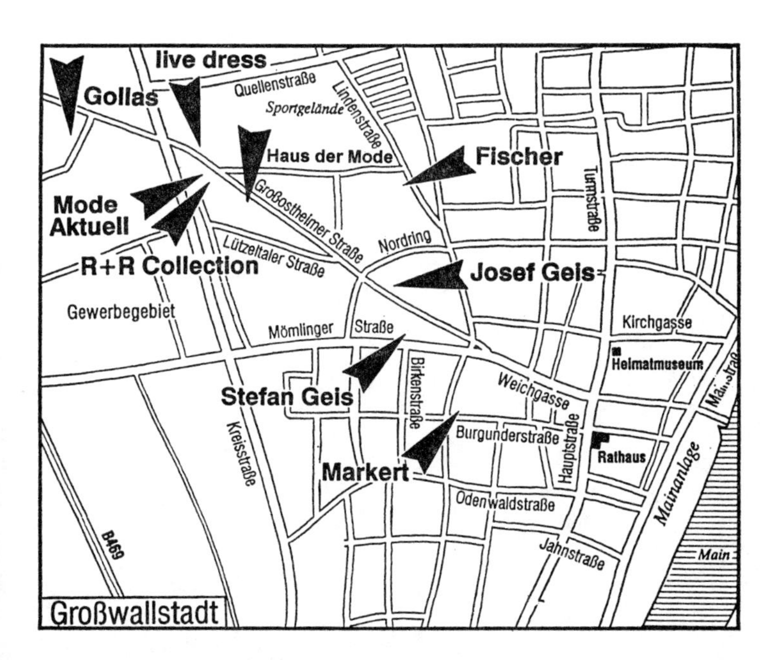

Besonderheiten: Mode für den jungen und junggebliebenen Herrn; im unkomplizierten Stil, jedoch schick.

Firma: Fischer GmbH, Lindenstraße 25, 63868 Großwallstadt, Tel.: 06022/654503, Fax: 654504.

Öffnungszeiten: Montag bis Freitag 9.00 bis 12.00 und 14.00 bis 18.00 Uhr, Samstag 9.00 bis 14.00 Uhr.

Streckenbeschreibung: Großwallstadt liegt südlich von Aschaffenburg; auf B 469 von Aschaffenburg kommend, die 1. Straße nach Ortseingang links (am Sportplatz vorbei), die nächste Straße rechts; die Firma ist nach 10 m auf der rechten Seite.

AVANTGARDE CAMPUS BY J. GEIS

Junge Mode und zeitlose Eleganz

Ein ungewöhnlich breites Angebot wird unter den Markennamen angeboten. Wer zeitlose bis modische Kleidung trägt, ist hier am richtigen Ort; gute Qualität.

Warenangebot: Anzüge, Sakkos, Hemden, Mäntel, Jacken, Hosen, Krawatten, Pullover, Polos.

Ersparnis: 40 bis 50 Prozent, Preisbeispiele: Anzug 250 DM, Sakko 160 DM. Im Schlussverkauf spart Mann nochmal bis zu 30 Prozent.

Einkaufssituation: nach Haupteingang links die Treppen ins Untergeschoss zum Verkauf; Fachberatung und Preisauszeichnung; Auswahl in allen Größen, Sofortänderungsdienst und Maßkonfektion – großes Stofflager.

Besonderheiten: einer der größten Hersteller, der alle Anzüge, Sakkos und Hosen noch selbst vor Ort produziert. Verkauf noch echt ab Fabrik. In Großwallstadt gibt es auch einen Herrenausstatter Stefan Geis. Die Firmen haben nichts miteinander zu tun.

Firma: Josef Geis GmbH, Großostheimer Straße 14, 63868 Großwallstadt, Telefon: 0 60 22/6 60 40, Fax: 6 60-4 45.

Öffnungszeiten: Montag bis Donnerstag 8.00 bis 17.30 Uhr, Freitag 8.00 bis 16.30 Uhr, Samstag 8.30 bis 13.00 Uhr. Im Sommer macht die Firma Betriebsferien.

Streckenbeschreibung: Großwallstadt liegt südlich von Aschaffenburg; A 3 (Frankfurt–Würzburg), Ausfahrt Stockstadt. Auf B 469 Richtung Miltenberg, Ausfahrt Großwallstadt. Richtung Ortsmitte, Firma im Eckhaus nach der 2. Querstraße links **(siehe Orientierungskarte Seite 101)**.

GIORGIO PERONI GEIS-FASHION

Klassisch schön

Die weich fallenden, gut geschnittenen Kollektionen verpacken den Herrn korrekt und gepflegt. Nach dem Motto „Weniger ist mehr“ wird auf ein zu poppiges oder auffallendes Design verzichtet. Dezente Farben triumphieren.

Warenangebot: Anzüge, Sakkos, Hosen, Jacken, Mäntel.

Ersparnis: ca. 30 bis 40 Prozent Ersparnis auf 1a-Qualitäten, Preissegment: Alle Anzüge zwischen 200 und 320 DM, die Sakkos 185 bis 220 DM.

Einkaufssituation: sehr schöne und freundliche Präsentation im nagelneuen, hellen Verkaufsraum; Eingang an der linken Hausseite, Verkauf im 1. Stock, da wir in der Endphase des Umzugs kamen, noch keine Preisauszeichnung, aber bereits Fachberatung.

Besonderheiten: In Großwallstadt gibt es noch den Herrenausstatter Josef Geis, der nichts mit dieser Firma zu tun hat.

Firma: Stefan Geis, Mömlinger Straße 4, 63868 Großwallstadt, Telefon: 0 60 22/2 10 71, Fax: 2 37 93.

Öffnungszeiten: Montag bis Freitag 8.00 bis 16.30 Uhr durchgehend, Samstag 8.30 bis 13.00 Uhr.

Streckenbeschreibung: Großwallstadt liegt südlich von Aschaffenburg, auf B 469 von Aschaffenburg kommend, Richtung Ortsmitte, die 2. Straße nach Ortseingang rechts, die nächste links; Firma nach ca. 100 m linke Seite **(siehe Orientierungskarte Seite 101).**

MICRO BELSETA AMARETTA SYMPATEX

Kuschelweicher Schick für Aktive

Gollas, einer der führenden Bekleidungshersteller in Deutschland, ist Spezialist in der Verarbeitung von Mikrofasern: Jacken und Mäntel aus sanftem Belseta und federleichtem Amaretta, der perfekten und vollwaschbaren Lederimitation.

Warenangebot: Damen: Mäntel, Jacken, Parkas, Blazer, Hosen. Herren: Jacken, Parkas, Blousons, Janker.

Ersparnis: nur 1.-Wahl-Ware zu 15 bis 20 Prozent Ermäßigung; Preisbeispiele: Herren-Amaretta-Blouson 629 DM, Damenparka aus Belseta (Innenfutter mit Kaschmir) 749 DM, Herrenlederjacke 295 DM (Angebot). Im Sommer-/Winterschlussverkauf nochmals reduziert.

Einkaufssituation: Verkauf im selben Gebäude wie „Norma", nennt sich „apart-Modelle"; stilvolle Präsentation wie in gutem Fachgeschäft; Fachberatung.

Firma: Gollas GmbH & Co. KG, Einsteinstraße 2, 63868 Großwallstadt, Tel.: 0 60 22/ 2 34 46, Fax: 65 55 46.

Öffnungszeiten: Donnerstag und Freitag 14.00 bis 18.00 Uhr, Samstag 9.00 bis 13.00 Uhr.

Streckenbeschreibung: Großwallstadt liegt südlich von Aschaffenburg; auf B 469 von Aschaffenburg kommend, ist die Firma 50 m nach der Abfahrt rechts im Norma-Gebäude **(siehe Orientierungskarte Seite 101)**.

LIVE DRESS **CLEMENT DESIGN** **GINO DONNA**

Der Blazerspezialist

Die Firma, auf Platz 57 der deutschen Bestsellerliste für Damenbekleidung, ist ein absoluter Blazer-Spezialist: Hochwertige Blazer und Kostüme aus Kaschmir, Seide, Wolle und Leinen (auch in Spezialgrößen erhältlich). Ein sorgfältig ausgewähltes Programm an zugekaufter Ware rundet das Angebot geschmackvoll ab.

Warenangebot: Blazer, Kostüme, Blusen, Pullis, Hosen, Jacken, Mäntel und Röcke.

Ersparnis: durchschnittlich 30 Prozent Ersparnis; Preisbeispiele: Blazer von 98 bis 229 DM, Bluse 69 DM, Pulli 79 DM. Im Sommer-/Winterschlussverkauf nochmals um 20 Prozent herabgesetzt.

Einkaufssituation: Eingang nach dem Haupteingang rechts; nennt sich „Privatverkauf"; Preisauszeichnung, Präsentation wie im durchschnittlichen Einzelhandelsgeschäft.

Besonderheiten: Die Firma hat in Großostheim noch einen Fabrikverkauf: „Modemarkt", Aschaffenburger Straße 27, 63762 Großostheim; Öffnungszeiten: 12.30 bis 18.00 Uhr, Samstag nur Vormittag.

Firma: Live dress, Kreisstraße 1, 63868 Großwallstadt, Tel.: 0 60 22/2 10 21, Fax: 2 33 55.

Öffnungszeiten: Montag bis Freitag 9.00 bis 12.30 Uhr und 13.30 bis 18.00 Uhr. Samstag 9.00 bis 13.00 Uhr. Verkaufsoffene Sonntage: zweimal im Frühjahr und zweimal im Herbst (telefonisch erfragen).

Streckenbeschreibung: Großwallstadt liegt südlich von Aschaffenburg; auf B 469 von Aschaffenburg kommend, ist die Firma nach Ortseingang im ersten Haus links **(siehe Orientierungskarte Seite 101).**

MARKERT VIA PIA

Hübsches für die Dame

Das Unternehmen Markert ist immer topaktuell: Ab Oktober/November beginnt bereits der Ausverkauf von Wintermänteln. Spezialisiert auf weibliche, eher konservativ-schlichte Mode, die in großer Auswahl auch in untersetzten Größen erhältlich ist.

Warenangebot: vor allem Jacken, Mäntel, Kostüme, Hosenanzüge, Kombimode.

Ersparnis: bereits vor Saisonschluss aktuelle Ware 30 bis 50 Prozent günstiger; Beispiele: Jacke 230 DM, Wolljacke mit Kaschmir ab 280 DM.

Einkaufssituation: Verkauf direkt ab Lager; Eingang in „Alte Straße", der Verkauf ist im 1. Stock (beschildert); einfache Präsentation in einer Lagerhalle auf langen Ständerreihen, keine Preisauszeichnung, aber ein Verkäufer gibt freundlich Auskunft.

Besonderheiten: Für Bekleidung gibt es in Großwallstadt noch weitere lohnende Fabrikverkäufe.

Firma: MARKERT Damenmode GmbH, Burgunder Straße 20 (Eckhaus), 63868 Großwallstadt, Telefon: 0 60 22/ 2 23 50, Fax: 2 28 33.

Öffnungszeiten: Montag bis Donnerstag 9.00 bis 12.00 und 13.00 bis 16.30 Uhr, Freitag 8.00 bis 12.00 Uhr und 13.00 bis 16.00 Uhr, Samstag 9.00 bis 13.00 Uhr.

Streckenbeschreibung: Großwallstadt liegt südlich von Aschaffenburg; auf B 469 von Aschaffenburg kommend, Richtung Ortsmitte, am Kriegerdenkmal rechts, die Firma ist nach ca. 130 m links **(siehe Orientierungskarte Seite 101).**

PATTYS PANTS | MARKERT | BIANCA MODEN

Haben Sie Lust auf ...

...Schick im Büro? ...Eleganz am Abend? ...Bequemes für zu Hause und Sportlich-Legeres fürs Wochenende? Das topaktuelle Angebot, wie man es auch in niveauvollen Modezeitschriften wiederfindet, wird diesen Ansprüchen gerecht.

Warenangebot: komplettes Oberbekleidungssortiment für die Dame.

Ersparnis: beste Qualitäten ca. 30 bis 40 Prozent ermäßigt; Preisbeispiele: Pulli 89 DM, Damenbluse (kleiner Webfehler) 79 DM, Damenparka mit Kapuze und Fellbesatz 298 DM, Rock 69 DM. Preisreduzierung im Sommer-/Winterschlussverkauf nochmals 30 bis 70 Prozent.

Einkaufssituation: Der Verkauf nennt sich „Mode aktuell"; Präsentation wie im Fachgeschäft, Preise wie im Fabrikverkauf.

Besonderheiten: In Großwallstadt gibt es aber noch weitere sehr lohnenswerte Fabrikverkäufe.

Firma: Markert „Mode aktuell", PATTYS PANTS, Kreisstraße (keine Hausnummer) 63868 Großwallstadt, Telefon: 0 60 22/ 2 42 26, Fax: 2 42 26.

Öffnungszeiten: Montag bis Freitag 9.30 bis 18.00 Uhr, Samstag 9.00 bis 14.00 Uhr.

Streckenbeschreibung: Großwallstadt liegt südlich von Aschaffenburg; auf der B 469 von Aschaffenburg nach Großwallstadt; Firma nach Ortseingang das erste Haus auf der rechten Seite **(siehe Orientierungskarte Seite 101).**

R & R COLLECTION

Vier auf einen Streich

Mit diesen Kollektionen rennt Mann keinem Trend hinterher, sondern ist „up to date“ und passend zum Typ gekleidet. Ansprechendes Sortiment in dezenten Tönen, die eine mühelose Eleganz erwirken.

Warenangebot: nur 1.-Wahl-Qualitäten: Anzüge, Sakkos und Hosen aus eigener Herstellung; Mäntel, Jacken, Hemden, Strickwaren, Krawatten und Festtagskleidung werden zugekauft.

Ersparnis: durchschnittlich 35 bis 50 Prozent Ersparnis; Preisbeispiele: Anzug 330 DM, Sakko 198 DM. Im Sommer-/Winterschlussverkauf nochmals 20 Prozent reduziert.

Einkaufssituation: Ein großes Schild „Eigene Herstellung/ Mode für den Mann“ weist auf den Verkauf hin, was auch sehr wichtig ist, da der Verkauf wie ein Fachgeschäft aussieht.

Besonderheiten: Für Herrenbekleidung gibt es in Großwallstadt noch 3 weitere Fabrikverkäufe – deshalb 4 auf einen Streich.

Firma: R & R COLLECTION, Mode für den Mann, Lützeltaler Straße 8, 63868 Großwallstadt, Telefon: 0 60 22/2 56 61, Fax: 2 37 51.

Öffnungszeiten: Montag bis Freitag 9.00 bis 12.30 Uhr und 14.00 bis 18.00 Uhr, Samstag 9.00 bis 14.00 Uhr.

Streckenbeschreibung: Großwallstadt liegt nördlich von Aschaffenburg; auf B 469 von Aschaffenburg kommend, ist die Firma nach Ortseingang im zweiten Gebäude rechts **(siehe Orientierungskarte Seite 101).**

HAUS DER MODE

CM CREATIV MODE GMBH **PROFASHIONAL**

Trends für Damen und Herren

Markenkleidung zu knapp kalkulierten Preisen von modisch, sportiv bis elegant.

Warenangebot: komplettes Oberbekleidungssortiment für Damen und Herren in ausgezeichneten Qualitäten. Passende Accessoires runden das Angebot ab.

Ersparnis: aktuelle Kollektionen bis zu 30 Prozent, im Schlussverkauf 50 Prozent. Restbestände werden in separatem Raum zu Schnäppchenpreisen (Ersparnis bis zu 80 Prozent) angeboten, z. B. Damenblazer 69 DM; Markenblusen 39 DM, Herrenblazer 89 DM.

Einkaufssituation: Präsentation wie im Fachgeschäft mit ca. 650 m^2 Verkaufsfläche in gemütlicher Atmosphäre. Freundliches, fachkundiges Personal. Ca. 100 Parkplätze direkt am Verkaufsgebäude.

Besonderheiten: 4 mal im Jahr verkaufsoffener Sonntag (März – Mai – September – November).

Firma: cm creativ mode gmbh „Haus der Mode“, Telefon: 06022/ 2 10 01, Fax: 2 10 14, Profashional, Telefon: 0 60 22/2 53 93, Großostheimer Straße (ohne Hausnummer), 63868 Großwallstadt.

Öffnungszeiten: Montag bis Freitag 9.00 bis 13.00 und 14.00 bis 18.00 Uhr, Samstag 9.00 bis 14.00 Uhr.

Streckenbeschreibung: Großwallstadt liegt südlich von Aschaffenburg; A 3 Frankfurt–Würzburg, Ausfahrt Stockstadt. Danach B 469 ca. 15 km Ausfahrt Großwallstadt. Nach dem Ortseingang auf der rechten Seite das große Betriebsgebäude gegenüber der Shell-Tankstelle **(siehe Orientierungskarte Seite 101).**

ERLENBACHER BACKWAREN

Die Süßen „on the rocks“

Frische Qualitätskuchen, wie das Café an der Ecke sie anbietet. Alle Kuchen sind so frisch, wie der Einzelhändler sie einkauft; 2. Wahl heißt hier: zu hell/dunkel gebacken, schief, zu leicht...

Warenangebot: Artikel ca. 1 Jahr haltbar: Kuchen: Käse-, Apfel-, Pflaumen-, Käse-Kirsch-Torten: Schwarzwälder Kirsch, Apfeltorte, Käse-, Kirschtorte usw. Das Sortiment wechselt ständig.

Ersparnis: je nach Härtegrad der optischen Fehler 40 bis 70 Prozent günstiger: Käsekuchen 5,25 DM, Schwarzwälder Kirschtorte ca. 14 DM. Es sind nur ganze Kuchen erhältlich.

Einkaufssituation: Linker Flügel am Gebäudekomplex ist der „Tiefkühlshop“ (ausgeschildert). Reguläre Ware im Verkauf sind immer: Eis, Käse-Sahne-Torte, Schwarzwälder Kirschtorte und weitere Sahnetorten. Die Auswahl der Kuchen wechselt.

Besonderheiten: Da die Kuchen fertig gebacken sind, macht auch eine lange Autofahrt nichts aus (sind zu Hause dann aufgetaut). Sind die Backwaren nur angetaut (1 bis 2 Stunden), können sie problemlos wieder eingefroren werden. Am Ende des Wasserwegs ist die Tiefkühl-Snack-Firma Stöver.

Firma: Erlenbacher Backwaren GmbH, Wasserweg 39, 64521 Groß-Gerau, Telefon: 0 61 52/80 30, Fax: 80 33 47.

Öffnungszeiten: Montag bis Freitag 9.30 bis 13.00 Uhr und 14.00 bis 18.30 Uhr.

Streckenbeschreibung: Groß-Gerau liegt südwestlich von Frankfurt; von A 67 (Rüsselsheim-Darmstadt) kommend, die 2. Straße links, nächste rechts und nochmals rechts; Firma nach ca. 400 Metern linker Hand (Haus mit Holzverkleidung) **(siehe Orientierungskarte Seite 114).**

PATRICK'S CORNER

Jeans and more . . .

Seit 1979 besteht Patrick's Corner in Groß-Gerau, 1984 eröffnete die Filiale Nieder-Olm und 1987 Geisenheim/Rheingau, 1993 kam noch Ingelheim am Rhein dazu.

Warenangebot: LEVIS Jeans, Jacken, T-Shirts, Sweat-Shirts, Latzhosen, Hemden 2. Wahl oder Sonderposten. Bekannte Marken als Sonderposten oder mit kleinen Fehlern.

Ersparnis: ca. 50 Prozent, z. B. von LEVIS: Jeans 501 80 DM, andere Mode ab 60 DM, Sweatshirts ab 39,90 DM, T-Shirts 25 DM, Jacken 80 DM, Latzhosen 98 DM.

Einkaufssituation: riesige Hosenstapel von ca. 5000 Stück pro Laden. Während der Hauptgeschäftszeit sehr viel Betrieb, wenn möglich, auf die Morgenstunden ausweichen.

Firma: Patrick's Corner Mode im intern. Stil GmbH, Mittelstraße 2, 64521 Groß-Gerau, Telefon: 0 61 52/27 95. 2. Geschäft: Frankfurter Straße 31, Telefon: 0 61 52/8 60 42 (Levis regulär, Sonderposten, Kinderkleidung).

Öffnungszeiten: Montag bis Freitag 9.30 bis 19.00 Uhr, Samstag 9.00 bis 14.00 Uhr bzw. erster Samstag im Monat bis 16.00 Uhr.

Weitere Verkaufsstellen: Pariser Straße 80, **55268 Nieder-Olm**, Telefon: 0 61 36/65 28. Rüdesheimer Straße 42, **65366 Geisenheim/Rheingau**, Telefon: 0 67 22/7 15 50. Bahnhofstraße 32, **55218 Ingelheim/Rhein**, Telefon: 0 61 32/33 29.

Streckenbeschreibung: Groß-Gerau südlich von Frankfurt, bei Darmstadt und Mainz. Gut zu erreichen über die Autobahnen von Frankfurt, Wiesbaden, Mainz oder Darmstadt kommend, Abfahrt Groß-Gerau.

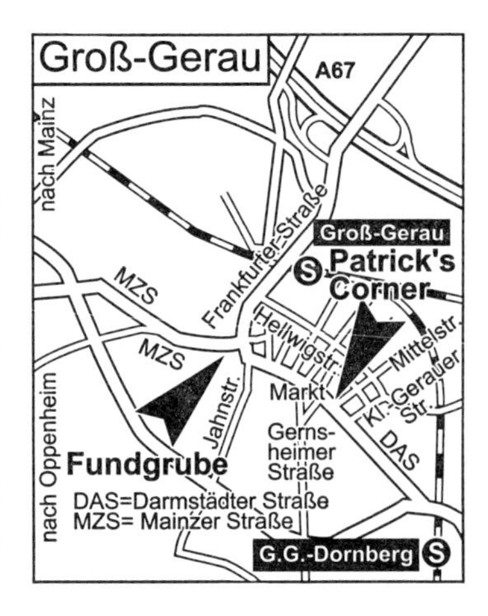

QUELLE SCHICKEDANZ AG & CO.

Eine Quelle sprudelt Tiefpreise für Schnäppchenjäger

Das Großversandhaus Quelle vermarktet eigene Überhänge, Restposten und Überhänge von Tochterunternehmen wie Schöpflin oder Madeleine in einem stationären Ladennetz von insgesamt 120 „Tiefpreis"-Fundgruben. Für Schnäppchenjäger gilt deshalb „Erst mal seh'n was Quelle hat".

Warenangebot: Auslaufmodelle, Einzelteile und Restposten des gesamten textilen Katalogangebotes der Quelle Gruppe von Oberbekleidung für Damen, Herren, Kinder bis Unterwäsche, Heimtextilien und diversen Hartwaren. 2.-Wahl Elektro-Groß- und Kleingeräte mit voller Garantie. Abgerundet wird das Sortiment durch äußerst preiswerte Sonderposten.

Ersparnis: durchschnittlich 50 bis 60 Prozent gegenüber Katalogpreis. Bei Elektrogeräten 20 bis 50 Prozent.

Einkaufssituation: freundliche Ladenverkaufsfläche in guter City-Lage mit Regalen, Rundständern und Verkaufstischen sowie Umkleidekabinen.

Besonderheiten: Es wird mindestens einmal pro Woche neue Ware angeliefert, so dass das Angebot immer wieder eine andere Warensortierung aufweist.

Firma: „Tiefpreis"-Fundgrube, Mainzer Straße 2, 64521 Groß-Gerau, Telefon: 0 61 52/35 19.

Öffnungszeiten: Montag bis Freitag 9.00 bis 18.00 Uhr durchgehend, Samstag 9.00 bis 13.00 Uhr.

Weitere Verkaufsstellen von Quelle mit Elektrogeräten:
55120 Mainz-Mombach, Bernhard-Winter-Straße 1, Telefon: 0 61 31/68 08 03.
67346 Speyer, Heinkelstraße 3, Telefon: 0 62 32/7 67 17.
Weitere Verkaufsstellen von Quelle (Textilien) siehe unter „Raunheim" bei Frankfurt.

Streckenbeschreibung: auf der A 67 kommend, Abfahrt Groß-Gerau, Richtung Stadtmitte, die Frankfurter Straße entlang bis Hotel Adler (linke Seite), dort rechts. Fundgrube nach 20 m links **(siehe Orientierungskarte Seite 112).**

STÖVER

Schnell ein Essen auf den Tisch gezaubert

Snacks und Beilagen, vorwiegend aus eigener Herstellung. Erstklassiges Angebot, jedoch oftmals in größeren Verpackungseinheiten.

Warenangebot: Kartoffelspezialitäten in allen Variationen; Imbiss: Hamburger, Hot dog, Pizza, Baguette, Gyrosburger. Beilagen: Pommes frites und andere Kartoffelprodukte. Schnelle Küche: Gemüse, Obst, Sauerkonserven, Fleisch- und Wurstwaren, Fisch, Eintöpfe, Suppen. Das gesamte Sortiment liegt natürlich auf Eis.

Ersparnis: 40 Prozent Ersparnis. Zusätzlich Preis-Aktionen.

Einkaufssituation: Anmeldung und Verkauf an der Rückseite des Gebäudes; Artikellisten an Anmeldung erhältlich, wo man in zimmerwarmer Temperatur die Ware auswählt, den Weg durch die Tiefkühlhallen übernimmt ein Verkäufer.

Firma: Stöver Frischdienst GmbH & Co. KG, Wasserweg 43, 64521 Groß-Gerau, Telefon: 0 61 52/78 17, Fax: 8 21 39.

Öffnungszeiten: Montag bis Donnerstag 8.00 bis 14.00 Uhr, Freitag 8.00 bis 12.00 Uhr, nur in der heißen Jahreszeit am Samstag und Sonntag 8.00 bis 11.00 Uhr, da zu dieser Zeit Freibäder etc. beliefert werden.

Streckenbeschreibung: von A 67 (Rüsselsheim-Darmstadt) kommend (Ausfahrt Groß-Gerau), die 2. Straße links, nächste rechts und nächste nochmals rechts; Firma nach ca. 600 Metern auf der linken Seite.

RUPPERT BEKLEIDUNGS-GMBH

Mode für die Dame

Seit über 60 Jahren Hersteller von Damenmänteln in hochwertigen Qualitäten. Spezialist für Lamamäntel.

Warenangebot: Damenmäntel, Kostüme, Jacken, Blazer und Röcke, Hosen und Blusen.

Ersparnis: gegenüber dem Handel von 30 bis 50 Prozent; im Sommer-/Winterschlussverkauf mehr.

Einkaufssituation: Verkaufsraum von 50 m^2.

Besonderheiten: Einzelteile bzw. Musterverkauf zum Herstellungspreis. Billige Stoffreste.

Firma: Ruppert Bekleidungs-GmbH, Forsthausstraße 1–4, 64823 Groß-Umstadt (Stadtteil Heubach), Tel.: 0 60 78/20 45, Fax: 7 34 74.

Öffnungszeiten: Montag bis Donnerstag 10.00 bis 12.00 Uhr und 14.00 bis 16.30 Uhr, Freitag 10.00 bis 12.00 Uhr, Samstag 10.00 bis 13.00 Uhr. Firma macht Betriebsferien.

Streckenbeschreibung: B 45 Dieburg–Michelstadt ca. 500 m hinter Abfahrt Groß-Umstadt, von Dieburg kommend, links nach Heubach abbiegen.

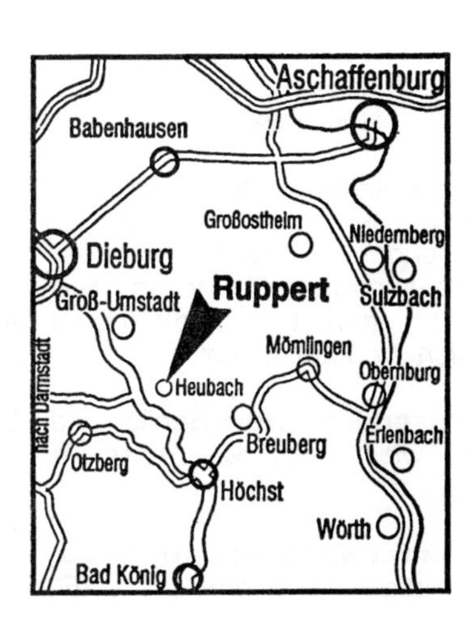

PRONTO MODA | RENE FONTAINE | N & L | CLAUDIA MODEN | TRU | AKTUELL

Erfrischende Mode

Blazer, Jacken, Mäntel, Kostüme, Hosenanzüge und Kleider stellt die Firma selbst her, in geschmackvoller Auswahl wird die restliche Ware zugekauft. Sehr ansprechendes Angebot.

Warenangebot: nur 1.-Wahl-Ware aus der laufenden Produktion: Blusen, Pullis, Hosen, Blazer, Röcke, Kleider, Swinger, Jacken, Mäntel und modische Anoraks. Trendorientierte Mode.

Ersparnis: Auch Fremdware ist günstiger als im Einzelhandel; 20 bis 40 Prozent Ersparnis auf alle Artikel; Beispiele: Jacke (reine Schurwolle) 129 DM, edle Bluse 79 DM, Mantel (20 Prozent Kaschmiranteil) 189 DM, schicker Blazer 79 DM. Im Sommer/Winterschlussverkauf nochmals bis 30 Prozent reduziert.

Einkaufssituation: Präsentation der Ware wie in Boutique, Fachberatung (weiß auch über die kommende Ware und Stilrichtungen Bescheid); nennt sich „Verkaufslager".

Besonderheiten: Service und Stil wie in Boutique – Preise wie im Verkaufslager.

Firma: Mode made by Franz, Pronto Moda GmbH & Co. KG, Lebrechtstraße 43, 64846 Groß-Zimmern, Tel.: 0 60 71/7 40 20, Fax: 7 40 65.

Öffnungszeiten: Montag bis Freitag 9.00 bis 12.30 Uhr und 14.00 bis 18.00 Uhr, Samstag 9.00 bis 13.00 Uhr.

Streckenbeschreibung: Richtung Klein-Zimmern, vor Ortsende Groß-Zimmern links in die Lebrechtstraße (vor der Brücke links); Firma nach ca. 250 Metern rechte Seite.

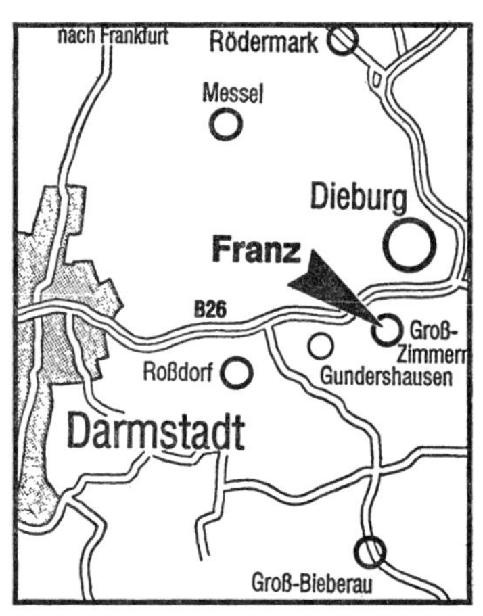

KÖCHER-PUTEN

Fit und fein

Herausragende Werte: reich an Geschmack und Wertstoffen. Mit Putenfleisch kann der Verbraucher seinen Wunsch nach gesunder und kalorienarmer Ernährung erfüllen. Es enthält wenig Fett und somit weniger Kalorien und wenig Cholesterin, ebenso ist es reich an Eiweiß, Vitaminen (B_1 und B_2) und Mineralstoffen.

Warenangebot: Köcher's Geflügel-Spezialitäten aus deutscher Produktion; von frisch geschlachteten Hähnchen und Puten, über Putenschnitzel, Rollbraten, Oberkeulensteaks bis zu veredelter Ware, z. B. Wurst- und Schinkenspezialitäten. Tagesfrische, kontrollierte Produktion.

Ersparnis: ca. 10 bis 20 Prozent Ersparnis gegenüber regulärem Ladenverkaufspreis.

Einkaufssituation: Verkaufsraum, ähnlich wie im Fleischerfachgeschäft.

Besonderheiten: Besonderer Wert wird auf Frische gelegt, bei fast täglicher Schlachtung erhalten Sie daher ausschließlich frische Ware. Täglich wechselnde Putengerichte im „Farmrestaurant", vom reichhaltigen Frühstück bis zum Mittagsmenü.

Firma: Köcher's Geflügel GmbH, Besser Straße 44, 34281 Gudensberg, Telefon: 05603/93220, Fax: 93 22 93.

Öffnungszeiten: Montag bis Freitag 9.00 bis 17.30 Uhr durchgehend, Samstag 9.00 bis 14.00 Uhr, Sonntag 11.00 bis 16.00 Uhr.

Streckenbeschreibung: A 7 von Süden kommend, Melsungen abfahren. Von Norden von der A 7 auf die A 44, dann auf die A 49 Gudensberg abfahren, nicht in den Ort, sondern Richtung Besse-Beschilderung, von der A 49 gut sichtbar.

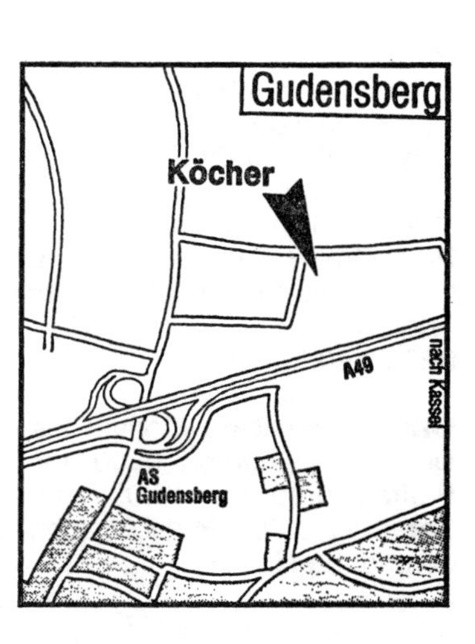

SAINT JOHN

Gentleman auf den ersten Blick

Stilvoll, aber nicht aufdringlich wirken die extrem smarten Kollektionen. Dezente Farbkombinationen kleiden den Herrn von heute.

Warenangebot: Anzüge, Sakkos, Hosen, Hemden und Krawatten.

Ersparnis: 30 bis 50 Prozent; Pauschalpreise: Anzug 359 DM, Hose 119 DM, Sakko 249 DM (Übergrößenzuschlag).

Einkaufssituation: Es gelten Einheitspreise (nicht Händlerabgabepreise), zusätzlich zeitlich begrenzte Sonderangebote, übersichtliche Preistafeln, sehr saubere, übersichtliche Präsentation, große Auswahl auch in Übergrößen. Preisreduzierungen von 20 Prozent im Sommer-/Winterschlussverkauf.

Firma: Saint John, Volkmar Prell GmbH, Daimlerstraße 1, 66130 Saarbrücken-Güdingen, Telefon: 06 81/98 75-2 89, Fax: 9 87 52 90.

Öffnungszeiten: Montag bis Donnerstag 9.00 bis 18.00 Uhr, Freitag 9.00 bis 14.00 Uhr, Samstag 9.00 bis 13.00 Uhr, durchgehend.

Streckenbeschreibung: Güdingen liegt südöstlich von Saarbrücken; von Mannheim kommend über die A 6, Ausfahrt Güdingen. Globus rechts liegenlassen, 1. Abzweigung rechts, 3. Straße links, 2. Straße links; an der Ecke Daimlerstraße/Th.-Heuss-Straße ist die Fabrik (gut erkennbar).

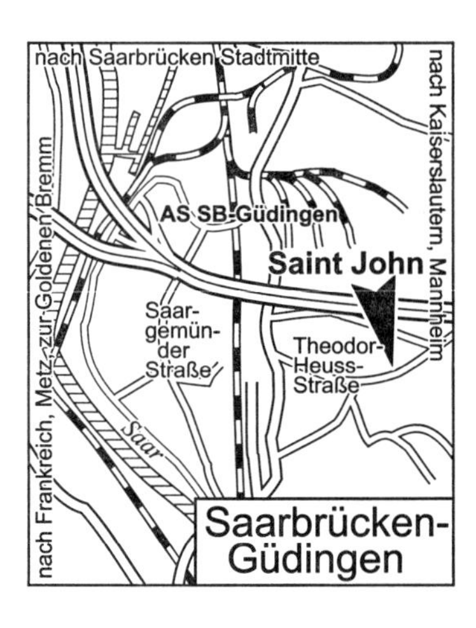

PELZ NEU GMBH

„Leonhard Heyden Kollektion"

Der feine Ledergeruch durchdringt die hohen Räume des Lagers. Das Sortiment der „Classics in Leather" kann sich sehen lassen. Besonders auffällig sind die farbenfrohen Schulranzen und Kinderrucksäcke.

Warenangebot: Reise-, Hand- und Business-Taschen, Pilotenkoffer, Aktenkoffer, aber auch Geldbörsen und Brustbeutel, Schulranzen und Kindergartentaschen in Leder und Polyester, sowie aktuelle Lederbekleidung.

Ersparnis: 25 bis 45 Prozent. Leichter Schulranzen 59 DM, große Poly-Reisetasche 26 DM, Ledergeldbörse ab 12 DM. In 2.-Wahl-Qualität: modische Handtasche 25 DM, Umhängetasche 30 DM. Im Sommer-/Winterschlussverkauf nochmals bis 50 Prozent reduziert.

Einkaufssituation: hübsch hergerichtete Verkaufsecke in großem Lager mit 1.-Wahl--Ware. Auf Nachfrage wird man innerhalb des Lagers zu 2.-Wahl-Bereich geführt. Gute Beschilderung vom Parkplatz zum Lagerverkauf.

Firma: Pelz Neu GmbH, Saynstraße 22, 57627 Hachenburg, Telefon: 0 26 62/95 13-0, Fax: 20 66.

Öffnungszeiten: Montag bis Freitag 8.00 bis 18.00 Uhr, Donnerstag bis 19.30 Uhr, Samstag 10.00 bis 13.00 Uhr.

Streckenbeschreibung: Hachenburg liegt nordöstlich von Koblenz. Auf der B 413 in den Ort fahren. Nach Baustoffmarkt links einbiegen, Firma liegt nach 400 m rechts.

FÜRST

Fürstliche Keramik

„Hier läuft die Ware nicht vom Band, wir schaffen noch mit Herz und Hand" – ein Versprechen, das bei jedem Teller, Becher, Krug und Döschen eingelöst wird. Mit salzglasiertem Steinzeug der Töpferei Fürst können Sie Ihr Haus verschönern oder guten Freunden eine Freude machen.

Warenangebot: Bier-, Wein- und Schnapskrüge, Becher, Dosen für Knoblauch, Zwiebeln oder Gummibärchen, Wandteller und Fliesen, Schalen, Schüsseln und Serviceteile. Formen für die Westerwälder Spezialität „Eierkäs", Kleinkeramik, Geschenkartikel.

Ersparnis: 20 bis 30 Prozent im hochpreisigen Keramik-Segment. Die 1.-Wahl-Palette bietet massive Dosen mit Deckel inklusive Bemalung 23 DM, Bempel 42 DM und 6 dazugehörige Becher 72 DM, Weizenbierkrüge 30 DM, Kinderbecher 10 DM.

Einkaufssituation: 2 große Verkaufsräume im rustikalen Holzstil. Die Ware ist mit Preisangaben versehen.

Besonderheiten: In der Töpferei Fürst kann man das Rezept für die Westerwälder Spezialität „Eierkäs" erfahren.

Firma: Marliese Fürst, Gewerbegebiet, 57642 Hachenburg-Alpenrod, Tel.: 0 26 62/41 42, Fax: 41 42.

Öffnungszeiten: Montag bis Freitag 7.00 bis 18.00 Uhr durchgehend, Samstag 8.00 bis 14.00 Uhr.

Streckenbeschreibung: Alpenrod liegt nordöstlich von Koblenz. In Alpenrod ins Gewerbegebiet, gute Beschilderung zur Töpferei. Parkplätze vor Töpferei.

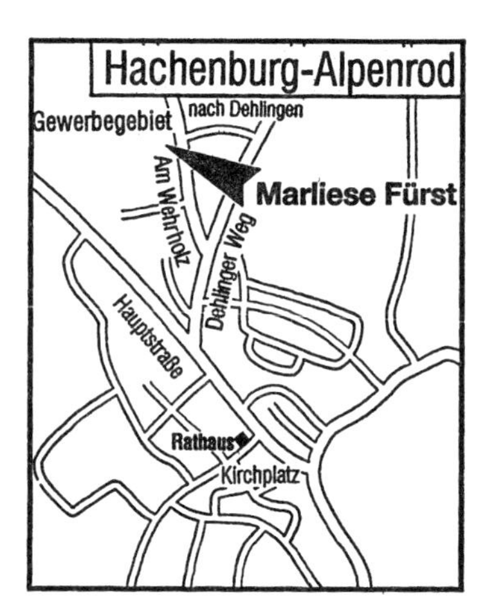

PFEIFFER

Eiche pur – ein Stück Natur

Die Firma wurde 1937 gegründet. Auf einer Grundfläche von 15 000 m² wird heute Holz gelagert und abgelagert, lackiert und die Gartenmöbel gefertigt. Naturholz bietet ein sympathisches Sitzgefühl und sieht nett aus. Naturholzmöbel passen sich dezent in die Gartenatmosphäre ein.

Warenangebot: Sitzgruppen, Bänke und Lauben (6eckig, 8eckig).

Ersparnis: ca. 30 Prozent Ersparnis; Preisbeispiele: Bänke ab 97 DM.

Einkaufssituation: bei „Anmeldung“ melden, links neben dem Büro ist ein Ausstellungsraum zum Probesitzen; alle Möbel und Lauben zerlegt im Karton abholbereit.

Besonderheiten: die natürliche Art, bequem zu sitzen (als Alternative zum Plastik).

Firma: Pfeiffer Naturholzmöbel GmbH, Grundstraße 77, 35708 Haiger-Niederroßbach, Telefon: 0 27 73/50 14, Fax: 50 16.

Öffnungszeiten: Montag bis Freitag 7.00 bis 12.30 und 13.15 bis 16.00 Uhr.

Streckenbeschreibung: Haiger liegt westlich von Dillenburg; dort Richtung Eschwede fahren, nach Ortsteil Rodenbach kommt Niederroßbach; am Ortsendeschild (weiter Richtung Oberroßbach) ist links die Firma.

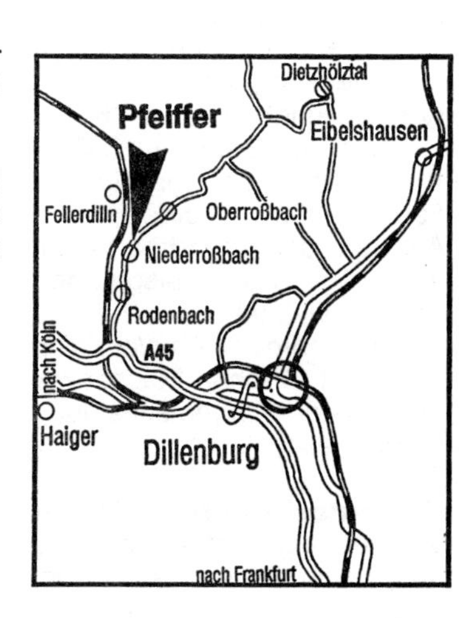

PHILIPP A. N. KÖHLER **KÖHLERKÜSSE**

Einmalige Negerkuss-Vielfalt

Seit über 60 Jahren bekannt für beste Qualität. Es werden nur ausgewählte natürliche Rohstoffe verarbeitet; supermoderne Produktionsmethoden garantieren den hohen Standard für Köhlerküsse. Die Sortimentsvielfalt ist einmalig in Europa.

Warenangebot: Schaumzuckerwaren, hauptsächlich Schokoküsse; konkurrenzlos sind die Sorten Rum, Erdbeer, Zitrone, Waldmeister, Cola, Himbeer, Krokant, Mokka und Rum-Trauben-Nuss, die die Firma Philipp A. N. Köhler als einziger Hersteller im Sortiment produziert. Neu: von Oktober bis März auch Zimt, Banane und Cappuccino. Mischkartons der einzelnen Sorten für „Einsteiger" sind erhältlich.

Ersparnis: Köhlerküsse, 25 Stück, 5 DM, Spezialsorten (z. B. Mokka-, Himbeer- oder Kokosfüllung), 25 Stück, 6 DM, 2. Wahl, 100 Stück, 14 DM. 2. Wahl nicht immer vorrätig. Die Fabrikeinkäufe werden nach Aussage der Kundschaft nicht überwiegend aus Preisgründen getätigt, vielmehr ist es Frische und Geschmack im Vergleich zur sonst üblichen Massenware, die eine Kaufentscheidung begründet.

Einkaufssituation: kleiner Verkaufsraum direkt am Eingang zum Büro. Es gelangt stets fabrikfrische Ware zum Verkauf. Preisinformation im Vorraum des Verkaufs. Großer Parkplatz vorhanden.

Besonderheiten: Alle Erzeugnisse werden mit echter Schokolade (keine Fettglasuren) überzogen, damit sie den strengen Qualitätsanforderungen standhalten.

Firma: Philipp A. N. Köhler, Inh. H. Kaufhold, Herderstraße 31–33, 63512 Hainburg/Hess., Telefon: 0 61 82/41 16, Fax: 6 07 25.

Öffnungszeiten: Montag bis Donnerstag 8.00 bis 17.00 Uhr durchgehend, Freitag 8.00 bis 16.00 Uhr durchgehend.

Streckenbeschreibung: A 3, Abfahrt Hanau; Ortsbeschilderung Hainburg folgen; A 45 Hanauer Kreuz Richtung Dieburg bis Ortsbeschilderung Hainburg; in Hainburg L 3065 Richtung Seligenstadt. Freistehendes Firmengelände mit Negerkussfahnen **(siehe Orientierungskarte Seite 123).**

MC NEILL

Vorsicht Schulanfänger!

Mc-Neill-Schulranzen bieten im Straßenverkehr, auch an trüben Tagen, viel Sicherheit durch das neonfarbige Design; sie sind orthopädisch geformt und pflegeleicht (abwaschbar).

Warenangebot: Schulranzen und Zubehör in verschiedenen Größen und Materialien, Kindergartentaschen, Schulbeutel, Schüleretuis, modische Schul- und Reiserucksäcke. Auch Schultaschen und Mappen aus Vollrindleder. Neuheit: Malschablone als Mittelwand im Ranzen.

Ersparnis: Es kommen Sondermodelle und Auslaufdessins zum Verkauf. Schulranzen in einer Preislage von 69 DM bis 169 DM.

Besonderheiten: Auf alle Schulranzen gibt es eine Entsorgungsgarantie. Gebrauchte Ranzen werden mit 5 DM vergütet und zu fast 100 Prozent recyclet.

Firma: Thorka GmbH, Mc-Neill-Schultaschen, Siemensstraße 28, 63512 Hainburg-Klein-Krotzenburg, Telefon: 0 61 82/9 57 10, Fax: 6 69 98.

Öffnungszeiten: Montag bis Donnerstag 13.00 bis 16.00 Uhr, Samstag 9.00 bis 12.00 Uhr.

Streckenbeschreibung: Hainburg, Ortsteil Klein-Krotzenburg, liegt zwischen Aschaffenburg und Hanau. A 3 (Frankfurt–Aschaffenburg) bis Ausfahrt Seligenstadt. Von Seligenstadt Richtung Hainburg. Nach Ortsausfahrt Seligenstadt 1. Ampel links, erste Querstraße dann rechts, erste Einfahrt rechts. Gute Parkmöglichkeiten.

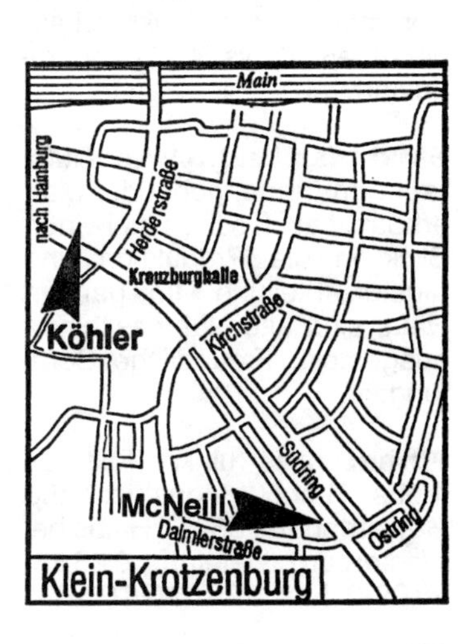

MISS ULRIKE

Spezialisten für Nicky-Homewear

miss ulrike gehört zu den wenigen deutschen Produzenten von Nicky-Homewear. Im Hause werden jährlich zwei eigene Kollektionen Morgenmäntel entworfen und produziert.

Warenangebot: Haus- und Morgenmäntel, Haus- und Freizeitanzüge aus Nicky, Frottee, Jersey und Satin. Schlafanzüge, Nachthemden, Strandkleider aus Frottee und Baumwolle. Frottee-Handtücher. Leichte Baumwollkleider und T-Shirts. 1. und 2. Wahl. Musterstücke.

Ersparnis: 40 bis 50 Prozent. Morgenmäntel, 2. Wahl, ca. 40 DM, Freizeitanzüge ab 30 DM, Nachthemden ab 20 DM. Im Sommer-/Winterschlussverkauf nochmals 30 bis 50 Prozent reduziert.

Einkaufssituation: Verkaufsraum im Firmengebäude. Man erhascht auch schon mal einen Blick in die Produktion und Muster-Abteilung. Im ganzen Haus sind alte Nähmaschinen ausgestellt. Freundliche Beratung.

Firma: miss ulrike Textilvertriebs GmbH, Industriestraße Gewerbepark, 56457 Halbs bei Westerburg, Telefon: 0 26 63/ 98 09-0, Fax: 0 26 63/98 09-49.

Öffnungszeiten: Montag bis Donnerstag durchgehend 8.00 bis 17.00 Uhr, Freitag 8.00 bis 14.00 Uhr.

Streckenbeschreibung: Oberer Westerwald zwischen Westerburg und Bad Marienberg. A 3, Ausfahrt Montabaur, B 255 Richtung Rennerod (Marburg), in Ailertchen rechts ab Richtung Westerburg. Auf halbem Weg nach Halbs liegt rechts der Gewerbepark. Parkplätze am Haus vorhanden.

PHILIPP

Live Style – Herrenmode

Mode für den Herrn: Gute Stoffe, lockere Schnitte und unendlich viele Variationen dezenter Farbtöne charakterisieren die Mode der Firma Philipp & Co.

Warenangebot: Anzüge, Sakkos, Hosen, Abendgarderobe, Mäntel, Sportswear, Hemden, Krawatten.

Ersparnis: 1a-Ware, aus guten Stoffen gefertigt, ist 30 bis 40 Prozent ermäßigt; Anzüge liegen größtenteils unter 400 DM, z. B. Anzug 385 DM.

Einkaufssituation: Der Verkauf ist im hinteren Gebäude (hinter dem Hauptgebäude), gelbe Halle; prinzipiell immer den Menschentrauben nachgehen, da der Verkauf immer sehr gut besucht ist; Selbstbedienung, meist keine Preisauszeichnung aber Verkaufspersonal gibt Auskunft.

Firma: J. Philipp GmbH & Co., Hochstädter Landstraße 29 bis 37, 63454 Hanau, Telefon: 0 61 81/98 50, Fax: 98 51 69.

Öffnungszeiten: nur am Freitag 13.00 bis 17.00 Uhr und Samstag 10.00 bis 14.00 Uhr.

Streckenbeschreibung: Hanau liegt östlich von Frankfurt; A 66 bis Ausfahrt Hanau-Nord; erste Straße rechts (vor Polizeiwache), nächste Kreuzung wieder rechts; Firma nach ca. 250 Metern linke Seite.

HMC PRIESS DIGEL

Modisch – preiswert – aktuell

Erstklassige Qualitätskleidung für Damen und Herren. Schicke Mode für alltägliche Anlässe wie fürs Büro, einen Stadtbummel, Essen gehen.

Warenangebot: Damen und Herren: gesamtes Oberbekleidungssortiment und Jacken/Mäntel. Sehr ansprechende Kollektion. Trendorientierte, aber auch zeitlosere Mode.

Ersparnis: 20 Prozent Ersparnis auf 1a-Qualitäten, z. B. lange Bluse 118 DM, Baumwollpulli 98 DM, Winterwolljacke 398 DM, Sakko 128 DM, Herrenhose 149 DM.

Einkaufssituation: Präsentation der Ware im Kaufhausstil, großzügig und übersichtlich; Beratung, wenn man sich selbst an die Verkäuferin wendet (was manchmal angenehm sein kann).

Besonderheiten: Ein Großteil der Herrenmode ist gegen einen Preisaufschlag auch in Übergrößen erhältlich.

Firma: Haus der Mode, Alfred Ammerschläger, Maybachstraße 17, 63456 Hanau-Steinheim, Telefon: 0 61 81/65 03 55, Fax: 65 03 25.

Öffnungszeiten: Montag bis Freitag 9.00 bis 18.00 Uhr, Donnerstag 9.00 bis 20.00 Uhr, Samstag 9.00 bis 15.00 Uhr.

Streckenbeschreibung: in Hanau Richtung Industriegebiet; nach Überqueren des Mains die nächste Straße rechts, nächste links und nächste wieder rechts; Firma nach 50 Metern auf der linken Seite.

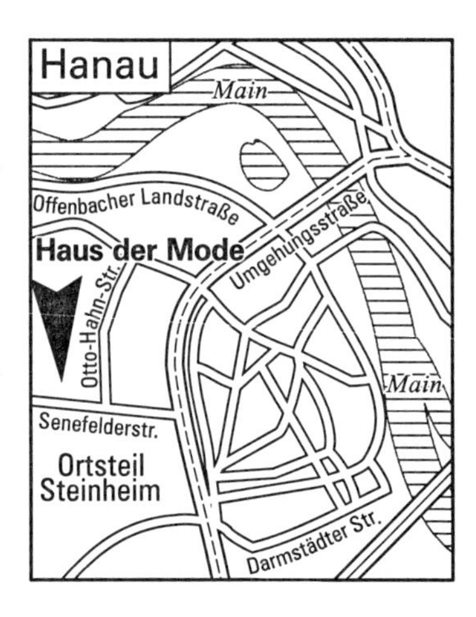

RAQUET

Am besten zu Raquet, wohin denn sonst?

Raquet verkauft seit fast 40 Jahren „textile Werbegeschenke“ an Großverbraucher. Meist handelt es sich um nach eigenen Vorlagen überwiegend im Ausland produzierte Artikel.

Warenangebot: Günstige Angebote gibt es immer im Bereich von Frottierwaren (Handtücher, Gästetücher, Duschtücher, Saunatücher, Strandtücher). Meist sind es Auslauf-Kollektionen und Restposten. Auch 2. Wahl ist im Angebot. Daneben umfangreiches Markenartikelangebot in den Bereichen Tischwäsche, Bettwäsche, Frottierwäsche, Badezimmervorlagen und Bademäntel.

Ersparnis: ca. 20 bis 25 Prozent bei Frottierware. Ca. 10 bis 15 Prozent bei anderer Ware. 2.-Wahl-Ware zum halben Preis.

Einkaufssituation: Fachgeschäftcharakter mit ca. 220 m² Verkaufsfläche. Geschulte Beratung. Übersichtliche Präsentation. Angenehme Atmosphäre.

Besonderheiten: Hier kann man sich sein Handtuch, Duschtuch, Bademantel etc. mit einem Monogramm besticken lassen.

Firma: Friedrich Raquet GmbH, Carl-Benz-Straße 5–7, Industriegebiet Süd, 67454 Haßloch, Tel.: 0 63 24/92 99 19, Fax: 92 99 29.

Öffnungszeiten: Montag bis Freitag 9.00 bis 12.30 Uhr und 14.00 bis 18.30 Uhr, 1. Samstag bis 16.00 Uhr, sonst bis 13.00 Uhr.

Streckenbeschreibung: Haßloch ist zu erreichen über die A 61.

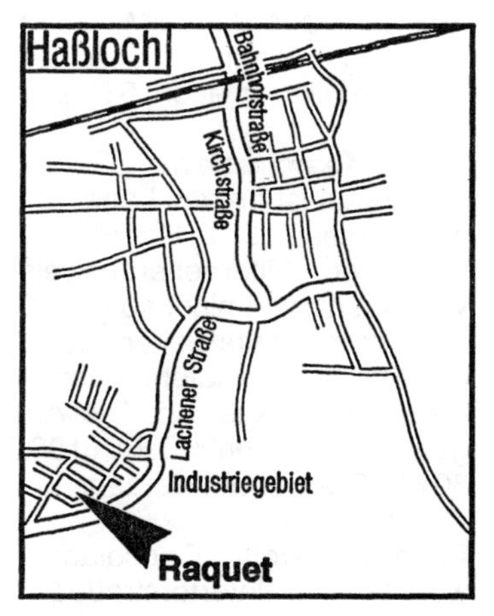

NESTLE **MAGGI** **THOMMY** **LIEKEN**

BUITONI **ALETE** **BÜBCHEN** **LOREAL**

7-Länder-Spezialitäten

Leckereien wie die Pralinen 7-Länder-Spezialitäten sind nur ein Teil des großen Sortiments. Wer den herzhaften Genüssen den Vorzug gibt, ist mit dieser Adresse ebenfalls gut beraten. Auch Haut- und Haarpflegeprodukte.

Warenangebot: Pralinen, Schokolade, Kekse, Choco-Crossis, After eight. Maggi: Suppen, Saucen, Snacks, Fertiggerichte. Thommy: Dressings. Senf, Mayonnaise, Ketchup. Lieken: Backwaren. Buitoni: Nudeln. Alete: Baby-/Kindernahrung. Bübchen: Pflegeprodukte für Kinder. Loreal: Haar- und Hautpflegeprodukte. Frühstücksware.

Ersparnis: 30 bis 40 Prozent, Angebote mehr; Beispiel: Loreal-Shampoo 3,55 DM, große Packung Pralinen (mit eventuell leichtem Hitzeschaden) 6 DM.

Einkaufssituation: Personalverkauf ist an das Lager angeschlossen. Das Schild „auf Verlangen Mitarbeiterausweis vorzeigen" wird nicht so genau genommen. Mitarbeiter, die in der Pause einkaufen, werden bevorzugt abkassiert. Die Angebote können unter Tel. 0 61 90/ 80 62 12 abgefragt werden.

Firma: Sarotti Chocoladenwerk GmbH, Untertorstraße 22, 65795 Hattersheim a. M., Telefon: 0 61 90/80 61 21.

Öffnungszeiten: Montag und Mittwoch 10.30 bis 13.30 Uhr, Dienstag 10.30 bis 15.00 Uhr, Donnerstag 6.00 bis 12.00 Uhr, Freitag 9.30 bis 12.30 Uhr.

Streckenbeschreibung: A 66 (Rchtg. Wiesbaden), Abfahrt Hattersheim; Gewerbegebiet Süd, Richtung Okriftel. Vom Hessendamm rechts abbiegen. Verkauf nach ca. 20 m rechts.

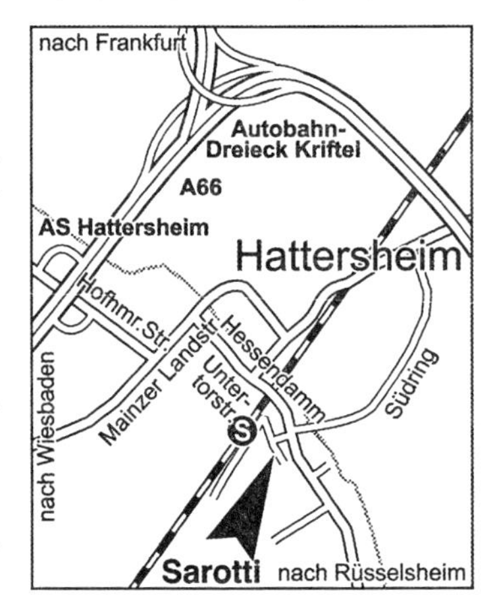

KLEMM DORINA

Hochwertige Bequemschuhe

Qualität, die man sieht und spürt.

Warenangebot: Halbschuhe, Sandalen, Stiefel. Obermaterial: weiches Leder, Innenausstattung: Lederfutter, bei Stiefeln Baumwolle und Schurwolle, Fußbetten entweder eingearbeitet oder auswechselbar (geeignet für Einlagen). Weiten F bis K, Übergrößen und Untergrößen. Neu im Verkaufsprogramm: Wanderschuhe der Spitzenklasse, Größe 3–13.

Ersparnis: ca. 35 Prozent und mehr, insbesondere bei B-Ware (kleine Schönheitsfehler), Muster- und Restpaare, Auslaufmodelle.

Einkaufssituation: großer Verkaufsraum im 1. Stock. Die Schuhe werden übersichtlich in Regalen angeboten. Fachkundige, freundliche Beratung.

Firma: Alfred Klemm, Schuhfabrik, Kaiserstraße 4, 76846 Hauenstein (Pfalz), Telefon: 0 63 92/14 19, Fax: 71 48.

Öffnungszeiten: Montag bis Freitag 9.30 bis 12.30 Uhr und 14.00 bis 18.00 Uhr, Samstag 9.30 bis 12.30 Uhr.

Streckenbeschreibung: Hauenstein liegt an der B 10 zwischen Landau und Pirmasens. In der Ortsmitte rechts Richtung Rathaus. Nächste Straße links. Firma rechte Seite (Hinweisschilder).

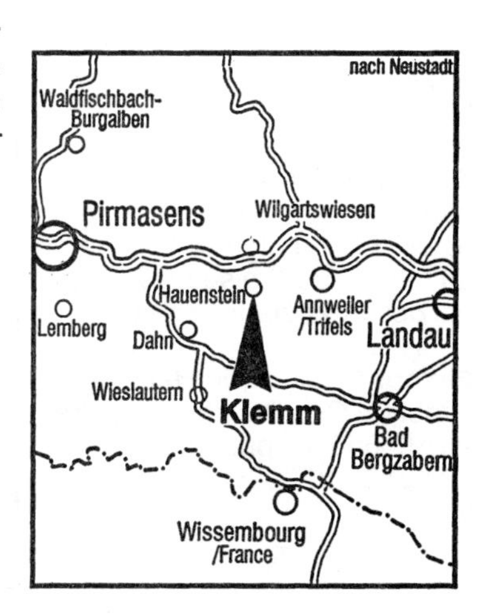

HANNINGER

Mollig eingepackt

Die gute Qualität und ansprechende Kollektion der Llama-Haar-Mäntel und -Jacken überzeugen. Sie wärmen bestens. Die Lederproduktion wurde eingestellt, so dass nur noch Lederjacken-Restposten erhältlich sind.

Warenangebot: Lederjacken-Überhänge, Mäntel und Jacken in den verschiedensten Längen und Schnitten aus Llamahaar, Alpaca (Naturhaar), langhaarig oder kurzhaarig, aber auch Pelzimitation. Hosen, Jacken, Hemden, Blusen, Schals, Strickwaren für Damen und Herren. Sonderanfertigung/Maßanfertigung mit geringem Aufpreis. Blusen und Accessoires.

Ersparnis: Lederjacken-Restware 50 bis 70 Prozent ermäßigt, die Mäntel 30 bis 40 Prozent; Preisbeispiele: Lederjacken 150 DM, Llama-Haar-Mantel 500 DM.

Einkaufssituation: Auf langen Ständern ist die Auswahl übersichtlich aufgereiht; Verkauf ab Lager; die Preise muss man bei der Verkäuferin erfragen.

Firma: Création de Hanninger GmbH & Co., Breslauer Straße 25, 64646 Heppenheim, Telefon: 06252/79060, Fax: 79060-20.

Öffnungszeiten: Montag bis Donnerstag 8.00 bis 16.00 Uhr, Freitag 8.00 bis 12.00 Uhr, Samstag nach telefonischer Vereinbarung.

Streckenbeschreibung: A 5 von Heidelberg Richtung Frankfurt die Ausfahrt Heppenheim abfahren; nach Ortseingang die erste Ampel links und geradeaus bis über die Bahnschienen, danach rechts und sofort wieder links; Firma nach ca. 20 m auf der linken Seite; Parkplätze im Innenhof.

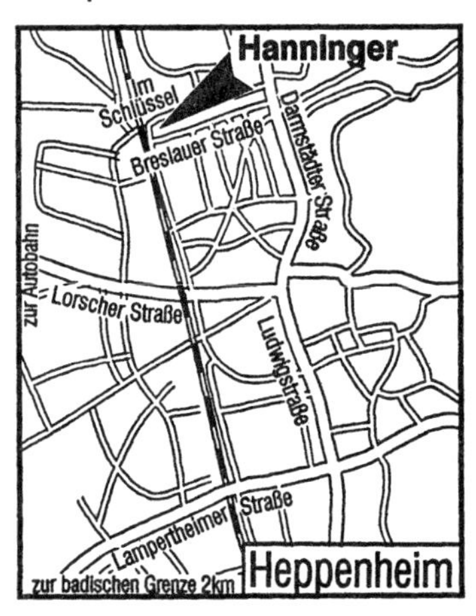

WICO-KERAMIK

WICO-Töpferstube

Auf der Töpferscheibe gedrehte und von Hand geritzte und bemalte Keramik mit echter Salzglasur. Individuelle Gestaltung mit Widmung, Namen, Wappen o. ä. auch bei Einzelstücken möglich.

Warenangebot: Bierseidel, Weizenbierkrüge, Bier-Bowle-Saft-Weinbecher, Pokalbecher, Schnaps- und Likörstamperl, Likörkrug, Saftkanne, Weinbembel, Bowlekandel, Rumtopf, Saft-, Wein-, Schnapsservice, Likör- und Bowleservice, Schüsseln, Gebäckdose, Salz- und Pfefferstreuer, Essig- oder Ölkännchen, Senf- oder Marmeladetöpfchen, Zuckerdosen, Suppentassen/-terrinen, Butterdose, Eierbecher, Zwiebeltöpfe, Knoblauchtopf, Essteller, franz. Tassen und Untertassen, Käsesieb, Konfektdose, Mehrzweckdose, Schmuckdose, Heringstopf, Konfektschale, Obstschale, Schmalztopf, Brottopf, Korb, Milchtopf, Milchkanne, Kaffeeservice, Wandplatten, Geburtenteller, Wanduhren, Wandteller, Madonna, Ascher, Blumenübertöpfe, Lampenfuß, Hängelampe, Wandlampe, Kerzenleuchter, Windlicht, Öllampen, Vasen, Krüge uvm.

Ersparnis: ca. 50 Prozent; z. B. Bierseidel, 0,5 Liter, ohne Zinndeckel, 19,60 DM.

Einkaufssituation: großzügiger übersichtlicher Verkaufsraum. Parkmöglichkeit direkt vor dem Geschäft.

Firma: Arno Witgert, Inh. Ralph Liebig, Wico-Keramik, Ortsteil Wahnscheid, 56414 Herschbach, Telefon: 06435/92230, Fax: 2881.

Öffnungszeiten: Montag bis Donnerstag 7.00 bis 16.00 Uhr, Freitag 7.00 bis 13.15 Uhr, Samstag geschlossen. Betriebsferien.

Streckenbeschreibung: Herschbach liegt an der B 8 in der Mitte zwischen Köln und Frankfurt.

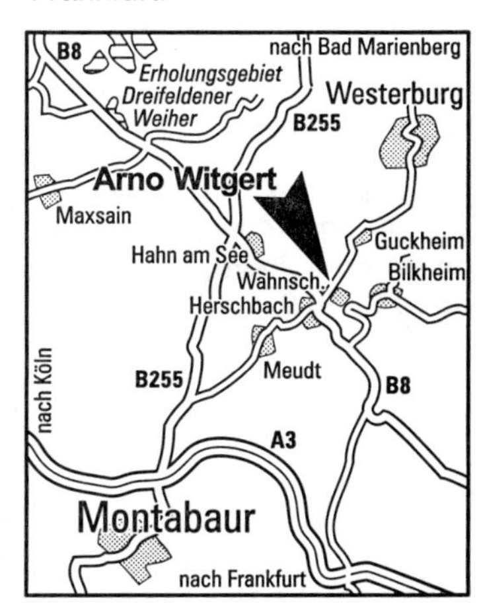

CHALOU

Der Stoff, aus dem die Träume sind

Die Firma Chalou hüllt die Damen in Blusen, Hosen und Kostüme mit dem gewissen Etwas. Asymmetrisches Design, aber auch klassische Formen und Muster ziehen geschmackssichere Frauen an.

Warenangebot: viele Blusen, Röcke, Jacken, Hosen und Kostüme in den Konfektionsgrößen 42–60. Auch Stoffe zum Selbernähen.

Ersparnis: Topqualität um 45 bis 50 Prozent preiswerter. Bei Kleidung mit kleinen Fehlern oder Auslaufmodellen noch ein paar Prozent mehr.

Einkaufssituation: großer Verkaufsladen mit netter Verkäuferin im 1. Stock des Firmengebäudes: hinter der Laderampe durch die Glastür und Beschilderung folgen.

Firma: Chalou GmbH, Bockhofstraße 31, 66909 Herschweiler-Pettersheim, Telefon: 0 63 84/92 18-0, Fax: 92 18-20.

Öffnungszeiten: Montag bis Donnerstag 8.00 bis 17.00 Uhr, Freitag 8.00 bis 12.00 Uhr.

Streckenbeschreibung: Herschweiler-Pettersheim liegt nordwestlich von Kaiserslautern. A 62, Ausfahrt Kusel, Richtung Konken. B 420 nach Herschweiler-Pettersheim. Durch den Ort fahren. An Kreuzung hinter Volksbank links abbiegen, Firma liegt nach 300 m rechts, Parkplätze vorhanden.

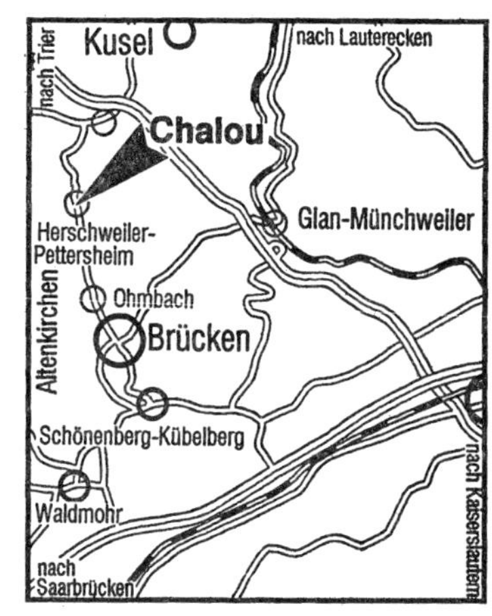

RIEDER

Immer wieder Rieder

Hemdsärmelig geht es bei Rieder nicht zu. Das alteingesessene Unternehmen bietet Markenqualität: Blusen im klassischen Schick oder mit modischer Fröhlichkeit, Hemden fürs Business, die City oder für die Party – klassisch oder leger – Qualität für jeden Anlass. Die Manufaktur liegt im Herzen der Pfalz und zeigt noch die klassische Kunst der Schneiderei.

Warenangebot: Damenblusen vornehmlich in Baumwolle, Coupro und Viskose. Herrenhemden und Krawatten ebenfalls in großer Auswahl; Maßhemden; Firmen- und Vereinsservice.

Ersparnis: bei speziellen Sonderangeboten – kleine Fehler oder Vorsaison – bis zu 50 Prozent. Reguläre Damenblusen liegen in der Spanne zwischen 49 und 119 DM, Herrenhemden zwischen 59 und 89 DM. Maßhemden ab 109 DM.

Einkaufssituation: drei helle Verkaufsräume: je einer für Blusen, Hemden und für extra Sonderangebote. Umkleidekabinen sind vorhanden.

Firma: Rieder, Niederhohlstraße 20, 76863 Herxheim, Telefon: 07276/5701, Fax: 1083, Internet: www.rieder-moden.de, e-mail: Rieder.Moden@t-online.de.

Öffnungszeiten: Montag bis Freitag 9.00 bis 12.30 Uhr und 14.00 bis 18.30 Uhr, Samstag 9.00 bis 14.00 Uhr. Langer Samstag 9.00 bis 16.00 Uhr.

Streckenbeschreibung: A 65 Karlsruhe–Landau, Ausfahrt Rohrbach. In Herxheim geradeaus, hinter dem Rathaus links in die Niederhohlstraße. Firma ist nach 200 m auf der linken Seite (gegenüber Feuerwehr), inklusive Parkplätzen.

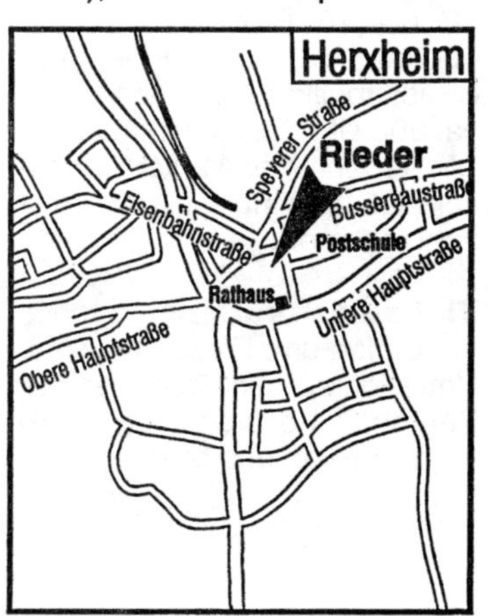

A.S. MODELL SCHAUMLÖFFEL

Schaumlöffels Masche

Strickwaren mit Pfiff, Firmenphilosophie: komplette Saisongarnituren, die farblich kombinierbar sind, für Damen und Herren aller Altersgruppen, Festprogramme mit Stickereien und Applikationen. Beste Garne und hochwertige Verarbeitung sind Markenzeichen.

Warenangebot: Herren: Pullover, Pullunder, Jacken und Westen. Damen: Pullover, Röcke, Leggings, Jacken, Swinger, Modeschmuck. Sommerprogramm: T-Shirts, Röcke und Blusen in leichten Stoffen, günstige Zukaufteile zum Kombinieren.

Ersparnis: Privatverkauf ab Fabrik zu Händlereinkaufspreisen. 1. Wahl: bis zu 50 Prozent, 2. Wahl: bis zu 70 Prozent. Sonderangebote, Restverkauf: 50 bis 70 Prozent. Beispiel: hochmodischer Swinger mit Strassapplikation, Ladenpreis ca. 300 DM. Fabrikverkauf: 150 DM. Im Sommer-/Winterschlussverkauf nochmals bis 20 Prozent reduziert.

Einkaufssituation: großer Verkaufsraum, Riesenauswahl, Umkleidekabinen, fachkundiges Personal; Postversand, Änderungen sofort und fachkundig.

Besonderheiten: für Besuchergruppen: Betriebsführung, Modenschau, Beratung bei Ein- und Mehrtagesfahrten.

Firma: A. Schaumlöffel, Verkauf und Produktion, Gutenbergstraße 38–42, 37235 Hessisch Lichtenau-Hirschhagen, Telefon: 0 56 02/9 33 60, Fax: 93 36 28.

Öffnungszeiten: Montag bis Freitag 8.00 bis 18.00 Uhr, Samstag 9.00 bis 12.00 Uhr.

Streckenbeschreibung: von Kassel in Richtung Eisenach auf der B 7, Ortsende Fürstenhagen links ab über Bahngleise, rechts halten, Ortseingang Hirschhagen, erste Möglichkeit links, nach ca. 1 km Firma Schaumlöffel (beschildert) **(siehe auch Orientierungskarte auf Seite 135).**

STÜSS

Die Crème de la Crème

In den bizarrsten Formen und üppigsten Windungen schmiegt sich der cremige Schaum um knusprige Waffelgebäcke.

Warenangebot: Negerküsse, Kokosbälle, weiße-, Kirsch-, Bananen-, Espressoküsse, Fruchtschnitten, Helgoländer, Igelwaffeln, Negerzungen, Hörnchen, Schaumwellen, Törtchen, Muscheln und Kokosschnitten.

Ersparnis: Waffelgebäcke im Originalkarton bis 50 Prozent Ersparnis, bei Waffelbruch 80 Prozent.

Einkaufssituation: An der Anmeldung läuten; anhand der aushängenden Listen wählt man Ware und Packungsgröße aus; 12er, 50er und 100er Packungen erhältlich.

Firma: Nordhessische Schaumwaffelfabrik Stüß, Akazienweg 3, 37235 Hessisch Lichtenau-Quentel, Telefon: 0 56 02/30 01, Fax: 75 69.

Öffnungszeiten: Montag bis Freitag 8.00 bis 16.00 Uhr.

Streckenbeschreibung: Richtung Ortsteil Quentel, dort die 2. Querstraße links, nächste rechts und diese bis zum Ende durchfahren. Die Firma ist beschildert.

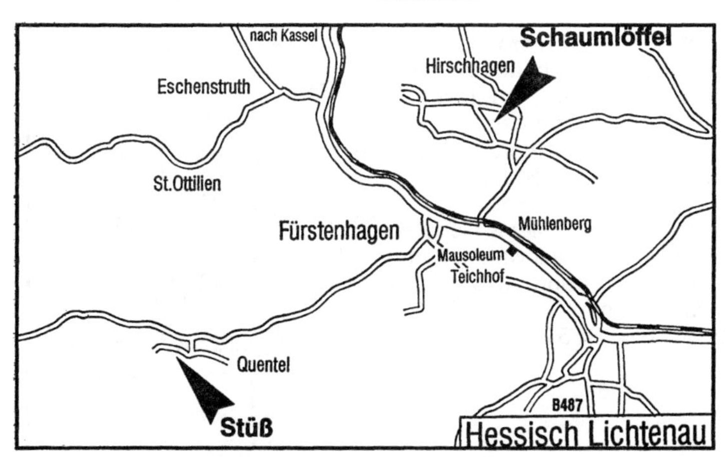

AUGENTHALER & HEBERER

Es war einmal ein Lederfetzen ...

... der von den Lederspezialisten kunstvoll geflochten und zu einer aparten Tasche verarbeitet wurde. Fein oder groß geflochtene Lederwaren bescheren einen neuen Lederlook.

Warenangebot: Damentaschen in den unterschiedlichsten Größen, Formen und Designs. Material: Glattleder oder die geflochtenen Werke.

Ersparnis: bei Saisonschlussverkäufen (Auslaufmodelle) 38 bis 50 Prozent Ersparnis, neue Kollektionen 10 bis 15 Prozent. Beispiele: Handtasche, geflochten, 160 DM, Ausgehtäschchen 40 DM, große Ledertasche, geflochten, 177 DM (sonst 355 DM).

Einkaufssituation: Verkauf im Lager des Gebäudes (Untergeschoss), zuerst im 1. Stock links im Nähzimmer melden, eine Verkäuferin berät mit viel Einfühlungsvermögen.

Firma: Augenthaler & Heberer, Fabrik für Lederfeinwaren, Bgm.-Kämmerer-Straße 32, 63150 Heusenstamm, Telefon: 06104/2389, Fax: 67527.

Öffnungszeiten: Montag bis Donnerstag 9.00 bis 12.00 Uhr und 13.00 bis 16.00 Uhr, Freitag 9.00 bis 12.00 Uhr.

Streckenbeschreibung: von Offenbach südöstlich Richtung Heusenstamm; vor dem Heimatmuseum rechts in die Bgm.-Kämmerer-Straße; Firma nach ca. 250 Metern links.

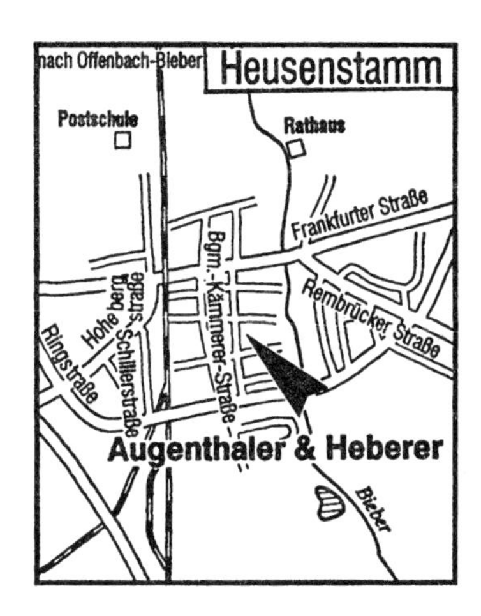

OTHELLO

Der Stoff, dem Othello seinen Namen gab

Othello, der Mohr von Venedig, der Held, der in rasende Eifersucht getrieben wird, hätte an dieser Jeans sicher seine Freude gehabt. Dass er die Übergrößen mit bis zu 1,50 Meter Bauchumfang gebraucht hätte, ist ein Gerücht.

Warenangebot: modische Jeans und klassische Stoffhosen für Damen, Herren und Kinder. Passende Oberteile von anderen Herstellern. Spezialist für große Größen bis Inch 60 bzw. 1,50 Meter Bauchumfang.

Ersparnis: bei eigener Ware 40 bis 50 Prozent. Bei Saisonschlussverkäufen bis 70 Prozent.

Einkaufssituation: großes Schild an der Hofeinfahrt weist zum Eingang. Fabrikhalle mit ca. 500 m^2 Verkaufsfläche. Ware wird hängend präsentiert.

Besonderheiten: Übergrößen werden in eigener Nähfabrik angefertigt, auch Sonderanfertigungen. Änderungen an Hosen werden kostenlos innerhalb von 10 Minuten ledigt.

Firma: Othello Jeansfabrik, Elfriede Wolf, Holzerstraße 56, 66265 Heusweiler bei Saarbrücken, Telefon: 06806/12023.

Öffnungszeiten: Montag bis Freitag 9.00 bis 18.00 Uhr, Samstag 9.00 bis 13.00 Uhr.

Streckenbeschreibung: Heusweiler liegt nördlich von Saarbrücken. Zu erreichen über A 8, Abfahrt Heusweiler. Immer auf Hauptstraße entlang. Vor Ortsausgang links in die Holzerstraße. Gebäude rechts.

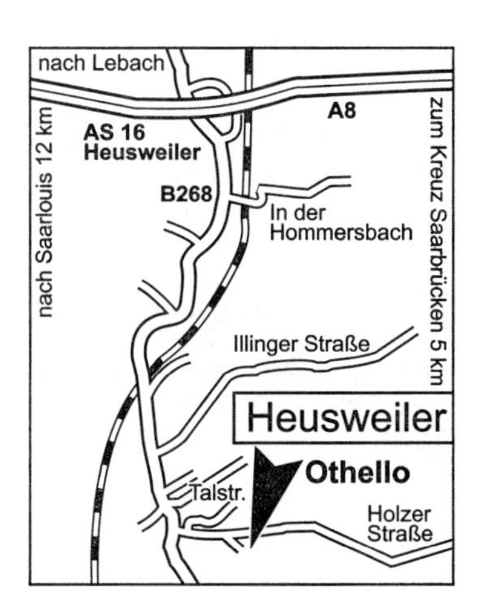

WESTERWÄLDER KERAMIK

Rustikales bildschön servieren

Die keramische Werkstätte liegt im Herzen des Kannenbäckerlandes (Westerwald). Viele Ideen für Küche und Haushalt, Souvenirartikel, Sonderanfertigungen für Werbung und Vereine.

Warenangebot: Weinkrüge, Pokale, Becher, Weinkühler, Sektkühler, Bierkrüge, Wandteller, Schnapsflaschen, Bowle, Ascher, verschiedene Auflaufformen, Brottöpfe, Vorratsdosen, Gewürzdosen, Dosen für Marmelade, Honig, Senf usw., Figuren und vieles mehr. Alle Artikel sind spülmaschinenfest und für Mikrowelle geeignet, lebensmittelgerecht, bleifrei, geruchs- und geschmacksneutral.

Ersparnis: ca. 40 Prozent gegenüber Einzelhandelspreis.

Einkaufssituation: Besichtigung bei der Herstellung, geräumiger, übersichtlicher Verkaufsraum.

Firma: Wolfgang Mayer, Westerwälder Keramik, Kirchhohl 1 und 5, 56206 Hilgert/Westerwald. Telefon: 02624/7396, Fax: 6631.

Öffnungszeiten: Montag bis Samstag von 8.00 bis 18.00 Uhr.

Streckenbeschreibung: zu erreichen über Autobahn Frankfurt–Köln (A 3), Abfahrt Ransbach-Baumbach, oder Autobahn Koblenz–Trier (A 48), Abfahrt Höhr-Grenzhausen. Hilgert liegt genau zwischen Ransbach-Baumbach und Höhr-Grenzhausen.

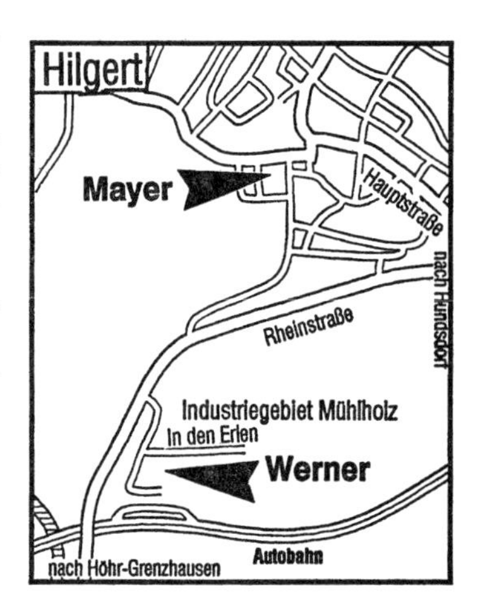

TÖPFEREI WERNER

Hier gibt der Preis den „Ton" an

Der kleine traditionsreiche Familienbetrieb ist bekannt durch seine vielfältigen, handgearbeiteten Produkte, die sich durch ihre ausgewogenen zeitlosen Formen und Dekore bei den Kunden größter Beliebtheit erfreut.

Warenangebot: Bodenvasen, Krüge bis 50 cm, Übertöpfe, Blumenampeln, Gartenkeramik, Wanduhren, Öllampen, Duftlampen, Windlichter, Kerzenleuchter, Obstschalen, Brottöpfe, Schüsseln sowie Einzelstücke. Gebrauchsartikel sind lebensmittelgerecht und bleifrei. Ein größeres Sortiment an 2a-Artikeln ist meist vorhanden.

Ersparnis: 1. Wahl mindestens 50 Prozent. 2. Wahl je nach Fehlern weiter über 50 Prozent.

Einkaufssituation: einfacher Verkaufsraum. Auf Wunsch Bedienung und Beratung durch Betriebsangehörige.

Besonderheiten: Beim Einkauf ist die gleichzeitige Besichtigung der Töpferei möglich. Bei Gruppen ab 20 Personen kann eine Führung vereinbart werden.

Firma: Töpferei H. Werner, In den Erlen 1 (Industriegebiet), 56206 Hilgert, Telefon und Fax: 0 26 24/77 11.

Öffnungszeiten: Montag bis Freitag 8.30 bis 12.00 Uhr, 13.30 bis 17.00 Uhr, Samstag nach telefonischer Vereinbarung.

Streckenbeschreibung: Autobahnabfahrt Höhr-Grenzhausen, Richtung Hilgert, Abfahrt Industriegebiet Hilgert **(siehe Orientierungskarte Seite 138).**

AKRU

Pflanzen-Schuhe

Der braune Schlappschuh sieht täuschend echt aus, aber er bietet nicht Füßen Schutz, sondern Wurzeln, Blumentopferde und Grünpflanzen – Akru zaubert in Handarbeit phantasievolle Pflanzengefäße nach altüberlieferter Klinkertöpfer-Tradition in allen größen. Die Töpferei stellt aber auch Lampen, Zierkeramik und Sonderanfertigungen her.

Warenangebot: Vasen, Schalen, Namensbecher, Tassen und Kännchen mit Stövchen, Zierdosen, Duftlampen, Kerzenständer, Öllampen, Bierkrüge und Kannen auch mit Deckel, Zwiebel-, Knoblauch-, Salz- und Tischabfall-Dosen, Figuren.

Ersparnis: bis zu 40 Prozent bei hochwertiger Keramik und Klinkerkeramik mit kleinen Fehlern.

Einkaufssituation: großes Verkaufslager, in dem in weiträumigen Regalen bunt gemischt die Artikel liegen. Besucher melden sich im Büro und können bei Bedarf von dort aus erst mal eine Führung machen.

Firma: Akru Keramik GmbH, Ringstraße 19, 56204 Hillscheid, Telefon: 0 26 24/25 50, Fax: 25 63.

Öffnungszeiten: Montag bis Freitag 8.00 bis 12.00 Uhr und 13.00 bis 17.00 Uhr, Samstag 8.00 bis 12.00 Uhr. Betriebsferien im Juli/August, bitter vorher anrufen.

Streckenbeschreibung: Hillscheid liegt nordöstlich von Koblenz. A 48 bis Ausfahrt Bendorf/Neuwied. Dann auf der B 42 nach Vallendar, weiter nach Hillscheid. Im Ort links abbiegen Richtung Oberwaldhalle. Akru liegt nach 600 m links, mit Parkplätzen.

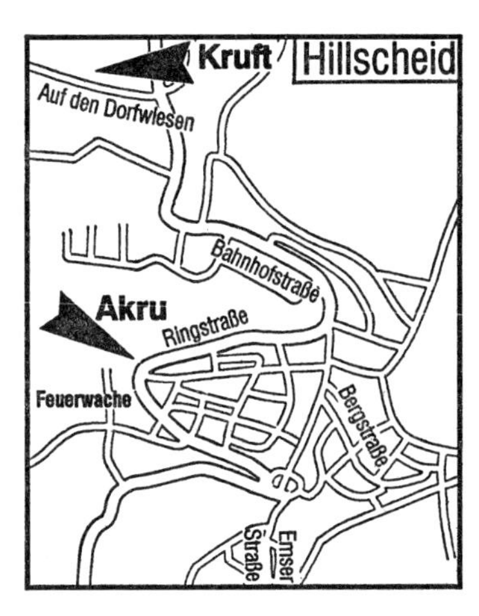

TÖPFEREI PAUL KRUFT

Salzglasiertes Steinzeug direkt aus des Töpfers Hand

Das seit 30 Jahren erfolgreiche Familienunternehmen ist durch seine Qualität, saubere Handarbeit und guten Formen zum Begriff für Kenner des salzglasierten Steinzeug geworden.

Warenangebot: Salzglasiertes Steinzeug in traditioneller Technik gefertigt und im gasbefeuerten Ofen bei 1 300 °C gebrannt. Das Angebot umfasst hauptsächlich die Gefäßkeramik. Bierkrüge, Kübel, Wandteller, Vasen, Krüge, Kerzenständer, Öllichte, Duftlämpchen, Stehlampen, Schüsseln, Becher, Tassen, Saftservice, Bowlenservice, Auflaufformen, Dosen, Ascher, Milchtöpfe und vieles mehr. Neu: figürliche Keramik.

Ersparnis: Die Werkstattpreise sind ca. 20 bis 50 Prozent billiger als der Endverkaufspreis. Gelegentlich sind auch 2a-Artikel vorhanden, die ca. 30 bis 50 Prozent billiger als der Werkstattpreis sind.

Einkaufssituation: kleiner Verkaufsraum (ca. 30 m^2) mit dem kompletten Angebot. Alles aus eigener Produktion. Fachliche, persönliche Beratung und die Möglichkeit, einen Blick in die Werkstatt zu werfen, in der alles handwerklich traditionell hergestellt wird.

Besonderheiten: In der Werkstatt wird noch in traditioneller Technik mit hohem handwerklichem Können echtes salzglasiertes Steinzeug hergestellt.

Firma: Töpferei Paul Kruft, Inh. Cornelius Kruft/Keramikmeister, Auf den Dorfwiesen 18, 56204 Hillscheid, Telefon: 02624/7239, Fax: 8970.

Öffnungszeiten: Montag bis Freitag 8.00 bis 12.00 Uhr und 14.00 bis 18.00 Uhr, Samstag 10.00 bis 15.00 Uhr. März bis November auch sonntags von 11.00 bis 16.00 Uhr.

Streckenbeschreibung: A 3 Köln–Frankfurt bis Dernbacher Dreieck. Richtung Trier oder A 61 bis Koblenzer Kreuz Richtung Frankfurt A 48, Abfahrt Höhr-Grenzhausen, in den Ortskern fahren, dort links ab nach Hillscheid, nach ca. 4 km vor dem Ortseingang Hillscheid rechts abbiegen (Industriegebiet Auf den Dorfwiesen) ca. 100 m rechts Flachbau mit Beschriftung **(siehe Orientierungskarte Seite 140).**

W. CORZELIUS

Qualität aus Meisterhand

Seit über 100 Jahren werden im familieneigenen Betrieb wertvolle Keramikartikel aus Westerwälder Ton hergestellt. Es handelt sich um Bierseidel, Wein- und Saftkrüge, Wandteller, Souvenir- und Geschenkartikel, also für jeden Geschmack etwas.

Warenangebot: Bierkrüge mit und ohne Deckel, Wein- und Saftservice, Bowlen, Weizenbierbecher, Wandteller, Vasen, Schüsseln, auch 2. und 3. Wahl und Restposten.

Ersparnis: 30 bis 50 Prozent auf 2. und 3. Wahl, Rest- und Sonderposten. Preisbeispiel: Bierkrüge ab 4,50 DM.

Einkaufssituation: Verkaufsraum ca. 30 m². In altem Fachwerkhaus, gegenüber dem Fabrik- und Bürogebäude. Beratung und Verkauf durch Fachpersonal.

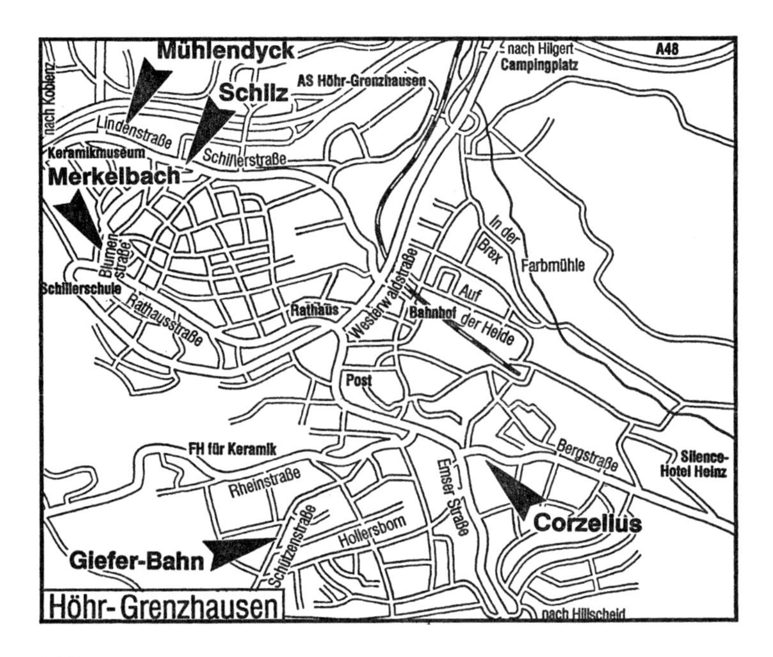

Besonderheiten: interessant auch ein Besuch des Keramikmuseums Westerwald, Lindenstraße, 56203 Höhr-Grenzhausen, Telefon: 0 26 24/36 66 bzw. des jährlich stattfindenden größten Keramikmarktes in Deutschland (jeweils am 1. Samstag und Sonntag im Juni).

Firma: Werner Corzelius GmbH, Bergstraße 4, 56203 Höhr-Grenzhausen, Telefon: 0 26 24/ 20 70, Fax: 36 89.

Öffnungszeiten: Montag bis Freitag 8.00 bis 12.00 Uhr, 13.00 bis 17.00 Uhr, Samstag 10.00 bis 12.00 Uhr. Betriebsferien im Sommer.

Streckenbeschreibung: Die Kannenbäckerstadt Höhr-Grenzhausen liegt im Kannenbäckerland am Fuße des Westerwaldes und ist zu erreichen über die A 3 Frankfurt/Köln bis Dernbacher Dreieck, weiter über die A 48 Koblenz– Trier oder über die A 61 über Koblenzer Kreuz, weiter über die A 48 Richtung Frankfurt; eigene Abfahrt. Im Ort Richtung Stadtteil Höhr bzw. Hillscheid orientieren, auf Schilder für Silence-Hotel Heinz achten. Diese führen Sie in die Bergstraße. Sie finden die Firma dann direkt auf der rechten Seite.

GIEFER-BAHN ROLAND

Salzglasur pur

Die Kunsttöpferei bietet eine interessante Auswahl an Gefäßen, Plastiken und Baukeramik in salzglasiertem Steinzeug für Keramikfreunde mit Sinn für das Besondere.

Warenangebot: verschiedene Schalen, Dosen und Becher, Plastiken in unterschiedlicher Größe und Form, Geschenkartikel.

Ersparnis: bei 1.-Wahl-Exponaten nur schwer feststellbar, da die Preisspanne sehr individuell ist.

Einkaufssituation: direkt durch die Werkstatt ins geschmackvolle Foyer des Hauses, in dem die Keramiken aufgestellt sind. Kontakt zu Töpfern ist möglich.

Firma: Kunsttöpferei Giefer-Bahn, Schützenstraße 48, 56203 Höhr-Grenzhausen, Telefon: 0 26 24/23 81, Fax: 46 56.

Öffnungszeiten: Montag bis Freitag 9.00 bis 12.00 Uhr und 13.00 bis 18.00 Uhr, Samstag 9.00 bis 14.00 Uhr, Sonntag 10.00 bis 13.00 Uhr.

Streckenbeschreibung: Höhr-Grenzhausen liegt nordöstlich von Koblenz. Auf der A 48, Ausfahrt Höhr-Grenzhausen, dann links abbiegen. An Kreuzung Richtung Koblenz über Kreisel bis Ende der Umgehung, dort links Richtung Stadtmitte. Nach 700 m rechts. Töpferei liegt nach 500 m auf der rechten Seite **(siehe Orientierungskarte Seite 142).**

MERKELBACH MANUFAKTUR

Heißer Trend im Brennofen

Die Merkelbach Manufaktur hat im salzglasierten Kunsthandwerk das traditionsreiche Steinzeug mit Rauten und Ranken weiter entwickelt: Moderne Formen und frische Farben sind eine Augenweide für Keramikfreunde mit Sinn für junges und elegantes Design.

Warenangebot: Zier-, Wein- und Bierkrüge (auch mit Zinndeckel), Becher, Teller, Wanduhren, Vasen, Kannen, Ess-, Bowle- und Likörservice, Kleinkeramik, Leuchter, Haushaltsartikel vom Brottopf über die Butterdose bis zur Käseglocke.

Ersparnis: bei 1.- und 2.-Wahl-Ware zwischen 30 und 50 Prozent. 2.-Wahl-Krug 12 DM, 1. Wahl: Bierkrug mit Zinndeckel, 0,5 Liter, 38 DM, Brottopf, bemalt (30 cm), 63 DM, Bierkrug, perlmutt-violett, 32 DM.

Einkaufssituation: Aus den 3 Verkaufsräumen ist jetzt ein großer geworden. Den Handwerkerinnen kann beim Malen zugeschaut werden.

Besonderheiten: In der Manufaktur gibt's ein Museum mit Steinzeug aus dem 19. und 20. Jahrhundert. Darin wird genau die Entwicklung des Kunsthandwerks von Merkelbach gezeigt. Eintritt frei. Die Öffnungszeiten sind identisch mit den Ladenöffnungszeiten.

Firma: Merkelbach Manufaktur GmbH, Brunnenstraße 13, 56203 Höhr-Grenzhausen, Telefon: 0 26 24/30 21, Fax: 30 23.

Öffnungszeiten: Montag bis Donnerstag 9.00 bis 12.00 Uhr und 13.00 bis 15.00 Uhr, Freitag 9.00 bis 12.00 Uhr. Am ersten Juni-Wochenende großer Keramikmarkt mit Töpferfest.

Streckenbeschreibung: auf der A 48 bis Ausfahrt Höhr-Grenzhausen, rechts abbiegen und in 2. Straße links einbiegen. 4. Querstraße rechts einbiegen und bis zum Ende durchfahren. Eingang vom Parkplatz an der ev. Kirche oder von Brunnenstraße **(siehe Orientierungskarte Seite 142).**

MÜHLENDYCK

Eulen kontra Gartenzwerge

In der Gefäß- und Bautöpferei Mühlendyck beäugen tönerne Eulen auf Holzpfählen den Besucher – eine echte Alternative für den Liebhaber des gartenzwergfreien Rasens. Aber auch für den Wohnraum kann man Kunsthandwerkliches mit stilisierten Pflanzen- und Tiermotiven finden. Für Keramikkenner eine feine Fundgrube.

Warenangebot: Becher, Dosen, Krüge, Vasen, Schalen, Tierskulpturen, Pflanzgefäße (frostfest), Baukeramik, Sonderanfertigungen; 1.- und 2.-Wahl-Qualität.

Ersparnis: 20 bis 30 Prozent, auf 2. Wahl und Sonderposten mehr.

Einkaufssituation: hübsches Ladengeschäft; freundliche Verkäuferin, die gerne Auskunft über das Warenangebot gibt.

Besonderheiten: Führungen während der Öffnungszeiten und nach Vereinbarung sind möglich.

Firma: Mühlendyck Töpferhof, Lindenstraße 39, 56203 Höhr-Grenzhausen, Telefon: 0 26 24/ 24 53.

Öffnungszeiten: Montag bis Freitag 8.00 bis 18.00 Uhr, Samstag 10.00 bis 16.00 Uhr.

Streckenbeschreibung: Höhr-Grenzhausen liegt nordöstlich von Koblenz. Auf der A 48 bis Ausfahrt Höhr-Grenzhausen, rechts abbiegen Richtung Keramik-Museum. Töpferei liegt nach 700 m auf der linken Seite, mit Parkplätzen **(siehe Orientierungskarte Seite 142).**

SCHILZ KG

Echt salzglasiertes Steinzeug Handarbeit in Topqualität

Das Unternehmen befindet sich seit über 300 Jahren in Familienbesitz und zählt heute zu den marktführenden Betrieben dieser Branche. Die Produkte aus dem Hause Schilz werden im internationalen gehobenen Fachhandel zum Verkauf angeboten.

Warenangebot: Essgeschirre, Kaffeegeschirre, Schüsseln, Vorratstöpfe, Brottöpfe, Bierkrüge, Weinkrüge, Becher, Geschenkartikel u.v.m. Sonderanfertigungen auf Kundenwunsch.

Ersparnis: 1a-Ware 25 bis 30 Prozent, Auslaufserien 40 bis 50 Prozent, 2a-Ware 50 bis 60 Prozent.

Einkaufssituation: übersichtlicher Verkaufsraum, ca. 100 m², geschultes und erfahrenes Fachpersonal.

Besonderheiten: Sonderanfertigungen auf Kundenwunsch sind möglich und werden preiswert und individuell produziert. Lieferzeit ca. 3 bis 6 Wochen. Ein erstklassiges China-Restaurant liegt direkt neben dem Verkaufsraum. Das Keramikmuseum ist nur 5 Gehminuten vom Verkaufsraum entfernt.

Firma: Steinzeugfabrik Schilz KG, Brunnenstraße 8, Werksverkauf: in dem Gebäude der Fa. Kannenbäcker GmbH (Inh. Familie Schilz), Hermann-Geisen-Straße 64, 56203 Höhr-Grenzhausen, Telefon: 0 26 24/ 20 04 oder 20 05, Fax: 24 31.

Öffnungszeiten: Montag bis Freitag 10.00 bis 12.00 Uhr, 13.00 bis 18.00 Uhr, Samstag 10.00 bis 13.00 Uhr.

Streckenbeschreibung: Autobahnausfahrt Höhr-Grenzhausen A 48. Am Autobahnzubringer rechts, dritte Straße links, nächste Straße links, dann ca. 150 Meter auf der rechten Seite. Parkmöglichkeiten sind ausreichend vorhanden **(siehe Orientierungskarte Seite 142).**

DEKO-SHOP

Neue Kleider für Ihr Fenster

Überhänge und Restposten an Dekostoffen und Gardinen aus Kollektionen der führenden Hersteller und Designer im europäischen Raum.

Warenangebot: Dekorationsstoffe, Gardinen, Ausbrenner – uni und bedruckt. Möbelbezugsstoffe, Verdunklungsstoffe. Reguläre Ware und 1b-Qualitäten. Auf Wunsch günstiger Nähservice.

Ersparnis: deutlich über 50 Prozent; Sonderposten weit günstiger.

Einkaufssituation: Zugang über den Hof im Souterrain. Die Ware wird gerollt oder doubliert in Regalen präsentiert.

Firma: Deko-Shop, Niederhofheimer Straße 47, 65719 Hofheim a. Ts., Telefon: 0 61 92/ 90 03 91.

Öffnungszeiten: Montag 9.00 bis 12.00 Uhr, Dienstag, Donnerstag, Freitag 15.00 bis 18.00 Uhr, Samstag 10.00 bis 13.00 Uhr. Gruppen nach telefonischer Anmeldung auch außerhalb der Öffnungszeiten.

Streckenbeschreibung: A 66 (Frankfurt–Wiesbaden), Ausfahrt Zeilsheim, Fahrtrichtung Hofheim/Kelkheim (B 519). Am Ortsausgang/Gewerbegebiet Nord gegenüber Toyota-Händler liegt Deko-Shop. Zugang von der Straße „Am Stegskreuz" über den Hof.

COLETTE FRANKFURTER WÄSCHEFABRIK

Exklusivschnitte kopiert

Die im Stil sehr frauliche Mode stammt meist aus dem Kopf eines „teuren" Designers und wird hier auf einfachen Misch- oder Viskosestoffen zur erschwinglichen Mode. Das Motto der Firma: „Wir machen was gefragt ist".

Warenangebot: Blusen in modernen Farben, Schnitten und bedruckt; Trachtenblusen, Röcke, Westen, Blusen mit Stickereien, Vereinsblusen.

Ersparnis: laufende 1.-Wahl-Ware 20 Prozent, 2.-Wahl-Ware bis 60 Prozent ermäßigt; Preisbeispiele: Bluse (kommende Saison) 62 DM, Bluse (Auslaufsaison) 20 DM. Im Schnitt kosten die Blusen weniger als 70 DM.

Einkaufssituation: Auf einer Verkaufsfläche von 350 m² wird in einem Raum die Ware der kommenden Saison, im anderen die Ware der vergangenen Saison angeboten. Falls sich mal ein Mann verirrt, ist mit einem Ständer Herrenpullis vorgesorgt. Fachkundige Beratung und Parkplätze vor der Fabrik.

Firma: Frankfurter Wäschefabrik GmbH, Wallensteiner Weg 13, 34576 Homberg-Hülsa, Telefon: 05686/317 oder 318, Fax: 1436.

Öffnungszeiten: Montag bis Freitag 7.30 bis 16.00 Uhr, Samstag für Gruppen nach Vereinbarung.

Streckenbeschreibung: Hülsa liegt an der A 7 südlich von Homberg, Homberg wiederum südlich von Kassel (40 km). Von Autobahn kommend an der Aral-Tankstelle links Richtung Knüllwald über Remsfeld, Völkershain, Wallenstein, Appenfeld nach Hülsa. Bei Kirche rechts; Firma nach 50 Metern linke Seite.

GURO

Bei GuRo geht jedem ein Licht auf

Es erwartet Sie eine reichhaltige Auswahl an Leuchten für Haus und Garten im mittleren und unteren Preissegment. Keine Kronleuchter, Neon- und Büroleuchten.

Warenangebot: Wand-, Tisch-, Steh-, Decken-, Küchen-, Esszimmer-, Nachttischleuchten. Strahler, Außenleuchten, Außen-Laternen, Kinderzimmerleuchten. Alle in verschiedenen Farben und Dekoren. Außergewöhnlich große Auswahl an Leuchten unter 100 DM.

Ersparnis: Die Auswahl besteht zum Teil aus Musterstücken und Tischleuchten ab 10 DM, Deckenleuchten ab 7,50 DM. Ersparnis bei Musterteilen 40 Prozent, bei regulärer Ware 20 Prozent.

Einkaufssituation: Die Ausstellungsräume beginnen im Eingangsbereich des Bürogebäudes und erstrecken sich auf einer Verkaufsfläche von über 300 m². Artikel preisausgezeichnet. Reger Betrieb.

Firma: Gustav Rose GmbH, GuRo Leuchten, Neuhaus 15, 35315 Homberg/Ohm, Telefon: 0 66 33/8 71, Fax: 8 73.

Öffnungszeiten: Montag bis Mittwoch und Freitag 10.00 bis 16.00 Uhr, Donnerstag 10.00 bis 18.00 Uhr, Samstag 10.00 bis 12.00 Uhr.

Streckenbeschreibung: Homberg/Ohm liegt nordwestlich von Alsfeld; auf A 5 Frankfurt Richtung Kassel, Ausfahrt Homberg/Ohm; direkt am Ortseingang links ist die Firma.

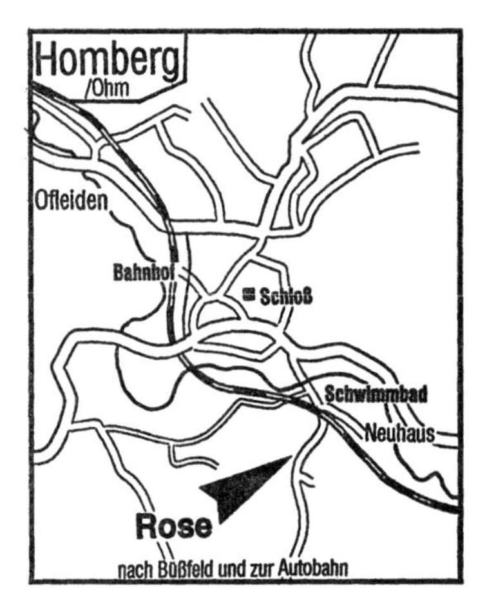

FISSLER EMSA

Der Geheimtipp für Hobby-Köche

Ambitionierte Hausfrauen und Hobby-Köche wissen, ebenso wie die Profis, dass das richtige Werkzeug maßgeblich das Gelingen der Gerichte beeinflusst. Diese Marke bürgt für Qualität, gesunde Kochweise und erfüllt somit höchste Ansprüche.

Warenangebot: nahezu komplettes Fissler-Sortiment: Töpfe in vielen Größen, ebenso Pfannen mit Antihaft-Schutz oder aus Edelstahl, Schnellgartöpfe, Stielkasserollen, Bräter, Siebe, Edelstahlschüsseln, Küchenmesser, Bestecke, Löffelgarnituren, Zangen, Wender. Ersatzteile z.B. Pfannenstiele, Deckel. Isolierkannen für Tee und Kaffee, Schüsseln, Vorratsboxen, Kuchenglocken von emsa.

Ersparnis: bei 1.-Wahl-Ware exakt 25 Prozent, z.B. Kochtopf (18 cm) 69 DM, 2.-Wahl-Ware und Sonderangebote 45 Prozent (gekennzeichnet).

Einkaufssituation: Verkauf im Pförtnerhaus, direkt am Eingang; viel Ware auf engstem Raum, Preise ausgezeichnet; Lagerraum-Atmosphäre.

Besonderheiten: in Idar-Oberstein mehr Platz und Ruhe zum Auswählen; Preise und Sortiment gleich.

Firma: Fissler GmbH, Industriegebiet Neubrücke, 55768 Hoppstädten-Weiersbach, Telefon: 0 67 82/10 20.

Öffnungszeiten: Montag bis Freitag 9.00 bis 16.00 Uhr, Samstag geschlossen.

Streckenbeschreibung: A 62, Ausfahrt Birkenfeld; rechts nach Hoppstädten-Weiersbach, nächste Kreuzung geradeaus ins Industriegebiet.

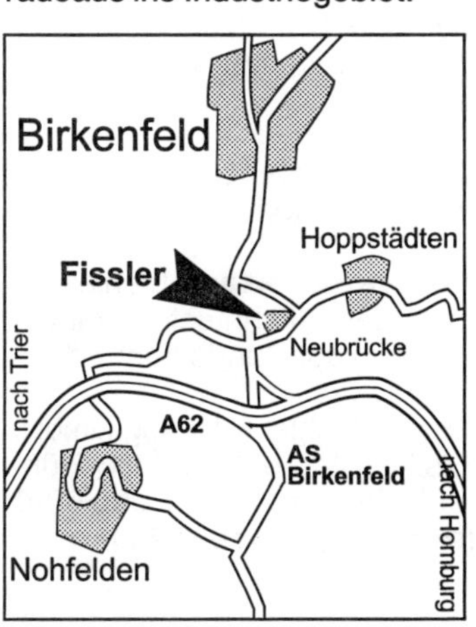

MEHLER CAMPING

Das mobile Dach überm Kopf

Schnell ein Schlafplatz für Abenteurer auf Expeditionen; eine Bleibe für Rucksackreisende neben dem Highway; mehr Raum für Wohnwagen und Wohnmobil durch ein Vorzelt für Reisende mit Hang zum Bequemen. Damit das Gartenfest nicht ins Wasser fällt, sind Mehler Festzelte eine praktische Anschaffung.

Warenangebot: Alle Zelte werden komplett aufstellfertig verkauft: Wohn-, Iglu-, Sport-, Gruppenzelte und Vorzelte für Wohnwagen und Reisemobile. Zubehör wie Sonnenvordächer und Erkerzelte.

Ersparnis: reguläre Ware um 15 Prozent, 2.-Wahl-Ware (Ausstellungsstücke) 40 Prozent ermäßigt; Preisbeispiel am Tropea-Hauszelt: im Einzelhandel 998 DM, im Fabrikverkauf 860 DM, 2.-Wahl-Ausstellungsstücke 600 DM. Nicht von allen Zelten Musterstücke in 2. Wahl erhältlich.

Einkaufssituation: Auswahl mittels Katalog möglich.

Besonderheiten: Mehler ist einer der bekanntesten Zelthersteller in der Bundesrepublik.

Firma: Mehler Camping GmbH, Tilsiter Straße 13, 36088 Hünfeld, Telefon: 0 66 52/96 99-0 (direkt -81), Fax: 96 99 71.

Öffnungszeiten: Montag bis Donnerstag 8.00 bis 16.00 Uhr, Freitag 8.00 bis 12.00 Uhr.

Streckenbeschreibung: vom Norden kommend, BAB Hamburg–Würzburg, Ausfahrt Hünfeld, weiter Richtung Eisenach nach Hünfeld. In Hünfeld auf der rechten Seite Hauptstraße großes Gebäude mit Firmenaufschrift Mehler Camping. Vom Süden kommend, Ausfahrt Fulda-Nord, Richtung Eisenach-Hünfeld.

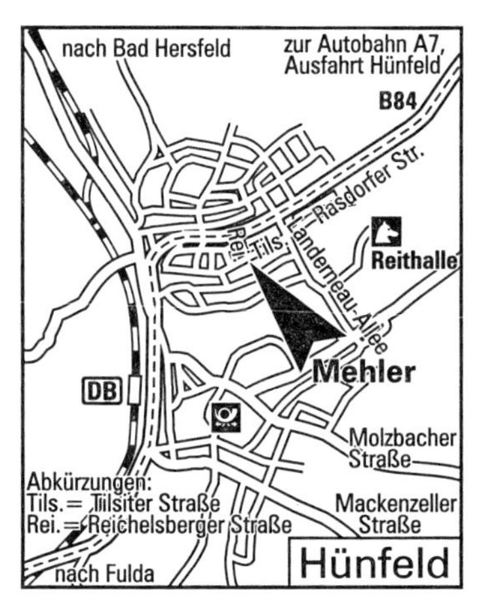

FISSLER EMSA

Kochen wie die Profis

Fissler hat sich seit 150 Jahren einen festen Platz in Millionen Küchen erobert: „Das Original-Siegel von Fissler bürgt dafür, dass die Ideen-Küche von Fissler stets mit Innovationen aufwartet, die ihrer Zeit immer ein Stück voraus sind“.

Warenangebot: komplettes Fissler-Sortiment: Töpfe und Pfannen, Schnellgartöpfe, Stielkasserollen, Bräter, Siebe, Edelstahlschüsseln, Zangen u. a. Küchenhelfer von emsa. Ersatzteile wie z. B. Pfannenstiele, Deckel. Isolierkannen, Schüsseln, Vorratsboxen usw. von emsa.

Ersparnis: 1.-Wahl-Ware exakt 25 Prozent günstiger als empfohlener Verkaufspreis, z. B. Edelstahlpfanne (26 cm) 89 DM; 2.-Wahl-Ware ca. 40 Prozent.

Einkaufssituation: schlichter Verkaufsraum Ecke Hauptstraße/H.-Fissler-Straße, neben dem Fisslerwerk. Gesamtes Sortiment ausgestellt; Preise ausgezeichnet.

Firma: Fissler GmbH/„Fissler shop“, Harald-Fissler-Straße 1, 55743 Idar-Oberstein, Telefon: 0 67 81/40 30.

Öffnungszeiten: Montag bis Freitag 9.00 bis 18.00 Uhr durchgehend, Samstag 9.00 bis 13.00 Uhr.

Streckenbeschreibung: B 41 (Bad Kreuznach–Saarbrücken) nach Idar-Oberstein. Von dort nach Idar fahren, dort Richtung Allenbach; Verkauf im EG des weißen Hauses, an dem das Schild „Fissler 10 m rechts“ angebracht ist.

Weitere Verkaufsstelle:
55768 Hoppstädten-Weiersbach, Industriegebiet Neubrücke, Telefon: 0 67 82/1 02-0. Montag bis Freitag 9.00 bis 16.00 Uhr, Samstag 9.00 bis 12.00 Uhr.

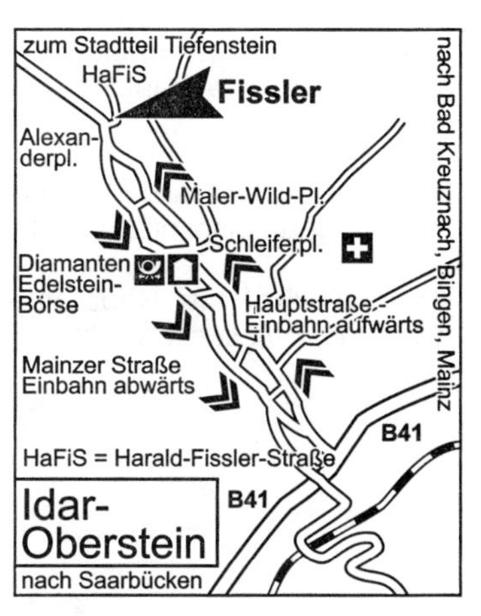

BLACK & DECKER

Für ein starkes Stück Arbeit

Immer mit Blick in die Zukunft war Black & Decker zu allen Zeiten wegweisend bei der Entwicklung von Elektrowerkzeugen für Heimwerker und Profis. Technischer Fortschritt ist Tradition, und das heißt heute auch, umweltfreundlich zu produzieren.

Warenangebot: Bohr- und Schlagbohrmaschinen, Bohrhämmer, Akku-Schrauber, Universalsägen, Kreis-, Stich-, Kapp- und Gehrungssägen, Schwing- und Multischleifer, Workmate und das notwendige Zubehör, Winkel- und Bandschleifer, Hobel, Fräsen, Tacker und fürs Gröbste den Saugboy. Gartengeräte.

Ersparnis: 2.-Wahl-Geräte mit fehlender oder beschädigter Verpackung (technisch einwandfrei) und Auslaufmodelle 30 Prozent. Im Tausch zu einem alten Gerät kostet's neue weniger. Ersparnis jeweils 20 Prozent.

Einkaufssituation: Ware preisausgezeichnet präsentiert.

Besonderheiten: Reparaturannahme, Ersatzteilverkauf, Zubehör.

Firma: Black & Decker GmbH, Black-&-Decker-Straße 40, 65510 Idstein, Tel.: 0 61 26/ 21 25 35, Fax: 21 24 37.

Öffnungszeiten: Montag bis Freitag 8.30 bis 17.00 Uhr.

Streckenbeschreibung: A 3 (Frankfurt–Köln), Ausfahrt Idstein. Richtung Idstein, nach ca. 200 Metern rechts die Black-&-Decker-Straße. Den OBI-Baumarkt umfahren. Eingang in der Richard-Klinger-Straße.

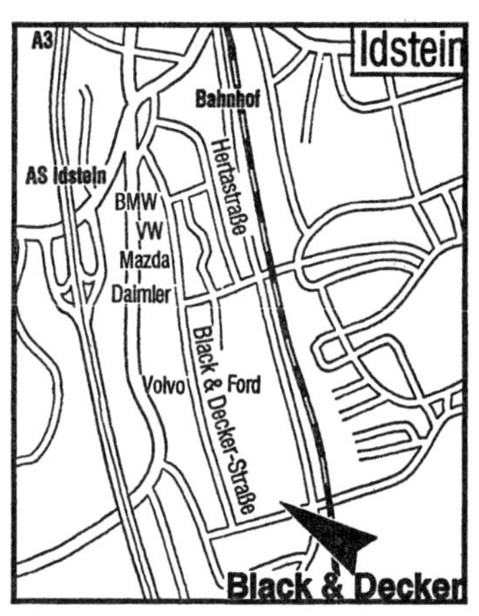

SÜSSMUTH-GLAS

International bekannte Glaskunst

Die Süssmuth-Kollektion beinhaltet vorrangig Gebrauchsglas und Gläser für den Geschenkartikelbereich. Süssmuth-Glas zeichnet sich durch hohe handwerkliche Qualität und Funktionalität aus. Das Atelier kreiert unter Mitarbeit international bekannter Designer und Glaskünstler eher klassisch-schlichte Entwürfe.

Warenangebot: Einzelgläser und Gläserserien, Vasen, Schalen, Platten, Kleinwaren. Für Kenner, Liebhaber und Sammler gibt es eine Serie historischer Kelche (wunderschöne Glasschliffe).

Ersparnis: 1.-Wahl-Ware um 20 Prozent ermäßigt, 2.-Wahl-Ware (Restposten, Auslaufmodelle) bis 50 Prozent.

Einkaufssituation: Gläser in großem Verkaufsraum in einfachem Ambiente präsentiert, ein Glasschleifer arbeitet hier und graviert auf Wunsch; Preislisten (an den Servicen aufgestellt) und Prospekte (am Eingang links).

Firma: Glashütte Süssmuth GmbH, Am Bahnhof 3, 34376 Immenhausen, Telefon: 05673/ 2001, Fax: 4313.

Öffnungszeiten: Glasverkauf: Montag bis Freitag 9.00 bis 16.30 Uhr, Samstag 10.00 bis 13.00 Uhr. **Hüttenbesichtigung:** Montag bis Freitag 9.00 bis 14.30 Uhr und nach Vereinbarung. **Glasmuseum:** Montag bis Freitag 9.00 bis 17.00 Uhr, Samstag 10.00 bis 13.00 Uhr, Sonntag 13.00 bis 17.00 Uhr.

Streckenbeschreibung: Immenhausen liegt nördlich von Kassel; auf B3 Richtung Münden/Göttingen geht's vor Münden links Richtung Immenhausen; in Immenhausen ist der Weg genau beschildert.

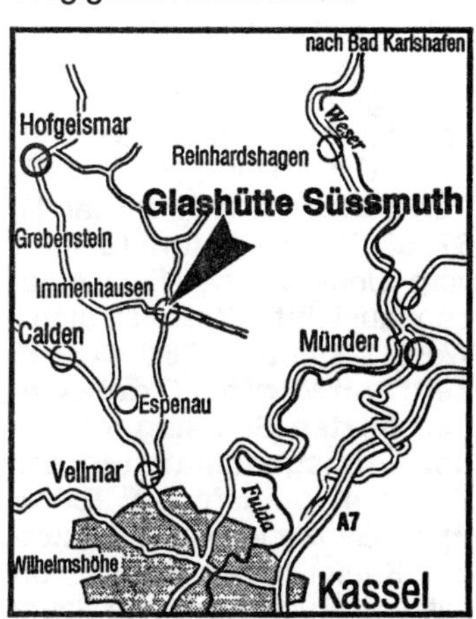

OPEL

Jahres-/Gebrauchtwagen

Trotz der veränderten Steuergesetzgebung erfreut sich der Jahreswagen bei Mitarbeitern von Automobilfirmen und bei den Jahreswagen-Käufern nach wie vor größter Beliebtheit.

Warenangebot: Jahreswagen und Gebrauchtwagen aller Opel-Modelle. Das Angebot erscheint jeweils in der aktuellen Ausgabe des Anzeigenteils der Mitarbeiterzeitung OPEL POST. Dann kann man sich mit den Anbietern selbst in Verbindung setzen. Dieser Anzeigenteil erscheint monatlich und kann immer wieder kostenlos angefordert werden bei: **Marketing Services GmbH, Postfach 16 53, 65406 Rüsselsheim, Telefon: 0 61 42/5 38 99.** Die Jahreswagen der Mitarbeiter sind zudem unter http://www.opel.de im Internet zu finden. In Kaiserslautern findet ein „Samstagsmarkt" statt, auf dem Jahreswagen von Mitarbeitern auf privater Basis angeboten werden. **Ort: Adam Opel AG, Parkplatz Ost (vor Portal 1), 67663 Kaiserslautern** (Zufahrt vom Opel-Kreisel, Nähe Autobahnausfahrt Kaiserslautern-West), **Telefon: 06 31/3 55-0. Zeit: von März bis Oktober jeden letzten Samstag im Monat – ausgenommen in der Zeit der Werksferien. Extratipp:** Ganz clevere Jahreswagen-Käufer haben auch schon mit einer Suchanzeige im Raum Kaiserslautern in der Rheinpfalz ihr Schnäppchen gemacht. **Anschrift:** Die Rheinpfalz, Anzeigenabteilung, Pariser Straße 16, 67655 Kaiserslautern, Telefon: 06 31/37 37-2 20.

Ersparnis: Jahreswagen können je nach Typ, Ausstattung und gefahrenen Kilometern zwischen 15 und 30 Prozent billiger sein als ein Neuwagen. Nicht nur die aktuelle Marktlage macht die Jahreswagen billiger – auch Modelle, die nicht gerade ein Renner waren – schneiden im Preis-/Leistungsverhältnis sehr gut ab.

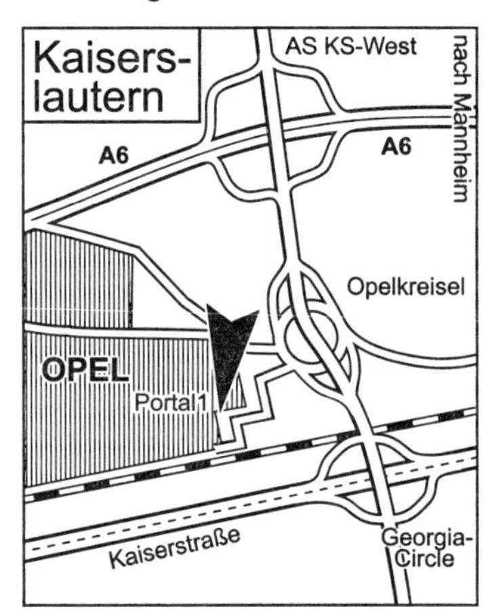

DUNOVA

Lassen Sie sich umgarnen!

Baumwolle von Dunova bringt die Stricknadel zum Klappern. Strickfans kommen bei der reichen Auswahl der Farben ins Schwärmen: Knäuel der berühmten Baumwolle bis an die Decke. Da ist auf jeden Fall die passende Wolle für den neuen Lieblingspullover dabei.

Warenangebot: Baumwolle in vielen unterschiedlichen Farbnuancen. Zum Teil auch mit eingesponnenem Glitzerfaden, der ebenso extra gekauft werden kann.

Ersparnis: 70 Prozent: 200 Gramm Baumwolle für 5 DM, mit Glitzerfaden 6 DM. Nochmals herabgesetzt sind antisaisonale Farben: 200 Gramm 2 DM.

Einkaufssituation: auf dem Firmengelände 100 m geradeaus fahren, bis rechts die Parkplätze auftauchen. Dann dem Schild „Kleinverkauf“ folgen. Die Wolle ist im Verkaufslager nach Farben geordnet. Von jeder Farbe können auch Einzelfäden zum Farbvergleich nach Hause mitgenommen werden.

Firma: Spinnerei Lampertsmühle AG, Siegelbacher Straße 2, 67659 Kaiserslautern-Otterbach (26), Telefon: 06301/7060, Fax: 706120.

Öffnungszeiten: Montag bis Freitag 8.00 bis 12.00 Uhr. Betriebsferien im August, bitte vorher anrufen.

Streckenbeschreibung: nach Otterbach kommt man auf der B 270 Richtung Idar-Oberstein. In Otterbach links Richtung Kusel. Nach 300 m Lampertsmühle rechts.

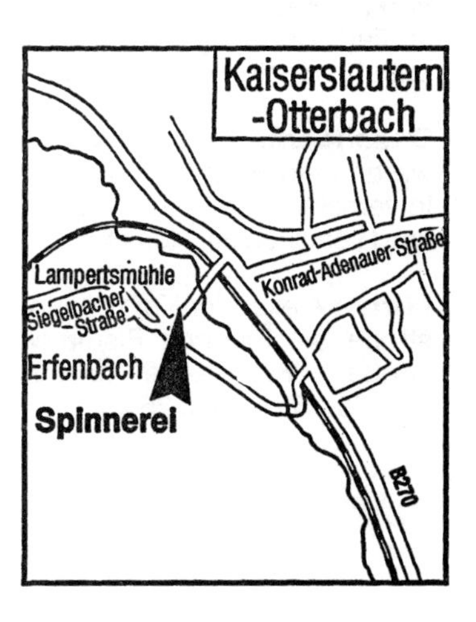

KOLB

Kolb macht müde Füße munter

Pink, gelb, rot, braun und blau: ein Farbenmeer bei Meister Kolb. Aus über 100 Lederbahnen in allen Farbvariationen wählt Kolb seine Materialien für Clogs und Riemenschuhe.

Warenangebot: insgesamt vier Ausführungen für die ganze Familie: drei verschiedene Riemenschuhmodelle und eine Clogsform.

Ersparnis: bis zu 40 Prozent für beste Qualität. Filzclogs 55 DM, Ledersandalen ab 29 DM.

Einkaufssituation: den Gartenweg entlang direkt in das Werkstattgebäude. Die Schuhe sind übersichtlich im kleinen Verkaufsraum nach Größen sortiert. Beratung ist im Familienbetrieb selbstverständlich.

Besonderheiten: Auf Wunsch werden ein Paar Schuhe auch in verschiedenen Farben gefertigt, Riemchen für Riemchen...

Firma: Alexander Kolb, Hauptstraße 84, Eingang Bismarckstraße, 76870 Kandel, Telefon: 07275/2575, Fax: 2575.

Öffnungszeiten: Montag bis Freitag 8.00 bis 12.30 Uhr und 13.30 bis 18.00 Uhr, Samstag 8.00 bis 12.30 Uhr.

Streckenbeschreibung: A 65 Karlsruhe–Landau, Ausfahrt Kandel-Süd. Nach Bahnübergang links, 2. Straße rechts in Bismarckstraße, nach 300 m Fa. Kolb auf der linken Seite.

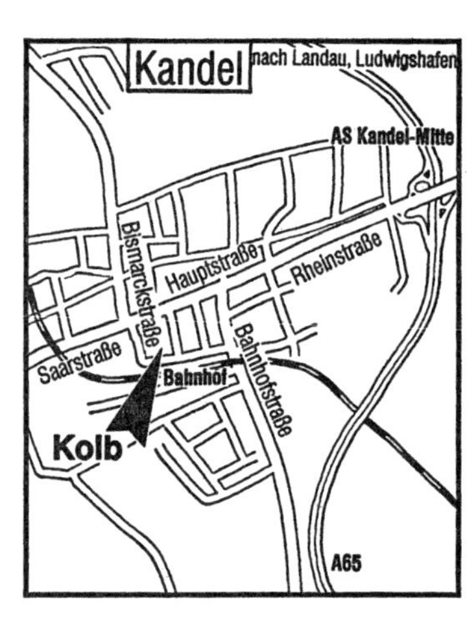

WEINGUT EYER-RAPP

Vielfalt und Bekömmlichkeit

Der Weinbau-Ingenieur Hans-Karl Rapp erzeugt mit fachmännischer Sorgfalt seine viel gelobten Weine und Sekte.

Warenangebot: ein breites Spektrum an Weiß- und Rotweinen in unterschiedlichen Geschmacks- und Qualitätsstufen sowie Riesling- und Weißburgunder-Sekte in traditioneller Flaschengärung, alkoholfreier Traubensaft.

Ersparnis: Landwein ab 5,90 DM, Qualitätsweine ab 4,50 DM, Prädikatsweine ab 6 DM.

Einkaufssituation: Es können alle Weine kostenlos probiert werden. Eine Weinliste wird auf Wunsch gerne zugesandt. Gegen geringe Frachtgebühr liefert das Weingut direkt an den Kunden aus.

Firma: Weingut Eyer-Rapp, Obere Hauptstraße 4, 76889 Kapellen-Drusweiler, Telefon: 0 63 43/16 85 oder 72 97.

Weitere Verkaufsstelle: 76857 Albersweiler bei Landau, Im Siebenmorgen 21a, Telefon: 0 63 45/91 96 66.

Öffnungszeiten: Kapellen-Drusweiler: Montag bis Freitag 17.00 bis 19.00 Uhr, Samstag 10.00 bis 18.00 Uhr. Sonntags nach vorheriger Absprache.
Albersweiler: Montag bis Samstag 8.00 bis 12.00 Uhr und 13.00 bis 18.00 Uhr.

Streckenbeschreibung:
nach Kapellen: A 65, Ausfahrt Kandel-Nord in Richtung Bad Bergzabern. Nach 8 km Abfahrt Kapellen-Drusenweiler. Direkt in der Ortsmitte.
nach Albersweiler: A 65, Abfahrt Landau-Nord, Richtung Pirmasens-Saarbrücken, nach ca. 5 km Abfahrt Birkweiler, dann nach Albersweiler (ca. 2 km), in Ortsmitte rechts abbiegen Richtung Friedhof bzw. kath. Kirche.

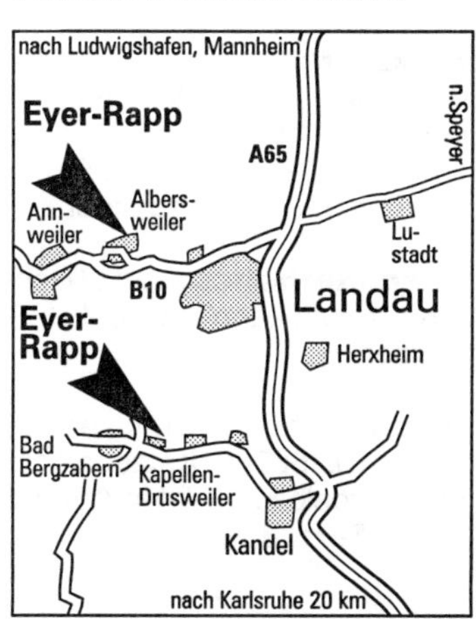

BREMSER

Pingpong

Die nächste Tischtennis-Meisterschaft kommt bestimmt. Wer dafür aber nicht mehr nur auf dem Wohnzimmertisch trainieren will, kann sich eine Tischtennisplatte in guter Qualität bei Firma Bremser besorgen.

Warenangebot: stationäre und fahrbare Tischtennisplatten (Angebot bitte telefonisch einholen), Metall-Böcke (Höhe und Breite verstellbar), Rollen- und Allzweck-Böcke, sowie Stützen. Böcke für alle Heimwerkerarbeiten.

Ersparnis: 20 bis 30 Prozent. Die Platten sind allesamt aus gutem Material: stationär ohne Rahmen 185 DM, mit Rahmen 245 DM. Fahrbar mit dünnem Rahmen 299 DM, mit starkem Rahmen 399 DM.

Einkaufssituation: reiner Werkstattverkauf. Im Hof auf die Werkstatt rechts zugehen. Es ist ratsam, telefonisch die gewünschte Platte zu ordern.

Besonderheiten: Die Tischtennisplatte kann auch geliefert werden.

Firma: Hermann Bremser, Talstraße 3, 56368 Katzenelnbogen-Klingelbach, Telefon: 06486/ 6484, Fax: 1810.

Öffnungszeiten: Montag bis Freitag 8.00 bis 12.00 Uhr und 14.00 bis 18.00 Uhr, Samstag 8.30 bis 12.00 Uhr.

Streckenbeschreibung: Klingelbach liegt südwestlich von Limburg. Auf der B 274 nach Katzeneinbogen/Klingelbach. An der Nassauischen Sparkasse rechts einbiegen. Geradeaus und Richtung Nassau in Vorfahrtsstraße einfahren. Nach 400 m ist die Firma auf der rechten Seite.

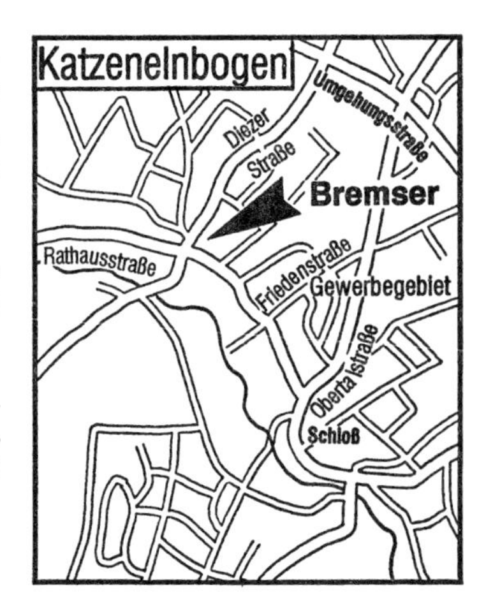

GRISLY

Bärenstark

Sie sind die ungekrönten Könige unter den Schmusetieren – und das seit fast 90 Jahren: plüschige Teddybären. Alle Grislybären und Tiere werden in Handarbeit im Hause gefertigt, sind aus 100 Prozent Mohairplüsch und entsprechen den Sicherheitsnormen (DIN EN 71).

Warenangebot: Teddybären, unterschiedliche Auswahl an Plüschtieren (quer durchs Tierreich), tierische Handspielpuppen, limitierte Bären.

Ersparnis: ca. 20 Prozent Ersparnis: Teddygrößen von 10 bis 70 cm (in Sonderanfertigung bis 85 cm); kleine Katze 16,50 DM, Teddybär (30 cm) in Mohairplüsch ca. 65 DM, Acrylplüsch billiger.

Einkaufssituation: am Eingang an der untersten Glocke bei Grisly Spielwaren läuten. Der Verkaufsraum ist nun ein eigenständiger Raum und nicht mehr das Bürovorzimmer.

Firma: Grisly-Spielwaren GmbH, Beethovenstraße 1, 67292 Kirchheimbolanden, Tel.: 0 63 52/ 35 96, Fax: 6 71 33.

Öffnungszeiten: nur Dienstag und Mittwoch jeweils 14.00 bis 17.00 Uhr nach telefonischer Vereinbarung. Betriebsferien im Juli, bitte vorher anrufen.

Streckenbeschreibung: von B 40 kommend, in Kirchheimbolanden durch den Ort und am Toyota-Autohaus rechts, die zweite Querstraße links, die nächste wieder rechts; die Firma ist direkt im Eckhaus (links).

BÜFFEL

Im Zeichen des Büffels

Auf der Braun-Prärie tummeln sich seit 100 Jahren Lederwaren von ausgesuchter Qualität mit dem Gütesiegel des Büffels. Ein großes Angebot von klassisch elegant bis ausgefallen modisch.

Warenangebot: Geldbörsen, Handtaschen, Aktenkoffer und Accessoires, ausschließlich in Leder, wie Rind- oder Kalbleder.

Ersparnis: erheblich, für beste Qualität. Damengeldbörse 69 DM, Herrentasche 77,50 DM, Handtasche 150 DM.

Einkaufssituation: Verkaufsbüro, in dem eine freundliche Verkäuferin Auskünfte gibt. Jedes Lederteil ist preislich ausgezeichnet.

Firma: Johannes Braun KG, Industriestraße, 55606 Kirn, Telefon: 0 67 52/9 33-30, Fax: 9 33-3 33.

Öffnungszeiten: Montag und Mittwoch 14.00 bis 16.00 Uhr.

Streckenbeschreibung: Kirn liegt nordöstlich von Idar-Oberstein. Auf der B 41 nach Kirn. Im Ort Richtung Meckenbach, nach 1,5 km am Zebrastreifen links über die Brücke, dahinter gleich rechts. Firma ist am Ende der Straße rechts.

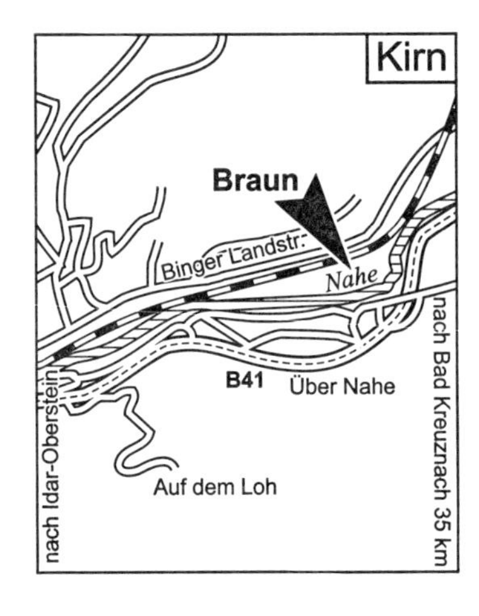

ST. EMILE

Echt anziehend

Die Marke St. Emile gilt als Geheimtipp beim gehobenen Fachhandel.

Warenangebot: Anzüge, Kostüme, Röcke, Hosen, Blazer, Mäntel, Strick, Jersey, Leder; Vorjahresware, Musterteile aus der laufenden Saison, 1. und 2. Wahl.

Ersparnis: generell 30 bis 50 Prozent. Saisonschlussverkäufe 50 Prozent und mehr.

Einkaufssituation: Die Ware in dem 150 m^2 großen Verkaufsraum ist sehr übersichtlich sortiert. Die Kunden können in ruhiger Atmosphäre einkaufen. 6 Umkleidekabinen. Im hinteren Teil des Verkaufsraumes gibt es preisreduzierte Sonderposten. Freundliche und fachkundige Beratung. Bezahlung mit EC-Karte oder Euro Scheck ist kein Problem.

Firma: St. Emile, Wallstr. 6, 63839 Kleinwallstadt, Telefon: 0 60 22/66 24 14, Fax: 0 60 22/ 2 37 97.

Öffnungszeiten: Montag bis Freitag 10.00 bis 18.00 Uhr, Samstag 10.00 bis 16.00 Uhr.

Streckenbeschreibung: A 3 Frankfurt/Würzburg, Ausfahrt Aschaffenburg auf die B 469 Richtung Miltenberg. Bei Elsenfeld abfahren, über die Mainbrücke, durch Elsenfeld nach Kleinwallstadt. Die Hauptstraße führt über die Bahngleise und mündet in die Wallstraße. Der Fabrikverkauf St. Emile-Magazin, liegt auf der linken Seite gegenüber dem Bahnhof.

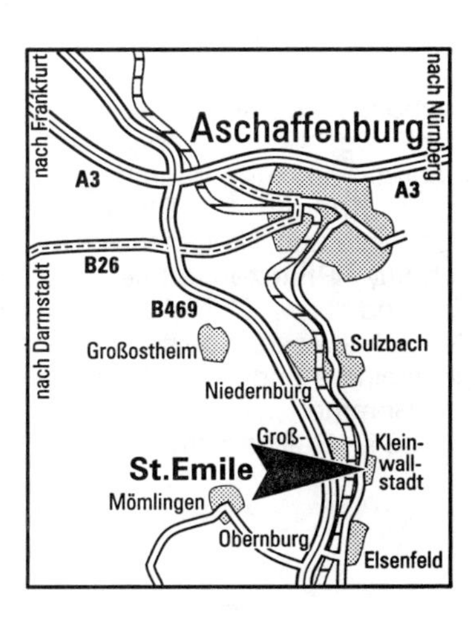

KAKTEEN MAY'S TROPICA

Das Paradies in Kriftel

Kakteen May produziert, züchtet und handelt seltene Zimmerpflanzen. Der 1888 gegründete Gartenbaubetrieb ist fachhandelstreu und beliefert Fachgeschäfte und Garten-Center in der ganzen Bundesrepublik mit Kakteen, Bonsais und anderen Seltenheiten. Seit 1992 hat Kakteen May unter dem Namen „Tropica" eine Einkaufsmöglichkeit für Privatkunden geschaffen, in der der Kunde eine tropische Vielfalt an Pflanzen nebst Zubehör in schöner Atmosphäre betrachten und kaufen kann.

Warenangebot: Bonsai, Kakteen, Hydrokultur, Palmen, Orchideen, Pflanzen für Haus und Garten. Geschenkideen in der Tropica-Boutique, Zubehör, Keramik, Erde vom Gärtner, Dünger, Pflanzenschutzmittel. Stauden, Gehölze, Sämereien, Blumenzwiebeln, Balkonblumen.

Ersparnis: keine Preisersparnis, dafür Vorteile beim Einkauf ab Gärtnerei durch absolute Topqualität und Frische, gute Fachberatung, sehr gute Auswahl. Besondere Serviceleistungen wie Innenraumbegrünung, Kurlaub für Pflanzen, Überwinterung, Umtopfen/Rückschnitt, Pflanzenvermietung, Versand bzw. Zustellung an Wunschadresse. Spezielle Pflegeseminare und Ausstellungen. Im Sommer stark reduzierte Preise für Balkonblumen.

Einkaufssituation: Das Tropica bietet auf 3500 m² ein dschungelartiges Einkaufserlebnis mit Urlaubsfeeling, welches eine Besichtigung lohnt. Wird von Kunden gerne besucht und mit einem „Kleinen Palmengarten" verglichen. Kein Gedränge, aber samstags Wartezeiten bei der Fachberatung.

Besonderheiten: Verteilt im Jahr gibt es besondere Schwerpunkte im Angebot (z. B. Orchideenschau, Pflege-Seminare usw.). Besonders große Auswahl an Zimmer-Bonsais aus eigener Produktion und aus Fernostimport, sowie Kakteen aus Kanaren-Import. Große Balkonblumenauswahl von April bis Juni.

Firma: TROPICA-Kakteen May's Raritätengärtnerei, Am Holzweg 17–21 (Kreuzung Gutenbergstraße), 65830 Kriftel/ Taunus, Telefon: 06192/99790, Fax: 997929.
Internet: www.tropica-may.de.

Öffnungszeiten: Montag bis Freitag 9.00 bis 20.00 Uhr, Samstag 9.00 bis 16.00 Uhr.

Streckenbeschreibung:
Autobahn A 66 Wiesbaden–Frankfurt, Ausfahrt Hattersheim, Kriftel, Eppstein. Richtung Kriftel, nach 200 m Ampel, rechts ins Gewerbegebiet Kriftel fahren. Am Ende der Straße auf der linken Seite, 800 m von der Autobahn.

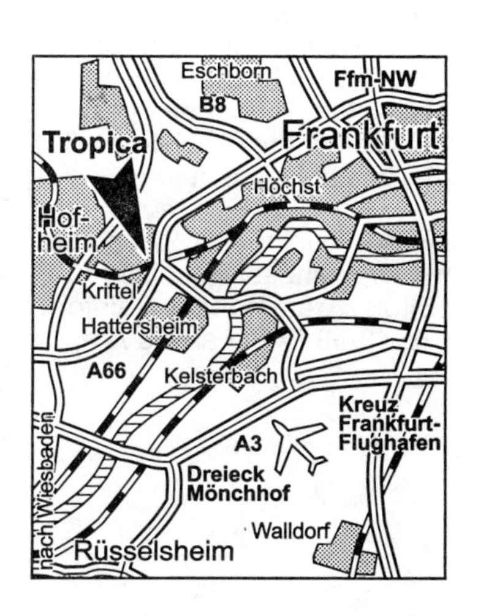

HUNSRÜCKER ZINN

„Orden“tliche Ideen

Zinnhannes ist maßgeblicher Hersteller von Karnevalsorden, Pins, Plaketten u. a. Vereinsbedarf. Diese Produkte werden jedoch nur individuell gefertigt.

Warenangebot: Vasen, Tassen, Kannen, Kelche, Karaffen, Kerzenständer, Becher, Tabletts, Aschenbecher, Bierseidel (Humpen), Wanduhren, Leuchten, Geschirr und Besteck, Wandbilder und Zinnreliefs sowie diverse Klein- und Geschenkartikel.

Ersparnis: ca. 30 Prozent Ersparnis; Preisbeispiele: Bauernstubenteller 95 DM, Windlicht 79,50 DM, großer Zinnbecher 52 DM.

Einkaufssituation: Ware wie im Fachgeschäft ausgestellt, dekoriert und preisausgezeichnet; Kataloge über das gesamte Sortiment mit Preislisten liegen an der Kasse aus.

Firma: Hunsrücker Zinngießerei, Zinnhannes, Hauptstraße 1, 55483 Krummenau, Telefon: 0 65 43/98 77-0, Fax: 98 77-66.

Öffnungszeiten: Montag bis Donnerstag 8.00 bis 12.00 und 13.00 bis 17.00 Uhr, Freitag bis 16.00 Uhr, Samstag 10.00 bis 12.00 Uhr.

Streckenbeschreibung: Krummenau liegt an der B 327, Abfahrt Rhaunen-Hirschfeld über Herbruch nach Krummenau; am Ortseingang Krummenau ist links die Firma (gut beschildert); viele Parkplätze.

CALGON CALGONIT CILLIT QUANTO
COTY MARGARETE ASTOR CARE
ADIDAS YARDLEY

Alles für Putzfeen

Die Firma vertreibt bekannte Markenware für den täglichen Gebrauch. Das komplette Sortiment bietet alles für den Großputz, den Waschtag und die Körperpflege.

Warenangebot: Waschmittel, Waschhilfsmittel; für die Spülmaschine: Reiniger, Klarspüler, Salz; Toilettenpapier, Küchenrollen, Kosmetiktücher, Taschentücher, Duschbad, Shampoo, Hautpflege, Cremes, Puder; Damen- (Hautpflege, Make-up-Artikel, Nagelpflege, Eau de Toilette) und Herrenkosmetik (After Shave, Eau de Toilette, Deodorants).

Ersparnis: ca. 30 Prozent auf reguläre Ware, bei Sonderangeboten 50 Prozent.

Einkaufssituation: „Werksverkauf" rechts neben der Hauptpforte; Ware palettenweise aufgetürmt, nur Kosmetikartikel und Körperpflegeprodukte in Regalen; Preise generell ausgezeichnet; Warenangebot und Kundenandrang groß.

Firma: Benckiser, Dr.-Albert-Reimann-Straße, 68526 Ladenburg a. N., Telefon: 0 62 03/ 95 15-0, Telefon für den Verkauf: 0 62 03/93 24 80.

Öffnungszeiten: nur am Mittwoch von 9.00 bis 17.00 Uhr durchgehend.

Streckenbeschreibung: A 5, Ausfahrt Ladenburg (zwischen AB-Kr. Heidelberg und AB-Kr. Weinheim), dort Richtung Ilvesheim/Mannheim; Benckiser rechte Seite nach Ortsdurchfahrt Ladenburg (an blauer Firmenschrift „BK-Ladenburg" von weitem erkennbar); Parkplätze vorhanden.

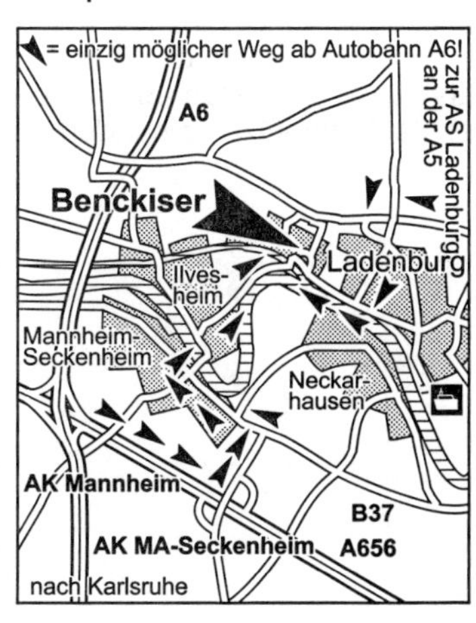

GLASO

Beschattung garantiert!

Das Glaso-Team garantiert perfekten Sonnenschutz in Glashäusern und Wintergärten. Individuelle Lösungen durch Innenbeschattung zeigen der Sonne ihre Grenzen auf. Raffinierte Konstruktionen halten auch bei Problemfenstern die Sonnenstrahlen ab. Bei Bedarf auch Außenbeschattung.

Warenangebot: Markisen aller Art, Alu-Jalousien, Plissee-Faltroller, Lamellen-Vorhänge: Bedienung manuell, über Schnurzug oder Motor. Vorhangschienen verschiedener Materialien.

Ersparnis: bei Selbstabmessung und Selbstabholung 20 Prozent.

Einkaufssituation: zwei großzügig angelegte Verkaufsräume, einer davon dient als Ausstellungsraum. Die Beratung ist fachkundig und intensiv. Eingang gleich nach der Toreinfahrt links im ersten Gebäude rechts. Parkplätze vorhanden.

Firma: Kurt Reisser, Wollmesheimer Str. 44, 76829 Landau/Pfalz, Telefon: 0 63 41/3 22 22, Fax: 35 84.

Öffnungszeiten: Montag bis Freitag 8.00 bis 12.00 Uhr und 13.00 bis 17.00 Uhr.

Streckenbeschreibung: auf der A 65 Karlsruhe–Landau, Ausfahrt Landau-Süd, Richtung Wollmesheim. Auf der Wollmesheimer Straße ist die Firma nach 2 km auf der rechten Seite.

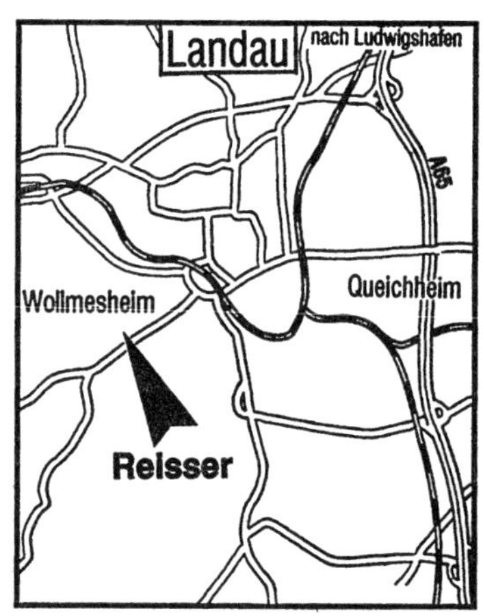

DEXION

Bestes für den Heimwerker

Dexion produziert vielseitig verwendbare Bauelemente für Lager- und Fördertechnik sowie Betriebseinrichtungen. Von großem Interesse für den Heimwerker sind in erster Linie die Werkbänke, Regale, Schubladenblöcke usw.

Warenangebot: Schraubregalbausätze, Schubladenblöcke, Steckregale, Werkbänke, Regalsysteme, Trennwände und Systembauteile (Profile, Stahlböden und Zubehör ermöglichen dem Selbstbauer kostengünstige Lösungen vom einfachen Fachbodenregal bis zur aufwendigen Sonderkonstruktion).

Ersparnis: Alle Preise im Katalog sind Nettopreise, denen die Mehrwertsteuer zugerechnet werden muss. Beispiele: Lynflex-Regalbausatz (305 mm tief, 2 m hoch) 222,50 DM, Werkbank mit Stahlschublade 766 DM.

Einkaufssituation: Nachdem man sich beim Pförtner an der Hauptpforte angemeldet hat, bekommt man einen Ausweis, der im Verkauf gegengezeichnet wird. Im Verkauf Beratung und Auswahl mittels Katalog.

Besonderheiten: In Laubach ist Sitz der Hauptverwaltung. Optimal ist es, wenn man einen Katalog bereits im voraus anfordert, zu Hause in Ruhe auswählt und eventuell ein näher liegendes Verkaufsbüro der Firma Dexion entdeckt (die sind im Katalog vorne aufgeführt).

Firma: Dexion GmbH, Dexionstraße 1–5, 35321 Laubach, Telefon: 0 64 05/8 00 oder 80-3 14, Fax: 17 58 oder 14 22.

Öffnungszeiten: Montag bis Freitag 8.00 bis 17.00 Uhr, Samstag geschlossen.

Streckenbeschreibung: Laubach liegt östlich von Gießen; in Laubach Richtung Industriegebiet fahren, die Straße ist bereits die Dexionstraße, die Firma nach ca. 200 Metern rechts **(siehe Orientierungskarte Seite 170).**

HENNER HELWIG **HONDA** **SABO** **GUTBROD**

Die Formel 1 für Ihren Rasen

Einen neuen Rasenmäher sollte man vor dem Kauf auf Herz und Nieren prüfen: Ein erstklassiger Rasenmäher zeichnet sich durch die Summe seiner qualitativen Eigenschaften aus.

Warenangebot: Elektro-Benzin-Rasenmäher mit Vorder- oder Hinterradantrieb, Rasentraktoren, Rasenvertikulierer, Motorhacken, Wiesenmäher, Schneeräumer, Zubehör, Rand und Ausputzschneider, Komposthäcksler.

Ersparnis: Qualität hat seinen Preis; Beispiele: Elektro-Rasenmäher (Schnittbreite 32 cm) 299 DM, Benzinrasenmäher HB 40 BS RR (Schnittbreite 40 cm), 4-Takt-Briggs-&-Stratton-Motor, Heckauswurf, Grasfangkorb, Rear-Roller-System 875 DM.

Einkaufssituation: Verkaufshalle mit Großteil des Sortiments, Fachberatung, Prospekte liegen aus.

Firma: Henner Helwig GmbH, In der Gombach 22, 56759 Laubach, Telefon: 0 64 05/8 80.

Öffnungszeiten: Montag bis Freitag 7.30 bis 13.00 Uhr und 14.00 bis 16.30 Uhr.

Streckenbeschreibung: Laubach liegt östlich von Gießen.

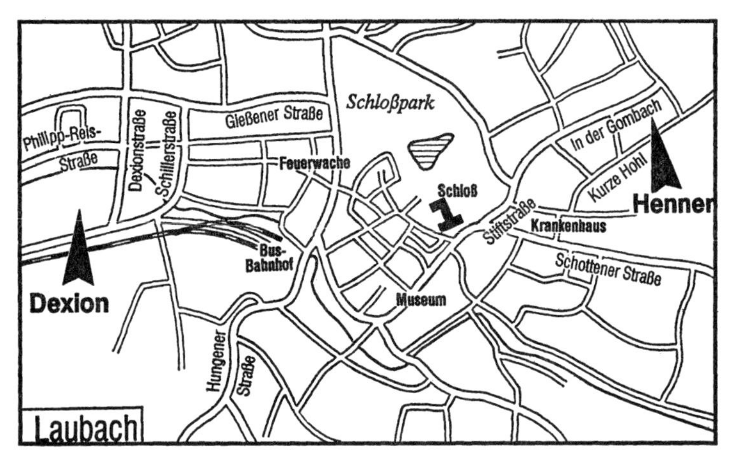

BAUER-KERAMIK

Originalität durch Handarbeit

Zeitlos schöne Gebrauchs- und Kunstkeramik aus einem handwerklichen Meisterbetrieb mit 400-jähriger Tradition – der ältesten und größten Töpferei Hessens: Der Ton, die Formgebung, die Handarbeit, die Dekorvielfalt und die Tradition sind die Säulen dieser einmaligen Bauer-Keramik.

Warenangebot: Gebrauchskeramik: Service, Krüge, Einzelstücke von Servicen. Kunstkeramik: Schalen, Vasen, Figuren, Duftlichter. Das Sortiment wird durch Fürstenberg-Porzellan und Thomas-Porzellan erweitert (diese Ware ist zugekauft und nicht günstiger als im Einzelhandel). Es gibt ständig auslaufende Serien, die besonders preiswert sind.

Ersparnis: Besonders günstig sind Einzelstücke oder Ware mit kleinen Schönheitsfehlern zu erstehen: Zuckerdose 3 DM, Stövchen 2 DM. Aus dem regulären Sortiment (nachbestellbar und erweiterbar): Krug 31 DM, Teekanne 46 DM, Tasse 6,70 DM.

Einkaufssituation: Der Verkauf ist ein Fachgeschäft; Fachberatung; Parkplätze für Kunden; das 2.-Wahl-Regal ist im etwas höher abgesetzten Ladenteilstück.

Besonderheiten: Die Ware aus eigener Produktion ist auch noch in 50 Jahren nachzukaufen (vorher erkundigen). Auf Wunsch werden Wandteller und Krüge mit Glückwünschen zu Jubiläen, Hochzeiten usw. gefertigt.

Firma: Bauer Keramik, Lindenstraße 63, 36341 Lauterbach, Telefon: 0 66 41/9 66 60, Fax: 96 66 22.

Öffnungszeiten: Montag bis Freitag 9.00 bis 18.00 Uhr, Samstag 9.00 bis 13.00 Uhr.

Streckenbeschreibung: Lauterbach liegt nordwestlich von Fulda; auf B 254 von Fulda Richtung Alsfeld; in Lauterbach Richtung Friedberg/Omnibusbahnhof fahren; der Keramikverkauf ist links neben dem Omnibusbahnhof **(siehe Orientierungskarte Seite 172).**

OPEL

Das Auge isst mit

Das Unternehmen ist ein Tochterwerk der Weberei Wenzel & Hoos in Lauterbach: Die produzierten Stoffe sind vorwiegend rustikaler Webart.

Warenangebot: fertig genähte Tischwäsche in 1. und 2. Wahl: Tischdecken, Deckchen, Tischdecken mit Motiven (Weihnachten etc.). Stoffe für Tischwäsche, auch in Breiten bis zu 2,30 Meter.

Ersparnis: Ware in 1. Wahl ca. 30 Prozent Ersparnis, bei 2. Wahl 50 bis 70 Prozent; Preisbeispiele: Tischdecke mit aufwendiger Weihnachtsstickerei 50 DM, Restposten-Tischdecke 10 DM, Essplatzdeckchen 1 DM, Webstoffe ab 20 DM/Meter (bis 40 DM).

Einkaufssituation: Der Verkauf von Fertigware ist im 2. Stock, die Stoffballen liegen im 1. Stock. Das Fachpersonal hilft bei nähtechnischen Fragen und übernimmt den Verkauf.

Besonderheiten: Man kann hier auch Tischwäsche und Kissen nach Maß fertigen lassen.

Firma: Opel Leinenweberei, Lauterstraße 48, 36341 Lauterbach, Telefon: 0 66 41/96 24 22, Fax: 96 24 20.

Öffnungszeiten: Montag bis Freitag 8.00 bis 12.00 und 13.00 bis 16.00 Uhr, Samstag geschlossen.

Streckenbeschreibung: Lauterbach liegt nordwestlich von Fulda; von Fulda kommend, ist die Firma ca. 20 Meter nach der DEA-Tankstelle auf der rechten Seite (Ecke Fuldaer Straße/Lauterstraße), Parken im Hof.

WEGENER

Lust auf Hut

Die Firma ist offizieller Ausrüster der Olympiamannschaft in Atlanta 96: In der Disziplin Hutfabrikation hätte die Firma selbst Gold verdient: ansprechende, hübsche Hüte in bester Qualität.

Warenangebot: Hüte (große Auswahl an Straßenhüten und Trachtenhüten), Mützen, Schals, Tücher.

Ersparnis: bei regulärer Ware um 10 Prozent; je nach Ausführung und Material liegen sowohl die Trachten- als auch die Straßenhüte um 100 DM.

Einkaufssituation: Der „Exklusiv-Shop" wird durch die hauswandgroße Werbung „Besuchen Sie die Wegener Hutique" unübersehbar beschildert; Präsentation wie im Fachgeschäft.

Firma: R. & M. Wegener GmbH & Co. KG, Vogelsbergstraße 157, 36341 Lauterbach, Telefon: 0 66 41/9 69 30, Fax: 6 16 02.

Öffnungszeiten: Montag bis Freitag 10.00 bis 12.00 und 15.00 bis 17.00 Uhr, Samstag geschlossen.

Streckenbeschreibung: Lauterbach liegt nordwestlich von Fulda; von Lauterbach Richtung Friedberg fahren; es wirkt als ob der Ort zu Ende wäre (nur Wiesen), die kommende Häusergruppe gehört jedoch auch noch zu Lauterbach; Fa. Wegener nach ca. 30 Metern rechts; Kundenparkplätze rechts neben dem Gebäude **(siehe Orientierungskarte Seite 172).**

SCHUCK

Mode für Männer

Starke Leistungen aus eigener Produktion. Seit 1949 fertigt das Unternehmen Herrenbekleidung, Qualität ist das Maß für die Kollektionen.

Warenangebot: Herrenoberbekleidung für den anspruchsvollen Mann. Mode von sportlich bis leger. Anzüge, Sakkos, Hosen, Mäntel, Sportswear, Hemden, Krawatten, Accessoires. Spezialität: Maßanfertigung. Weitere Produktionsprogramme: Club- und Vereinskleidung, Messekleidung, Bühnenkleidung, Dienstkleidung.

Ersparnis: regulärer Verkaufspreis ca. 30 bis 40 Prozent günstiger, Sonderangebote bis zu 50 Prozent preiswerter.

Einkaufssituation: Verkaufsräume Parterre, klare Angebotsgliederung mit Verkaufsberatung. Extra Abteilung für Maßanfertigung.

Firma: Schuck Mode für Männer, Bergstraße 19, 63849 Leidersbach, Telefon: 0 60 28/ 9 75 60, Fax: 0 60 28/97 56 56.

Öffnungszeiten: Montag bis Freitag 9.00 bis 18.00 Uhr, Samstag 9.00 bis 14.00 Uhr.

Streckenbeschreibung: Hinweisschilder mit grünem Firmenlogo führen von der Hauptstraße in die Bergstraße 19.

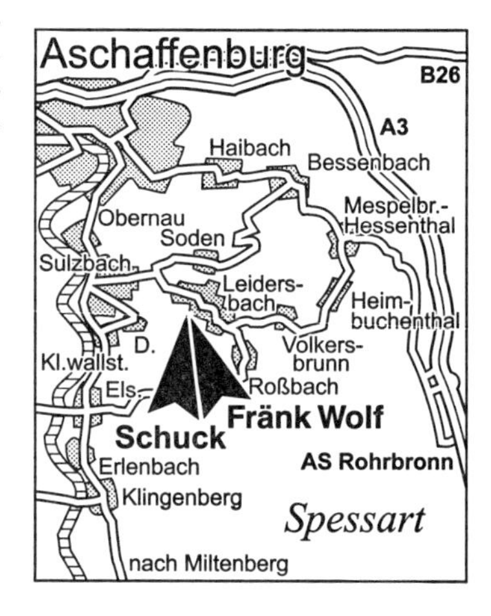

SCHÜSSLER & ZACHMANN

Klassisch, weiblich, „up to date“

So präsentieren sich die Röcke und Blusen der Firma, die zu den 160 bekanntesten in der Bundesrepublik gehört. Das Unternehmen produziert zu 80 Prozent im Land, der Verkauf besteht jedoch aus einer großen Auswahl an Fremdware.

Warenangebot: vollständiges Damenoberbekleidungsprogramm: Coordinates, Hosen, Röcke, Blusen, Jacken, Blazer, Kleider, Mäntel, Westen.

Ersparnis: eigene Ware ca. 20 bis 50 Prozent, Fremdfabrikate 25 Prozent. Im Sommer-/Winterschlussverkauf nochmals 30 bis 40 Prozent reduziert.

Einkaufssituation: Charakter eines gut geführten Modehauses.

Besonderheiten: In Leidersbach gibt es viele Firmen, die Fabrikverkauf anbieten. Ein Bild über alle Angebote im Ort kann man sich machen an den **Leidersbacher Sonntagsmärkten** jeweils am letzten Sonntag im September und am letzten Sonntag im Oktober, auch am 2. Sonntag im März.

Firma: Schüssler & Zachmann GmbH, Hauptstraße 58, 63849 Leidersbach, Tel.: 06028/1274, Fax: 3667.

Öffnungszeiten: Montag bis Freitag 9.30 bis 18.00 Uhr durchgehend, Samstag 9.30 bis 14.00 Uhr, langer Samstag bis 16.00 Uhr.

Streckenbeschreibung: BAB Frankfurt–Würzburg, Ausfahrt Aschaffenburg-West, Richtung Aschaffenburg, vor Aschaffenburg rechts Richtung Stadtteil Obernau. Richtung Sulzbach. In Sulzbach links nach Leidersbach.

FRÄNK WOLF

Männer wissen warum!

Die Firma Fränk Wolf überzeugt durch hochwertige Männermode in erster Qualität zu absolut günstigen Preisen.

Warenangebot: Herrenanzüge, Sakkos, Hosen, Mäntel, Sportswear, Jeans, Pullis, Shirts, Hemden sowie Krawatten, Gürtel und Strümpfe.

Ersparnis: im regulären Verkauf 20 bis 30 Prozent, bei Saisonschluss- und Sonderverkäufen bis zu 50 Prozent; Preisbeispiele: Businessanzug 469 DM, Sportsakko 289 DM, Hose 119 DM.

Einkaufssituation: großzügig gestaltete Verkaufsräume, freundliche und fachlich kompetente Beratung; Einkaufen ohne Stress und Hektik.

Besonderheiten: Eventuell anfallende Änderungen werden sofort erledigt, die Ware wird postfrei zugeschickt; Extra: Einzelanfertigung für Damen und Herren, Mode nach Maß, individuell für den Kunden geschneidert.

Firma: Fränk Wolf GmbH, Marienplatz 7, 63849 Leidersbach, Telefon: 06028/6400, Fax: 06028/6090.

Öffnungszeiten: Montag bis Freitag 9.00 bis 18.00 Uhr, Samstag 9.00 bis 16.00 Uhr.

Streckenbeschreibung:
A 3 (Frankfurt–Würzburg) aus Richtung Frankfurt: Ausfahrt Aschaffenburg-West, Richtung Aschaffenburg. Nach Ortsschild Aschaffenburg rechts Richtung Stadtteil Obernau, weiter nach Sulzbach. In Sulzbach links Richtung Leidersbach.
A 3 (Würzburg–Frankfurt) aus Richtung Würzburg: Ausfahrt Weibersbrunn, Richtung Hessenthal. Am Ortsausgang Heimbuchenthal rechts ab über Volkersbrunn nach Leidersbach **(siehe Orientierungskarte Seite 174).**

HELE

Gepflegt – klassisch – sportlich

Bequeme, legere und aktuelle Mode für die Frau: neben dem klassischen, zeitloseren Angebot auch kurzlebige Modetrends (derzeit kräftig gemusterte Blusen) zum günstigen Preis, meist aus Viskose oder mit Viskoseanteil.

Warenangebot: Blusen, Hosen, Röcke, Kleiderschürzen. Viel Strickstoff: Strickröcke und Kombinationen, Leggings, Steghosen, Pullis und Strickblusen.

Ersparnis: rund 30 bis 40 Prozent Ersparnis; Beispiele: modische Blusen alle zwischen 55 und 60 DM; Strickblusen 69 DM.

Einkaufssituation: Eingang durch Haupteingang an der Anmeldung vorbei; einfache Präsentation auf langen Ständern; Preise bei der Verkäuferin zu erfragen.

Besonderheiten: Bei diesen Preisen kann man Modetrends gut mitmachen.

Firma: Hele-Kleidung, Karl-Heinz Heberling, Hellweg 18, 35638 Leun, Telefon: 0 64 73/ 7 16, Fax: 32 21.

Öffnungszeiten: Montag bis Donnerstag 8.00 bis 16.00 Uhr, Freitag 8.00 bis 15.00 Uhr, Samstag geschlossen.

Streckenbeschreibung: Leun liegt westlich von Wetzlar; auf B 49 Richtung Weihburg, Ausfahrt Leun; in Leun von der Hauptstraße im Ort links Richtung „Leuner Hof", dann aber weiter geradeaus den Hellweg hinauf (Zone 30). Das letzte Haus rechts ist die Firma.

LA BOTTEGA TOSCANA

Exklusives aus Italien für Haus und Garten

Über zehnjährige italienische Erfahrung für alle, die ganz besonderen Wert auf Geschmack, Stil und Natur legen.

Warenangebot: handgetöpferte Terracottavasen, Marmor-Cementi-Figuren, Massiv-Möbel in Eisen und Holz, kulinarische Spezialitäten, Wein, Grappa, Olivenöl, Essig, Nudeln, Soßen und vieles mehr.

Ersparnis: Terratöpfe 40 cm ∅ 40 DM, frostsichere Marmortöpfe: 1 m 128 DM, ständige Sonderposten aus Italien, z. B. über 20 DOCG-Weine, 6 Flaschen für 35 DM/20 bis 50 Prozent Ersparnis.

Einkaufssituation: Alle Artikel befinden sich in einem über 600 m^2 toscanisch gestalteten Verkaufsambiente. Einzelanfertigungen in Terracotta-Marmor und Massivmöbel sind möglich. Das fachkundige Personal stellt die besonderen Geschenke mit Geschmack zusammen, z. B. Terracotta-Schale mit Spezialitäten.

Besonderheiten: Alle kulinarischen Spezialitäten können Sie kostenlos probieren. Eigene Herstellung in Italien. Versandservice. Neue Geschenkideen mit Geschmack finden Sie im 16-seitigen kostenlosen Farbkatalog. Eigene Ferienwohnung in Italien und Vermittlung von Gruppenreisen.

Firma: La Bottega Toscana, Gelnhäuserstraße 36, 63589 Linsengericht (Großenhausen), Telefon: 0 60 51/6 77 77, Fax: 0 60 51/6 14 67.
Internet: www.LaBottegaToscana.de
e-mail: LaBottegaToscana@t-online.de.

Öffnungszeiten: Montag bis Freitag 10.00 bis 18.00 Uhr, Samstag 9.00 bis 14.00 Uhr.

Streckenbeschreibung: zu erreichen über die A 66 Hanau–Fulda, Abfahrt Gelnhausen-West, weiter Richtung Linsengericht, zweite Abzweigung auf der Bundesstraße links, Richtung Linsengericht-Großenhausen. Dort direkt am Ortseingang links (Nähe Sportlerheim) **(siehe Orientierungskarte Seite 179).**

GAMBERO CRABY'S

Hosen und vieles mehr

50-jährige Erfahrung und Verarbeitung von hochwertigen Stoffqualitäten. Gute Passform.

Warenangebot: große Auswahl an Hosen für Damen, Herren und Kinder, dazu passend Blusen, Pullis, Hemden und T-Shirts. Außerdem Markenjeans. Sehr großes Angebot in Herrenhosen-Übergrößen (bis 65). Damenhosen ebenfalls bis Größe 54.

Ersparnis: Damenhosen 59 DM bis 109 DM bzw. Sonderaktionen ab 10 DM. Herrenhosen ab 54 DM. Jeans ab 59 DM. Im Sommer-/Winterschlussverkauf nochmals 10 bis 20 Prozent reduziert.

Einkaufssituation: freundliche Atmosphäre, 6 Umkleidekabinen. Fachkundiges Personal.

Besonderheiten: auch alle Spezialgrößen für Herrenhosen lieferbar.

Firma: Krebs-Hosenfabrik GmbH, 63589 Linsengericht (Großenhausen), Tel.: 0 60 51/ 6 60 22, Fax: 6 13 48.

Öffnungszeiten: Montag bis Freitag 9.00 bis 13.00 Uhr, 14.00 bis 18.00 Uhr, Samstag 9.00 bis 13.00 Uhr.

Streckenbeschreibung: Linsengericht besteht aus 5 einzelnen Gemeinden. Fa. Krebs ist in Großenhausen zu finden. Zu erreichen über A 66 Hanau – Fulda, Abfahrt Gelnhausen-West. In Großenhausen gleich am Ortseingang links.

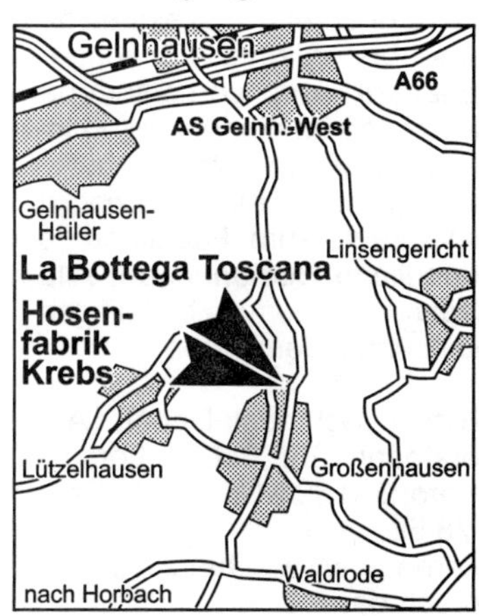

SCHMUCK-DEPOT

Glänzende Preise

Bis 1987 reiner Fachgroßhandel für den Juwelier. Dann auch Einzelhandel – die Preise des Großhandels blieben. Diese Preisersparnis für den Kunden bewirkte in kurzer Zeit den Aufstieg zum regionalen Marktführer. Die Stärke liegt in der Klein- und Mittelpreislage. Ständig sind ca. 40 000 Artikel vorhanden.

Warenangebot: Armbänder, Ketten, Ringe, Anhänger, Ohrstecker, Ohrhänger, Creolen, Sternzeichen, Glücksanhänger, Colliers, Broschen, Uhren.

Ersparnis: jeder Artikel 50 Prozent. Auf den Preisschildern steht links der empfohlene Verkaufspreis für den Fachhandel, rechts der Verkaufspreis. Jeden Monat neue Angebote bis zu 90 Prozent reduziert.

Einkaufssituation: auch für Rollstuhlfahrer gut geeignet, da alles ebenerdig ist. Für Kinder Schaukel und verschiedene Fahrzeuge im eingezäunten Innenhof direkt vor dem Geschäftseingang, sowie Kinderspielecke im Verkaufsraum. Fachkundige freundliche Bedienungen. Alle Reparaturen vom selbständigen Goldschmiedemeister.

Firma: Schmuck-Depot, Am Forstbann 26, 64653 Lorsch, Telefon: 0 62 51/5 60 51, Fax: 5 78 58.
Internet: www.schmuck-depot-Lorsch.de.

Öffnungszeiten: täglich 9.00 bis 18.00 Uhr, Samstag 9.00 bis 14.00 Uhr (im Weihnachtsmonat bis 18.00 Uhr).

Streckenbeschreibung: A 5 Heidelberg–Darmstadt, Ausfahrt Heppenheim, Lorsch. 2 km Richtung Lorsch. 1. Ampel links ab Lorsch, Gewerbegebiet-Süd. 300 m links ab Gewerbegebiet-Süd. 2 km bis Ortsschild Lorsch, 1. rechts, 100 m 1. rechts.

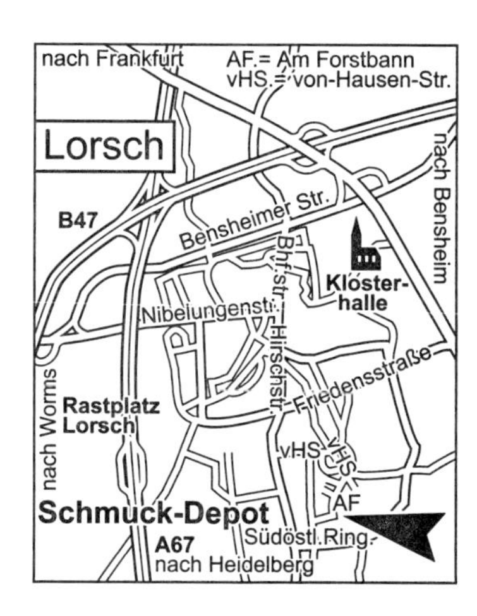

HERMANN HUMBERT

Frauenblicke

Nur das Beste ist gut genug, zum vernünftigen Preis. 30 Jahre Erfahrung und Zusammenarbeit mit den besten deutschen Hemdenmachern der Luxusklasse sind Beweis dafür.

Warenangebot: sehr hochwertige Hemden im Klassik-, Sportiv- und Citybereich, Lang- und Kurzarm in tailliert und modisch weit, nur klassische Verarbeitung mit Doppel- bzw. Kappnähten mit echten Perlmuttknöpfen im Kreuzstich angenäht, verschiedene Kragen- und Manschettenformen. Es werden nur die feinsten Hemden aus reiner Baumwolle verarbeitet.

Ersparnis: auf 1.-Wahl-Ware ca. 40 bis 50 Prozent.

Einkaufssituation: nach dem Haupteingang zum Hemdenkauf anmelden, der Verkauf ist im Untergeschoss; die Verkäuferin berät sehr fachkundig und freundlich; der Duft nach frischer Bügelwäsche macht, ähnlich wie beim Bäcker, Lust auf mehr.

Firma: Hermann Humbert, Schillerstraße 14, 67363 Lustadt, Telefon: 06347/1534, Fax: 1034.

Öffnungszeiten: Montag bis Freitag 8.00 bis 18.00 Uhr, Samstag 9.00 bis 14.00 Uhr.

Streckenbeschreibung: Lustadt liegt an der B 272 (Landau–Speyer); Ausfahrt Lustadt, vor Ortseingang die erste Straße rechts, dann gleich wieder links weiter, ca. 150 m linke Seite ist ein Parkplatz; von der B 9 kommend, Abfahrt Bellheim, Zeiskam, Lustadt, nach Ortseingang die erste Straße links hoch, die dritte rechts, dann nach 200 Metern auf der rechten Seite.

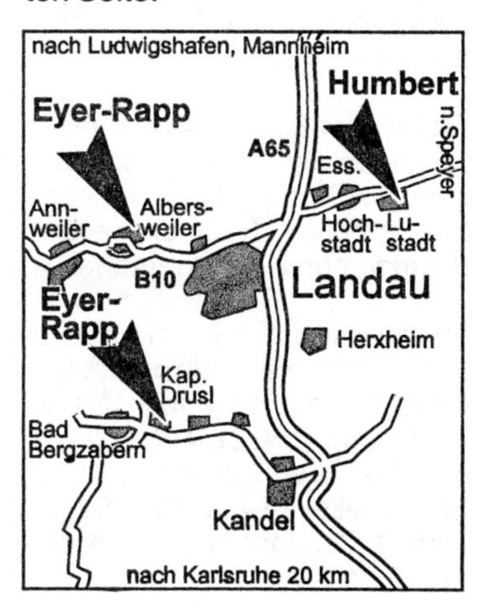

F.A.N. FRANKENSTOLZ SCHLAFKOMFORT

f.a.n.tastische Betten

f.a.n. Frankenstolz Schlafkomfort ist einer der führenden deutschen Hersteller im Bereich der Bettwaren und Matratzen. Diverse Matratzen wurden von der Stiftung Warentest mit „gut“ ausgezeichnet.

Warenangebot: Steppbetten und Kissen aus Naturhaar- und Synthetik-Füllungen mit sehr guten Pflegeeigenschaften (waschbar, kochfest); Kinderbetten. Nackenstützkissen, Daunen-/ Federartikel, großes Matratzensortiment (Federkern, Latex, 5-Zonen-System, Kindermatratzen). Lattenroste, Auflagen, Bettwäsche, Steppdecken, Schlafsäcke, Tagesdecken, Bettüberwürfe.

Ersparnis: Preisbeispiele: Steppbetten ab 30 DM, Kopfkissen ab 15 DM, Schlafsäcke ab 25 DM, Matratzen ab 99 DM.

Einkaufssituation: großer Verkaufsraum mit übersichtlichem Artikelangebot. „Liegetest“ möglich. Freundliche Bedienung durch Fachpersonal.

Firma: f.a.n. Frankenstolz Schlafkomfort, **Hauptwerk:** 63814 Mainaschaff, Industriestr. 3, Telefon: 0 60 21/7 08-0, Fax: 7 64 79, **Zweigwerk:** 96132 Schlüsselfeld/Aschbach, Sandweg 8, Telefon: 0 95 55/92 40, Fax: 9 24-2 00.

Öffnungszeiten: Werk Mainaschaff: Montag bis Mittwoch 9.00 bis 17.00 Uhr, Donnerstag 9.00 bis 19.00 Uhr, Freitag 9.00 bis 16.00 Uhr, Samstag 8.30 bis 12.00 Uhr. Werk Schlüsselfeld-Aschbach Montag 12.00 bis 18.30 Uhr.

Streckenbeschreibung: Mainaschaff bei Aschaffenburg liegt an der A 3 Frankfurt–Würzburg. Die Firma ist direkt gegenüber dem Mainparksee.

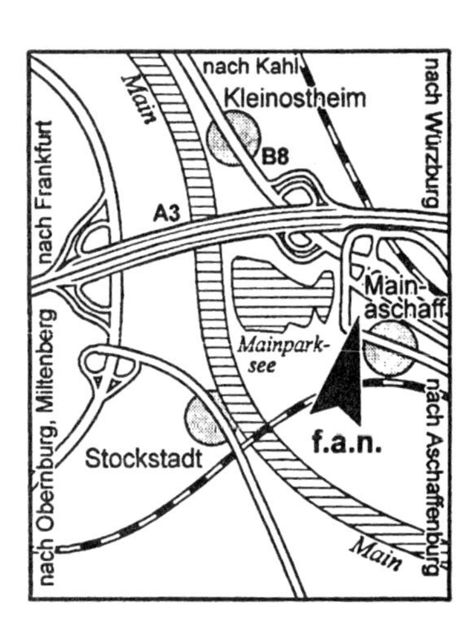

SCHOTT ZEISS ZWIESEL

Glasklar

SCHOTT Gläser immer wieder aktuell in Form, Farbe und Design, und dies alles bietet die Firma in Markenqualität.

Warenangebot: eine reichhaltige Auswahl an Trinkgläsern, Schüsseln (auch für die Mikrowelle), Vasen, Glasback-Schalen und sonstige Glaserzeugnisse für den Haushalt. Aber auch Zeiss-Brillen und Elektro-CERAN-Grills. Außerdem bekommt man hier seine Gläser auch graviert und bedruckt.

Ersparnis: 30 bis 50 Prozent auf 1.-Wahl-Ware. Extra Sonderangebote aus Restbeständen.

Ersparnis: Discount-Atmosphäre mit zuvorkommendem Personal. Eigener Parkplatz.

Firma: Schott Glas, Hattenbergstraße 10, 55122 Mainz, Telefon: 0 61 31/66 35 58, Fax: 66 20 16.

Öffnungszeiten: Montag 12.00 bis 17.00 Uhr, Dienstag bis Freitag 10.00 bis 17.00 Uhr, Donnerstag bis 18.30 Uhr.

Streckenbeschreibung:
B 40 Richtung Innenstadt. Links beim Hinweisschild Bonifatiusplatz. Geradeaus zum Bismarckplatz, dort links und sofort nach Fort-Autohaus rechts.

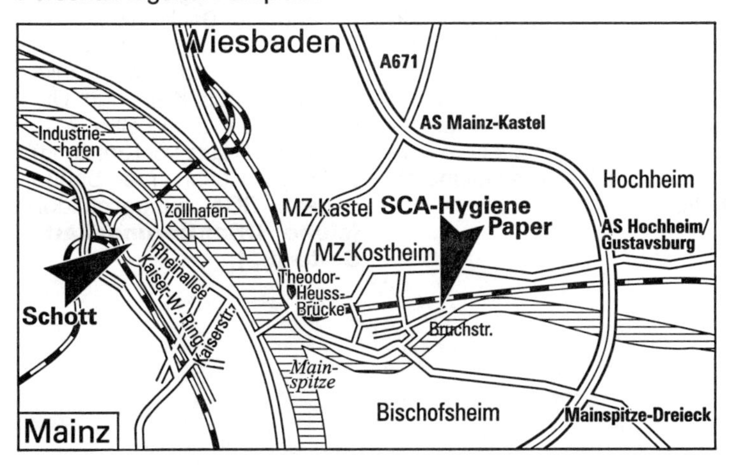

ARTEX SOFTIS ZEWA

Wichtiges Papier

Es gibt kaum einen Zweibeiner, der in der Nähe der Firma SCA ohne ein Großpaket Toilettenpapier um die Ecke kommt; drei- und vierlagige Papierschichten, auch Taschentücher zum Schneuzen, in bester Markenqualität.

Warenangebot: Toilettenpapier, Papiertaschentücher, Küchenkrepp, Servietten, Kosmetiktücher, Windeln, ein wenig Geschenkpapier und Pappteller.

Ersparnis: bei 1.- und 2.-Wahl-Ware zwischen 30 und 45 Prozent.

Einkaufssituation: Schalterausgabe an der alten Pforte: Vor dem Werkstor in die Straße links und gleich rechts in den Hof – nicht zu verfehlen, wenn man nach den papierbepackten Einkäufern Ausschau hält.

Besonderheiten: Schild neben dem Schalter: „Nur für Betriebsangehörige". Weitere Artikel sind nach Vorbestellung erhältlich.

Firma: SCA-Hygiene Products GmbH, Hauptstraße 1, 55246 Kostheim bei Mainz, Telefon: 0 61 34/60 80, Fax: 6 08-4 00.

Öffnungszeiten: Montag 14.30 bis 16.30 Uhr.

Streckenbeschreibung: 1. A 60 Darmstadt–Mainz, Ausfahrt Ginsheim, Richtung Ginsheim / Industriegebiet. In Gustavsburg in 4. Straße links nach Bahnübergang. Hinter der Brücke 1. Straße rechts, dann 3. rechts, SCA-Hygiene Paper ist am Ende der Sackgasse.
2. A 66 Abfahrt Mainz-Kastel, Boelkestraße, nach Metro links, geradeaus bis Kreuzung Uthmann-/Hochheimer Straße (li. Tengelmann kurz vor Kreuzung). Links auf Hochheimer Straße, danach SCA ausgeschildert **(siehe Orientierungskarte Seite 183).**

VALENTINO **CALVIN KLEIN** **MOSCHINO**
VERSACE **BOSS** **FERRÉ** **ARMANI**
WINDSOR

Große Mode unter einem Dach

Der Textil-Design-Discounter Coutex präsentiert hochwertige, elegante Designer-Mode von höchster Qualität zu erschwinglichen Preisen.

Warenangebot: ausschließlich Haute Couture und Designer-Damen- und Herrenbekleidung namhafter Hersteller. Laufend wechselnde Auswahl.

Ersparnis: 50 Prozent, Ib-Ware und Auslaufmodelle bis ca. 70 Prozent.

Einkaufssituation: Halle 1 ca. 1 700 m^2 und Halle 2 ca. 300 m^2 Verkaufsfläche (Schnäppchen-Basar). Beratung durch Fachpersonal. Einfache Warenpräsentation.

Firma: Coutex Designermode, Groß- und Einzelhandel, Rheinstraße 11, 68159 Mannheim und Untermühlaustraße 69 in 68169 Mannheim, Telefon: 0621/201 10, Fax: 2 57 53.

Öffnungszeiten: Montag bis Freitag 10.00 bis 18.00 Uhr durchgehend, Donnerstag bis 20.00 Uhr, Samstag 10.00 bis 15.00 Uhr.

Streckenbeschreibung: A 81 Stuttgart–Heilbronn bis Kreuz Heilbronn, weiter auf der A 6 Richtung Sinsheim bis Kreuz Mannheim. Dort Richtung Mannheim-Mitte und immer geradeaus (Freßgasse) bis Hafenstraße.

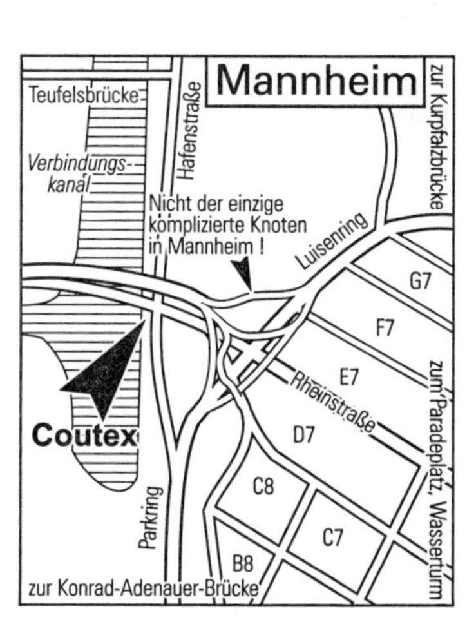

STEFFEN

Schlafzimmer aus Tradition

Die Steffen AG ist einer der führenden Schlafzimmerhersteller in Deutschland. Sie fertigt ausschließlich Schlafzimmer mit edlen Holzfurnieren.

Warenangebot: Schlafzimmermöbel, passend für jeden Raum: Schrankrastersystem, unterschiedliche Bettgrößen und Ausführungen, reichhaltiges Beimöbelprogramm, Schlafraummöbel für kleine und für große Schlafräume.

Ersparnis: 30 bis 40 Prozent.

Besonderheiten: Steffen bietet nur Ausstellungsschlafzimmer an. Hierbei handelt es sich um Musterzimmer aus eigener Produktion. Zusätzlich im Angebot: Platten und fehlerhafte Teile aus der laufenden Produktion – geeignet zur Herstellung von Regalen, im Innenausbau, für Deckenverkleidungen.

Firma: Steffen AG, Johann-Steffen-Straße, 56869 Mastershausen, Telefon: 0 65 45/8 10, Fax: 8 15 07.

Öffnungszeiten: Montag bis Freitag von 7.00 bis 11.45 und 13.00 bis 16.00 Uhr; Samstag von 8.00 bis 12.00 Uhr. Betriebsferien im Juli/August, bitte vorher anrufen.

Streckenbeschreibung: siehe Plan. B 327 Koblenz–Trier. Bei Kastellaun Richtung Buch, weiter nach Mastershausen.

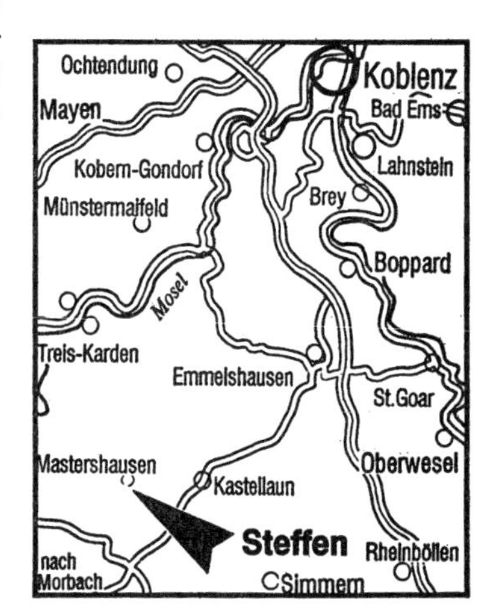

ARNOLD WEISS

Ledermode nach Maß

Wer hätte gedacht, dass einer der letzten deutschen Lederhosenhersteller ausgerechnet im idyllischen Westerwald liegt? Aber Weiss hat noch mehr zu bieten als die berühmten Sepplhosen: Im Erdgeschoss des Firmengebäudes ist eine Fundgrube für den qualitätsbewussten Lederbekleidungsfan.

Warenangebot: Lederjacken, Mäntel, Kostüme, modische Hosen, Trachtenhosen, Jagdbekleidung, Janker, Bundhosen, Stiefelhosen etc., Motorradbekleidung. Von Markenlieferanten zugekaufte Modelle runden das Programm ab. Gürtel, Handschuhe, Taschen.

Ersparnis: Sie können zwischen 20 und 30 Prozent sparen. Keine Billigware. Auslaufmodelle zum halben Preis. In den letzten Jahren wird verstärkt auch preiswerte junge Mode angeboten. Jedoch wird auch hier auf Qualität gesetzt. Im Sommer-/Winterschlussverkauf nochmals 30 bis 70 Prozent reduziert.

Einkaufssituation: Ein junges, gut geschultes Verkaufsteam berät freundlich und kompetent. Es gibt individuelle Beratung bei Maßanfertigungen sowie für alle Fragen rund ums Leder.

Firma: Arnold Weiss GmbH & Co. KG, Lederbekleidungsfabrik, Hüttenweg 7, 56244 Maxsain, Telefon: 02626/5271, Fax: 78691.

Öffnungszeiten: Montag bis Freitag 8.00 bis 12.00 Uhr und 13.00 bis 18.00 Uhr, Samstag 9.00 bis 14.00 Uhr.

Streckenbeschreibung: Arnold Weiss liegt 10 Min. von der A 3, Abfahrt Mogendorf entfernt, Richtung Westerwälder Seenplatte.

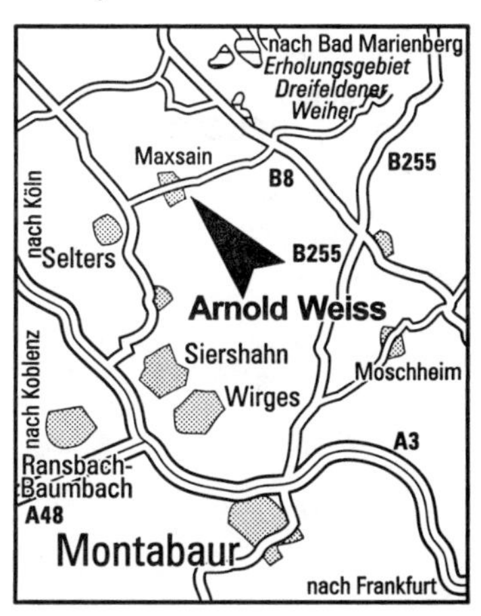

ROCKEL

Hier muss er den Kopf hinhalten

„Mann mit Hut“ bedeutet bei dieser Hutauswahl ein Zeichen des guten Stils: In dezenten Farben, die mehr bieten als nur grau und schwarz, liegen klassisch-elegante, modisch-freche, sportlich-legere und traditionelle Hüte zum Verkauf bereit.

Warenangebot: Straßenhüte, klassische Bogart-Hüte, Trachten-, Dreispitz-, Wander-, Jagdhüte, karierte Exemplare. 2.-Wahl-Ware; Kappen und Mützen.

Ersparnis: gut 50 Prozent Ersparnis; alle Hüten kosten zwischen 25 und 80 DM.

Besonderheiten: sehr lohnenswerter Verkauf, da Hüte in sehr guter Qualität.

Firma: Rockel-Mayen GmbH, Bürresheimer Straße 41, 56727 Mayen, Tel.: 0 26 51/20 17, Fax: 63 72.

Öffnungszeiten: Montag bis Donnerstag 7.00 bis 12.00 Uhr und 13.00 bis 17.00 Uhr, Freitag 7.00 bis 12.00 Uhr, Samstag geschlossen.

Streckenbeschreibung: Mayen liegt westlich von Koblenz; in Mayen Richtung „Weibern“ fahren (die Stadt nordwestlich verlassen); nach Ortsendeschild geht's nach ca. 50 m links hinab zur Firma (gut beschildert).

HÖSCHENWINDELN ELASTIC EXTRA DRY KLETT

Sau(g)stark

Bei der „Seconds" Windelshop GmbH gibt es nicht nur Windeln für Erwachsene und Kinder, sondern auch Babypflege-, Haushalts- und Hygieneartikel der Firmengruppe Wirths.

Warenangebot: Höschenwindeln und Öko-Höschenwindeln in allen Größen, mit Elastikbündchen/Klettverschluss, Mini, Midi, Maxi, Junior. Damenbinden, Still- und Slipeinlagen, Tampons, Haarpflege-, Dusch- und Körperpflegeprodukte auch für Babys. Außerdem Backpapier, Müllbeutel, Waschmittel, Taschentücher, Küchenrollen, Toilettenpapier, Alufolie und Kaffeefilter. Wattestäbchen und Kosmetiktücher.

Ersparnis: 30 bis 40 Prozent; Tampons (32 Stück) 3,80 DM, Taschentücher (36er Pack) 3,70 DM, Toilettenpapier 3lg. (8 Rollen) 3,60 DM; Öko-Windeln: Mini, Midi, Maxi und Junior von 0,24 DM bis 0,35 DM/Stück. Windeln von 0,19 DM/Stk. bis 0,32 DM/Stk.

Einkaufssituation: Verkauf direkt ab Lager. Weißer Container mit Babypflege, Damenhygiene-, Haushaltshygieneartikel. Höschenwindeln in allen Größen vorrätig.

Firma: „Seconds" Windelshop GmbH, Industriegebiet Ost, Robert-Bosch-Straße 8, 56727 Mayen, Telefon: 02651/40990, Fax: 40 99 99.

Öffnungszeiten: Montag bis Donnerstag 8.00 bis 18.30 Uhr, Freitag 8.00 bis 16.30 Uhr, Freitag 8.00 bis 16.30 Uhr, Samstag geschlossen.

Streckenbeschreibung: Mayen liegt westlich von Koblenz; über die Umgehungsstraße Mayen ins Industriegebiet Ost. Die Nikolaus-Otto-Straße befindet sich in der Nähe von BMW Kainz (Richtung Kottenheim) **(siehe Orientierungskarte Seite 188).**

VILLEROY & BOCH HEINRICH GALLO-DESIGN

Tischkultur komplett

Das 1748 gegründete Unternehmen Villeroy & Boch hat sich zu einem der bedeutendsten Keramikhersteller der Welt entwickelt. Die Marke Villeroy & Boch bürgt für Qualität und gutes Design, eine Marke mit Ausstrahlung, Charakter und Prestige. Das Sortiment umfasst alle Produkte, die für den komplett gedeckten Tisch benötigt werden.

Warenangebot: Villeroy & Boch bietet ein Vollsortiment rund um den gedeckten Tisch an. Neben der vielfältigen Materialauswahl (Bone China, Vitro-Porzellan, Faïence, Kristall, Bestecke) wird ein sehr umfangreiches Sortiment an Serien angeboten, wobei alle Teile einzeln erhältlich sind. Das Sortiment umfasst Kaffee-, Tee-, Mokka-, Speiseservice und eine große Auswahl an Ergänzungsteilen, Trinkglasgarnituren in Kristall sowie eine große Auswahl an Kristall-Geschenkartikeln, Bestecke und Echtsilber, 120 g versilbert, Edelstahl 18/10, Korpusware in Echtsilber, Geschenkartikel. Abgerundet wird das Sortiment durch eine Vielzahl von Accessoires der Marke Gallo (Tischdecken, Tischbänder, Kissen, Tischschmuck aus Porzellan und Glas).

Ersparnis: Angeboten wird das gesamte aktuelle Sortiment in 2. Wahl. Die Ersparnis liegt bei 20 Prozent für 2.-Wahl-Ware. Die große Anzahl von Sonderangeboten wird etwa mit einem Preisnachlass bis 45 Prozent ausgezeichnet. Auslaufdekore und Restposten werden zu äußerst günstigen Nettopreisen angeboten. Die Ersparnis beträgt hier bis zu 70 Prozent. 1. Wahl wird nicht angeboten.

Einkaufssituation: Es sind mehrere Geschäfte vorhanden: Villeroy & Boch-Center, Fundgrube – Kristall-Center, Besteckladen. Diese Geschäfte befinden sich im Ortskern von Mettlach. Die Ware wird sehr gut und ansprechend präsentiert, ist übersichtlich geordnet. Durch die Aufteilung der Sortimente in verschiedene Geschäfte wird dem Kunden die Auswahl erleichtert. Das Personal ist gut geschult, die Einkaufsatmosphäre angenehm. Es können gelegentlich längere Wartezeiten auftreten. Im Ortskern befinden sich ca. 200 Parkplätze.

Besonderheiten: Es gibt in Mettlach und der näheren Umgebung eine größere Anzahl an Sehenswürdigkeiten. Dies ist einmal die sehr reizvolle Landschaft, die zum Wandern einlädt als auch die Saar, auf der regelmäßig Rundfahrten angeboten werden. Zum anderen verfügt Mettlach und die umliegende Region über eine Anzahl von historischen Baudenkmälern, wie z. B. der Alte Turm (erbaut um ca. 1000 n. Chr.), die Alte Abtei etc. Die Region wird zunehmend touristisch erschlossen, so dass auch ein Urlaubstag, verbunden mit einem Einkauf, in dieser Region reizvoll ist. Die Besichtigung der Ausstellung House of Villeroy & Boch (über Villeroy-&-Boch-Produkte sowie die Entstehungsgeschichte der Firma) findet sich in Mettlach. In Wadgassen (ca. 35 km von Mettlach entfernt Richtung Saarbrücken) ist eine Besichtigung der Produktion in der Cristallerie nach Anmeldung möglich.

Firma: A. Baltes, 66693 Mettlach, Freiherr-Vom-Stein-Straße 6, Telefon: 0 68 64/20 31, Fax: 72 46.
Fundgrube, Am Marktplatz 10, Telefon: 0 68 64/18 37. Kristall-Center, Freiherr-vom-Stein-Straße 21, Telefon: 0 68 64/21 77.

Öffnungszeiten: Montag bis Freitag 9.30 bis 18.00 Uhr durchgehend, Samstag 9.30 bis 14.00 Uhr.

Streckenbeschreibung:
Geschäfte im Ortskern von Mettlach. Weitere Geschäfte siehe unter Wadgassen.

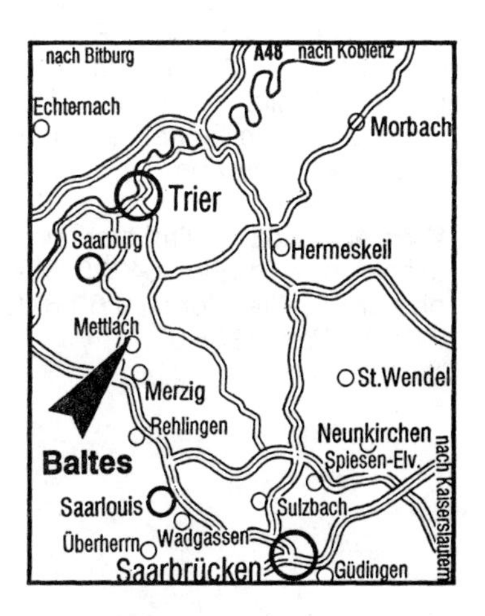

TRAUMKUGELN KOZIOL DESIGN

Ideas for friends

Firmenphilosophie: Unsere Idee: nützliche Produkte herzustellen, die Spaß machen. Unser Trend: den Trend zu machen. Unsere Vision: dem Alltag ein Lächeln zu schenken.

Warenangebot: Traumkugeln in großer Auswahl, Designartikel aus Kunststoff für Küche, Bad und Wohnraum: Zierkorken, Flaschenöffner, Korkenzieher, Salatschüsseln und -bestecke, Teller, Becher, Tabletts, Wand- und Tischuhren, Garderobenbügel, Papierkörbe, CD-Boxen, Seifenspender, Spülbürsten, Sharky, Wäscheklammern u.v.m.

Ersparnis: ca. 40 Prozent; spezielle Saisonangebote.

Einkaufssituation: im Erdgeschoss des ehemaligen Fabrikgebäudes in Michelstadt. Ein großes Schild zeigt den Eingang; durch ein Tor gelangt man in den Verkaufsraum.

Firma: Koziol-Direktverkauf, Frankfurter Straße, 64720 Michelstadt, Telefon: 0 60 61/ 7 24 25, Fax: 92 55 89.

Öffnungszeiten: Freitag 14.00 bis 18.00 Uhr, Samstag 10.00 bis 14.00 Uhr, Sonderöffnungszeiten vor Weihnachten und Pfingsten.

Streckenbeschreibung: an der B 45 von Dieburg/Groß Umstadt kommend, hinter dem Ortseingang nach 200 m auf der linken Seite.

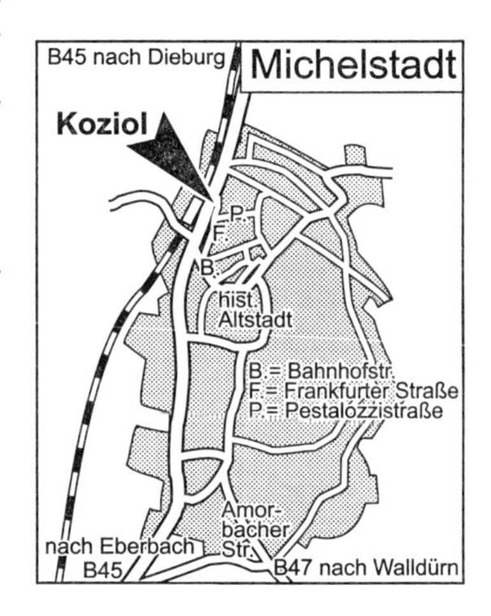

D. HECHTER K. LAGERFELD MAURICIO BALDINI

CHRISTONETTE OF COPENHAGEN

Erfrischend anders

Seit 1977 besteht die nützliche Symbiose zwischen Createur Daniel Hechter und Hersteller Otto Aulbach GmbH in Miltenberg. Unkonventionell und erfrischend anders; ein komplettes Bekleidungsprogramm für alle Tageszeiten und Anlässe.

Warenangebot: Ware 1. Wahl und Ware der aktuellen Saison. Herrenanzüge, -sakkos, -mäntel, -sportswear (Jeans, Shirts, sportliche Hemden), Lederjacken, modische Parkas, Blousons, Hemden, Krawatten und Gürtel. Brandneu im Sortiment: Damenbekleidung.

Ersparnis: 40 Prozent auf aktuelle Ware. 2. Wahl und alte Ware wesentlich günstiger.

Einkaufssituation: professioneller Fabrikverkauf in neuen Räumen auf ca. 3000 m². Erdgeschoss: Anzüge, Sakkos, Hosen, Mäntel. 2. Obergeschoss: Sportswear, Lederjacken, Hemden, Pullover, Krawatten. Kellergeschoss: 2.-Wahl-Ware.

Firma: Miltenberger Otto Aulbach GmbH, Frühlingstraße 17, 63897 Miltenberg, Tel.: 0 93 71/ 40 00-0, Fax: 8 06 67.

Öffnungszeiten: Freitag 13.00 bis 18.00 Uhr, Samstag von 8.00 bis 13.00 Uhr.

Streckenbeschreibung: A 3 von Frankfurt kommend, Ausfahrt Miltenberg/Obernburg, km 206, bis Ortsende Miltenberg auf Eichenbühler Straße fahren. Links vor Möbelfabrik Rauch nach rückwärts versetzt Firmenaufschrift am Gebäude Miltenberger.
A 3 aus Richtung Würzburg: Ausfahrt Wertheim-Miltenberg, km 262. Richtung Hardheim/Eichenbühl.

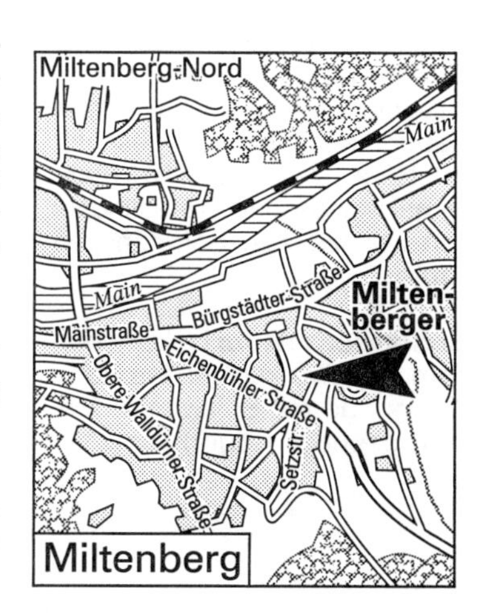

HEFA **SCHIESSER** **LEVIS**

WRANGLER **SEIDENSTICKER**

Volltreffer

Hefa Moden produziert zu 100 Prozent in Deutschland. Im Fabrikverkauf werden zu den eigenen viele bekannte Marken angeboten.

Warenangebot: Damen- und Herrenmode: komplettes Bekleidungsangebot von der Unterwäsche bis zum Mantel. Sportmoden: Trainingsanzüge, T-Shirts, Poloshirts, Jogginganzüge.

Ersparnis: 20 bis 30 Prozent Ermäßigung auf 1.-Wahl-Ware; Preisbeispiele: Damenpulli 69 DM, Herrenblazer 199 DM, Damenbluse 79 DM. Im Sommer-/Winterschlussverkauf nochmals 40 Prozent reduziert.

Einkaufssituation: Das Schild „Direktverkauf" weist darauf hin, dass der Verkauf nicht, wie man glauben kann, ein Fachgeschäft ist; Hefa-Restaurant, wo manchmal Modeschauen stattfinden; von Zeit zu Zeit Sonntagsverkauf.

Besonderheiten: Links neben dem Direktverkauf ist das Rofu-Kinderland mit Spielwaren (ca. 20 Prozent günstiger).

Firma: Hefa Moden, Heinrich Faust GmbH & Co., Bahnhofstraße 24, 63853 Mömlingen, Telefon: 0 60 22/3 00 90, Fax: 30 09 20.

Öffnungszeiten: Montag bis Mittwoch 9.00 bis 19.00 Uhr, Donnerstag und Freitag bis 20.00 Uhr, Samstag 9.00 bis 16.00 Uhr.

Streckenbeschreibung: Mömlingen liegt südlich von Aschaffenburg; von Frankfurt auf A 3 Richtung Würzburg, Ausfahrt Stockstadt, über Obernburg nach Mömlingen; in Mömlingen vor Ortsende ist rechter Hand die Firma, Parkplätze vor dem Gebäude (übersichtlich beschildert) **(siehe Orientierungskarte Seite 197).**

SCHILDMANN **K. RICCARDO**

ROFAN-TRACHT

Solides für den Herrn

Auf kurzlebige Trendmode kann die Firma gut und gern verzichten: Das eher konservative Standardprogramm und die Trachtenmode ist heute wie morgen tragbar, die gute Qualität sorgt dafür.

Warenangebot: Anzüge, Sakkos, Hosen, Hemden, Krawatten, Trachtenjacken und -pullis, Bundhosen und -strümpfe.

Ersparnis: Außer den Angeboten Rinaldo-Hemden zu 49 DM bei unserem Besuch, keine generelle Preisauszeichnung: Die Verkäuferin hilft weiter; beispielsweise kosten die Sakkos alle um 200 DM, Herrenhemden (regulär) 69 DM, Seidenkrawatten 49 DM. Das Ersparte liegt zwischen 20 und 30 Prozent.

Einkaufssituation: Präsentation auf einfachen Ständerreihen, jedoch übersichtlich und luftig. Kundenparkplätze direkt vor dem gut erkennbaren Verkauf; Beratung durch eine Fachverkäuferin. Parkplätze am Haus.

Besonderheiten: Hefa-Moden und Fa. Vogel führen auch Herrenbekleidung.

Firma: Schildmann GmbH, Odenwaldstraße 24, 63853 Mömlingen, Telefon: 0 60 22/ 6 84 20, Fax: 3 81 84.

Öffnungszeiten: Montag bis Freitag 9.00 bis 12.00 Uhr und 14.30 bis 18.00 Uhr, Samstag 9.00 bis 13.00 Uhr. 4 × im Jahr verkaufsoffener Sonntag, Datum auf Anfrage.

Streckenbeschreibung: Mömlingen liegt südlich von Aschaffenburg; von Frankfurt kommend, auf A 3 Richtung Würzburg, Ausfahrt Stockstadt; über Obernburg nach Mömlingen; ca. 150 m vor Ortsende ist rechts die Firma, deren Firmenname zum architektonischen Stil des Hauses passt (noch vor Hefa-Moden) **(siehe Orientierungskarte Seite 197).**

MOLLS

Maßarbeit mit feinem Zwirn

Die Anzüge tendieren Richtung zeitlosen-englischen Stil, so dass die individuellen Anzüge auch morgen noch tragbar sind. Ware für Herren, die sich in keine hochmodische Norm einpassen lassen.

Warenangebot: ein kleines Angebot an fertigen Sakkos sowie Jockey-Herrenhemden, Jockey-Pullover, Unterwäsche, Olymp-Hemden, Elbeo-Socken und Krawatten.

Ersparnis: Fertigware: Jockey-Hemden 62 DM, Sakko 245 DM. Die Maßanzüge kosten durchschnittlich um 600 DM.

Einkaufssituation: Der Eingang zum Verkauf ist in der Frankenstraße 14, der Rückseite des Gebäudes. Die Auswahl findet im Vorzimmer statt, wo die Stoffe aushängen, die Fertigteile ausgestellt sind. Maßabnahme oder Anprobe im Umkleidezimmer.

Besonderheiten: Ein perfekt geschneiderter und individueller Anzug kostet hier nur wenig mehr als Anzüge von der Stange.

Firma: Molls Maßkonfektion, Obernburger Straße 49, 63853 Mömlingen, Telefon: 0 60 22/ 32 40, Fax: 3 08 59.

Öffnungszeiten: Montag bis Freitag 8.00 bis 12.00 Uhr, Samstag 9.00 bis 12.00 Uhr, nachmittags nach telefonischer Vereinbarung, Sommer- und Winterurlaub.

Streckenbeschreibung: Mömlingen liegt südlich von Aschaffenburg; von Frankfurt kommend auf der A 3 Richtung Würzburg, Ausfahrt Stockstadt; über Obernburg nach Mömlingen, nach Ortseingang Firma rechte Seite (30 m) **(siehe Orientierungskarte Seite 197).**

VOGEL-MODELLE **ADVANTAGE** **VERSE**
SUBLINE **MARTINA S.**

Individualität auf einen Blick

Ansehen ist auch eine Sache des Aussehens. So gesehen führt Vogel ein individuelles Angebot für junge Frauen jeden Alters. Für diese Mode gibt es immer einen Anlass. Die jahrzehntelange Erfahrung in Maßkonfektion für Sakkos, Anzüge und Hosen garantiert fachgerechte und hochwertige Verarbeitung.

Warenangebot: Maßkonfektion für Sakkos, Anzüge und Hosen zu Preisen ab Werk; Ware von der Stange: Komplettes Bekleidungsprogramm für Damen und Herren inklusive Mäntel und Jacken.

Ersparnis: Ware von der Stange 20 bis 35 Prozent Ersparnis; Preisbeispiele: Legging-Kombination (2tlg.) 129 DM, Bluse 125 DM, Winterjacke 198 DM. Angebot aus der Fundgrube: alle Kleider 69 DM.

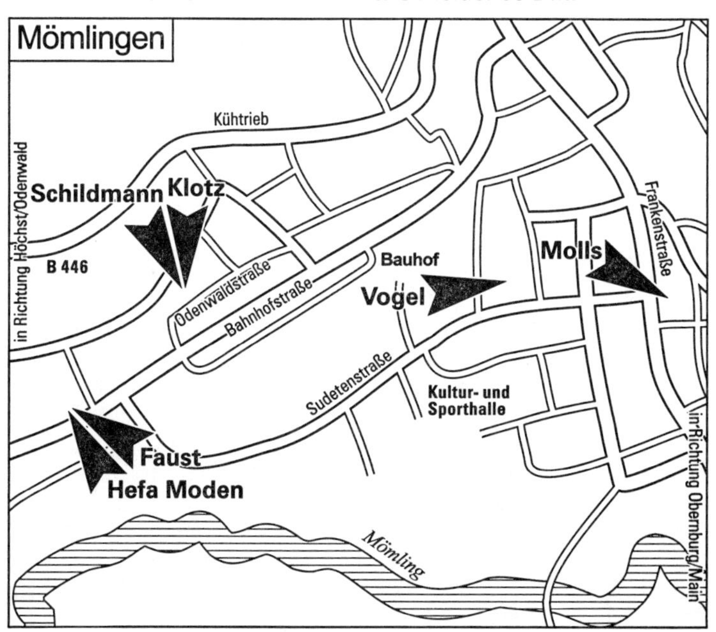

Im Sommer-/Winterschlussverkauf nochmals bis 50 Prozent reduziert.

Einkaufssituation: Die reguläre Ware ist wie im Fachgeschäft präsentiert, hinter den Umkleidekabinen ist die Fundgrube mit 2. Wahl und Restpostenangeboten. Parkplätze direkt am Werk. Änderungen werden innerhalb einer Stunde erledigt.

Besonderheiten: In der Fundgrube gibt's oft auch Reste aus der Produktion, z. B. Stoffreste zu 5 DM oder 3 Nähgarne zu 1 DM.

Firma: Vogel GmbH & Co. KG, Sudetenstraße 8–12, 63853 Mömlingen, Telefon: 0 60 22/ 68 53 15, Fax: 34 50.

Öffnungszeiten: Montag bis Freitag 9.00 bis 19.00 Uhr, Samstag 9.00 bis 16.00 Uhr.

Streckenbeschreibung: Mömlingen liegt südlich von Aschaffenburg; von Frankfurt kommend, A 3 Richtung Würzburg, Abfahrt Stockstadt; über Obernburg nach Mömlingen. Nach Ortseingangsschild 2. Straße links, gut ausgeschildert.

BRAUN

Linie der Verführung

Braun ist führender Anbieter von qualitativ hochwertiger Uni-Damennachtwäsche mit farblich abgestimmten Spitzen- und Motiveinsätzen oder Stickerei und Bettjacken.

Warenangebot: Nachthemden, Schlafanzüge, Haus- und Morgenmäntel, Hausanzüge, Bettjacken, Strandkleider für Damen und 100 Prozent Baumwollstoffen, Nicki, Frottier, Flausch in 1b-Qualität und Musterstücken; Strickbettjacken aus Wolle, Baumwolle und Mischung.

Ersparnis: Es werden nur 2. Wahl oder Muster- und Vertreter-Kollektionen angeboten mit einer Ersparnis zwischen 40 und 70 Prozent.

Einkaufssituation: freundliche Beratung.

Besonderheiten: Der Westerwald ist bekannt für seine blaugrauen Tonerzeugnisse. Vielfältige Einkaufsmöglichkeiten in der Nähe.

Firma: R. Braun & Co. KG, Hohe Straße 21, 56410 Montabaur, Telefon: 02602/4519, Fax: 18191.

Öffnungszeiten: Donnerstag von 13.00 bis 17.00 Uhr.

Streckenbeschreibung: A 3 zwischen Frankfurt und Köln, Autobahnabfahrt Montabaur, Richtung Stadtmitte, rechts zum Bahnhof, vor Bahnhof rechts, dann nach 500 Metern links Fabrikverkauf.

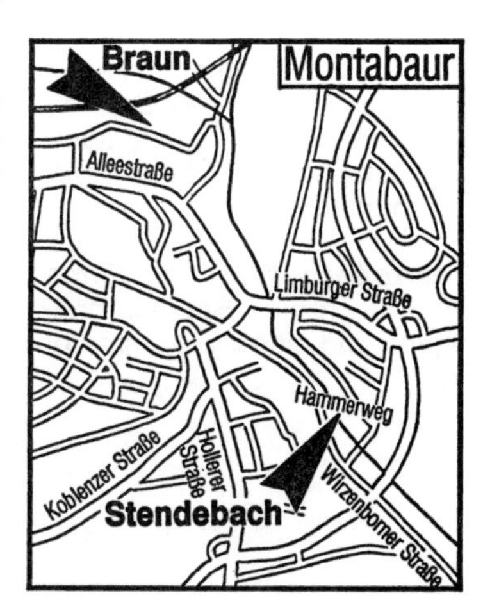

ESM NASCH

Natürlich Schlafen

„Rund ums Bett“ könnte der Slogan der Bettwarenhersteller lauten, denn kuschelweiche Decken, gesundheitsfördernde Matratzen oder pralle Kopfkissen säumen die Wandregale der Bettspezialisten.

Warenangebot: Bettwaren mit Feder- und Dauenfüllung, Synthetik (Microfaser) und Naturhaar (Schurwolle, Kamelhaar, Cashmere). Massivholzbettgestelle, Wasserbetten, Matratzen, Lattenroste.

Ersparnis: 30 bis 40 Prozent, alles beste Qualität. Daunen-Karo-Steppdecke 1,35 × 2,00 m: 179 DM. Kaschmir-Decke 398 DM, Mehrzonen-Latexmatratze 349 DM. Vorführ- und Messeartikel sind um 45 bis 55 Prozent reduziert.

Einkaufssituation: Verkaufsladen mit Schaufenster. Die Produkte sind mit Preisangaben ausgezeichnet. Verkäufer beraten kompetent.

Besonderheiten: Die Firma bietet auch eine Bettfedernreinigung und eine Wollkämmerei an.

Firma: ESM Bettwaren Stendebach & Co., Hammerweg 1–3, 56410 Montabaur, Telefon: 02602/99432-0, Fax: 994322.

Öffnungszeiten: Montag bis Freitag 8.30 bis 19.00 Uhr, Samstag 9.00 bis 14.00 Uhr.

Streckenbeschreibung: Montabaur liegt nordwestlich von Limburg. Auf der B 49 nach Montabaur. 2. Möglichkeit nach links abbiegen, Richtung Gelbachtal, nach 500 Metern links über Brücke. Parkplätze vorhanden **(siehe Orientierungskarte Seite 199).**

SANETTA **WÖRZ** **KANZ**

Die lieben Kleinen

Die Firma Kinderbest verkauft gute und preiswerte selbsthergestellte Ware. Im Angebot aber auch sorgfältig zugekaufte Ware, die den Qualitätserwartungen standhält, zu Preisen, bei denen es sich lohnt, vorbeizuschauen.

Warenangebot: Baby- und Kinderbekleidung der Größe 56–176: Strampelanzüge, Kleider, Hosen, Röcke, Blusen, Jacken, Anoraks, Sweatshirts, T-Shirts, aber auch Schlafsäcke, Bettwäsche und Wolldecken. 1.-Wahl-Qualität.

Ersparnis: 30 bis 45 Prozent. Schlafsack (90 cm) 54 DM. Sweatshirt 23 DM. Kinderdecke 25 DM, Wolldecke 20 DM, gefütterter Anorak 49,90 DM. Im Sommer-/Winterschlussverkauf nochmals 10 Prozent reduziert.

Einkaufssituation: heller Verkaufsraum; freundliche Verkäuferin, die nach individuellen Bedürfnissen berät. Zusätzlicher Schnäppchenraum. Eingang ist hinter ehemaliger Produktionshalle.

Firma: Kinderbest, Schmidt, Wenigerath 138, 54497 Morbach, Telefon und Fax: 0 65 33/45 87.

Öffnungszeiten: Montag bis Mittwoch 9.00 bis 18.00 Uhr, Donnerstag und Freitag 9.00 bis 19.00 Uhr, Samstag 9.00 bis 14.00 Uhr.

Streckenbeschreibung: Morbach/Wenigerath liegt nordwestlich von Idar-Oberstein. Auf der B 422 und B 269 nach Allenbach und Morbach. Durch Morbach Richtung Koblenz bis zum Hinweisschild nach Wenigerath. Im Ort liegt Kinderbest nach 50 m auf der rechten Seite.

FASHION OUTLET

Internationales Factory Outlet

Die Idee kommt aus Amerika. Über 50 internationale Hersteller sind in diesem Outlet mit einem Riesenangebot von aktueller Mode vertreten.

Warenangebot: aktuelles Warenangebot der laufenden Saison von mehr als 50 Herstellern in den Bereichen Herrenoberbekleidung, Damenoberbekleidung, Young-Fashion, Baby- und Kinderbekleidung, Krawatten, Schals, Unter- und Nachtwäsche, Schuhe etc.

Ersparnis: unterschiedlich, je nach Firma. 40 bis 60 Prozent Überhänge aus Lagerräumung etc., zum Teil noch günstiger. Beispiel: Herren-Anzug von 779 DM auf 299 DM. Im Sommer-/Winterschlussverkauf nochmals bis 70 Prozent reduziert.

Einkaufssituation: Ausstattung einer Lagerhalle, ca. 1 600 m² Verkaufsfläche, 11 Umkleidekabinen, Ware nach Firmengruppe übersichtlich sortiert. Freundliches Verkaufspersonal. Sehr große Auswahl. Neu ist das Kinderland mit großer Auswahl italienischer und deutscher Kindermode.

Firma: fashion outlet, Verkauf für Hersteller GmbH, 64546 Mörfelden-Walldorf, Hessenring 4c, Telefon: 0 61 05/29 00, Fax: 29 02, e-mail: fashion.outlet.moerfelden@t-online.de.

Öffnungszeiten: Montag bis Freitag 10.00 bis 20.00 Uhr, Samstag 9.30 bis 16.00 Uhr.

Streckenbeschreibung:
A 5 (Karlsruhe–Frankfurt), Ausfahrt Langen/Mörfelden. Dann auf B 486 Richtung Mörfelden, 1. Ampel rechts.

Weitere Verkaufsstelle:
73466 Lauchheim, Mittelhoferweg 23, Telefon: 0 73 63/50 21, Fax: 50 22.

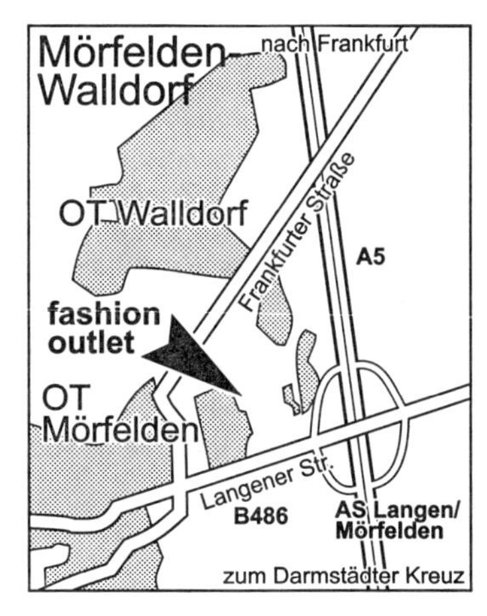

MAHLAU

Je später der Abend...

...um so glänzender Ihr Auftritt: Dekolleté betonende Abendkleider, das „kleine Schwarze“ aus verschiedenen Stoffarten, funkelnde Kleider. Das Angebot an Kleidern für den Tag ist deutlich ideenreicher geworden.

Warenangebot: Kleider für jeden Tag, Abendgarderobe, Blazer, Röcke, Blusen und Kostüme.

Ersparnis: 30 bis 40 Prozent Ersparnis: Blazer (Saisonschluss) 45 DM, Kleider meist zwischen 70 DM und 100 DM, „das kleine Schwarze“ für den Abend 60 DM, Strickstoffrest (3 Meter) 25,20 DM.

Einkaufssituation: Ab November werden die Verkaufsfläche und das Sortiment erweitert. Einfache und übersichtliche Präsentation soll dem Kunden das Einkaufen erleichtern.

Besonderheiten: hervorragendes Angebot an Abendkleidern. Neu: erweitertes Sortiment für jede Tageszeit.

Firma: Mahlau GmbH, Philipp-Reis-Straße 11, 63165 Mühlheim/Main, Tel.: 06108/90450, Fax: 77021.

Öffnungszeiten: Montag und Mittwoch 8.30 bis 12.30 und 13.30 bis 16.30 Uhr, Freitag 8.30 bis 12.30 Uhr. An den anderen Tagen ist geschlossen.

Streckenbeschreibung: Mühlheim liegt östlich von Frankfurt; in Mühlheim Richtung Gewerbegebiet, nach der Brücke rechts, die 2. Straße links; Firma nach 100 Metern rechte Seite; Kundenparkplätze.

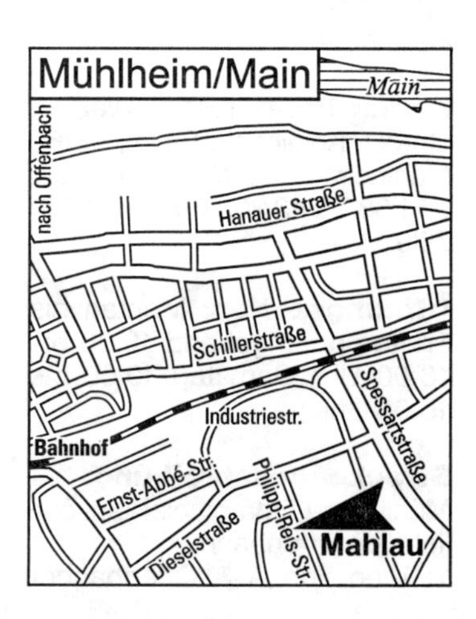

TRAVELLER **OTTO KERN** **RENÉ LEZARD**

Packen Sie ein!

Die Firma Traveller gehört seit 1919 zu den führenden Herstellern von Lederwaren. Sorgfältigste Verarbeitung und beste Materialien sind selbstverständlich.

Warenangebot: der Original Traveller mit Laptop-Fach, Reisegepäck in Leder sowie in Nylon mit Rollen, Lederaccessoires, Brieftaschen, Portemonnaies etc., sowie die Lederserien von Otto Kern und René Lezard.

Ersparnis: Kollektions- und Musterteile, Auslaufmodelle und Restposten, 2. Wahl. Ersparnis bis 40 Prozent. Preisaktionen bei Auslaufmodellen nochmals 20 Prozent reduziert.

Einkaufssituation: übersichtliche Warenpräsentation. Fachkundige Beratung.

Firma: Traveller Jean Weipert GmbH, Kolpingstraße 18, 63165 Mühlheim-Lämmerspiel, Telefon: 0 61 08/90 42 26, Fax: 0 61 08/ 7 79 41.

Öffnungszeiten: Montag bis Freitag durchgehend 10.00 bis 18.00 Uhr, Samstag 10.00 bis 15.00 Uhr.

Streckenbeschreibung:
Mühlheim-Lämmerspiel liegt östlich von Offenbach.
1: Weg von A 3 Offenbacher Kreuz in Richtung Würzburg: zweite Ausfahrt Hanau. In der Abfahrt auf rechter Spur bleiben. Durch die nächsten beiden Kreisel Richtung Hanau. Nach letztem Kreisel Richtung Hanau auf der ganz linken Spur halten Richtung Steinheim. Ausfahrt Steinheim, dann Richtung Lämmerspiel.
2: Weg von A 3 aus Richtung Würzburg kommend: nach Raststätte Weiskirchen Ausfahrt Hanau. Über beide Kreisel Richtung Hanau. Dann weiter wie unter 1. beschrieben.

ADRIAN

Unbegrenzte Möglichkeiten

Es wird sowohl von der Stange gekauft, als auch die Möglichkeit der individuellen Beratung genutzt, um die eigene Garnitur nach Zusammenstellung (auch auf Maß) und Bezug (Stoff und Leder) individuell zu kreieren. Es bestehen zahlreiche Möglichkeiten für Sonderanfertigungen hinsichtlich Sitzhöhe, -neigung und -tiefe; interessant für große, kleine oder rückengeschädigte Menschen.

Warenangebot: Sitzgarnituren und Wohnlandschaften fürs Wohnzimmer, Sessel, Sofas, Objekteinrichtungen, Sonderanfertigungen, Muster- und Einzelteile.

Ersparnis: 30 bis 50 Prozent Ersparnis im Lagerverkauf, 15 bis 30 Prozent im individuellen Verkauf, 3-2-1-Garnituren in guter Qualität um 2000 DM.

Einkaufssituation: großzügige Präsentation im Ausstellungsraum, große Stoffmuster; Preisauszeichnung; eine große Fensterfront ermöglicht die Betrachtung auch im Tageslicht. Parkmöglichkeiten im Hof.

Besonderheiten: neben den gewohnten Kollektionen Möglichkeit der Sonderanfertigung, einzigartige, originelle Musterstücke, die durch Ausprobieren von neuen Farben und Designs entstehen.

Firma: Wilhelm Adrian GmbH, Polstermöbelfabrik, Kurfürst-Balduin-Straße 32, 56294 Münstermaifeld, Telefon: 0 26 05/ 20 49, Fax: 41 05.

Öffnungszeiten: Montag bis Freitag 9.00 bis 18.00 Uhr, Samstag 9.00 bis 14.00 Uhr.

Streckenbeschreibung: A 48 (Koblenz–Trier, Abfahrten Ochtendung, Polch/Münstermaifeld). In Münstermaifeld Richtung Burg Eltz, die Firma ist kurz vor Ortsende rechts.

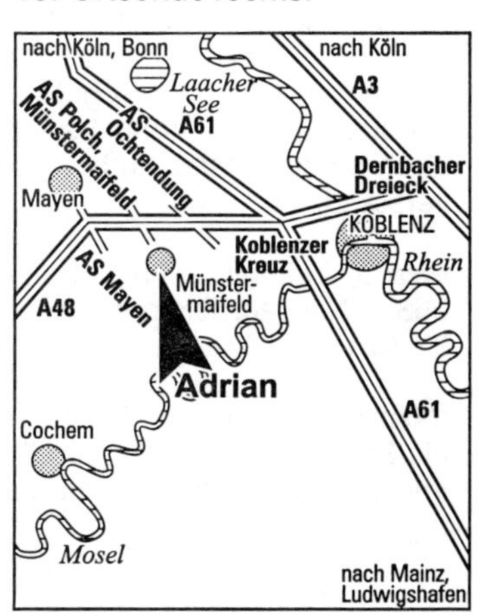

LEIFHEIT

Leifheit – die Ideenbörse

Eine Küche ohne Leifheit ist wie eine Dose ohne Öffner. Die weltbekannte Firma bietet Problemlösungen in absoluter Markenqualität an. Dazu gehören auch Marken wie „Spirella", „Dr.-Oetker-Backgeräte" oder die „kleine Wolke": Spitzenprodukte am laufenden Haushaltsmeter.

Warenangebot: Die gesamte Haushaltspalette, von der Knoblauchpresse über den Wasserfilter bis zur Wäschespinne.

Ersparnis: zwischen 30 und 50 Prozent. Wäsche- und Badetuchhalter 25 DM, Wasserfilter mit Filterpatrone 20,70 DM, Textilbürste 5,90 DM. Im 2.-Wahl-Bereich: Knoblauchpresse 4,90 DM, Dosenöffner 6 DM.

Einkaufssituation: ansprechende Warenpräsentation im Ladengeschäft. 2.-Wahl-Artikel in extra Körben, Verkäuferin gibt gerne Auskunft im gut besuchten Laden. Große Papiertüten an der Kasse sind selbstverständlich.

Firma: Leifheit, Leifheitstraße, 56377 Nassau, Telefon: 02604/ 9770, Fax: 977300.

Öffnungszeiten: Dienstag bis Freitag 14.00 bis 17.00 Uhr. Im Sommer zusätzlich Samstag 9.00 bis 12.00 Uhr.

Weitere Verkaufsstelle: 74939 Zuzenhausen bei Heidelberg, Gewerbegebiet, Telefon: 06226/520, Öffnungszeiten: nur am Mittwoch 14.00 bis 18.00 Uhr.

Streckenbeschreibung: auf der B 260 nach Nassau. Im Ort auf B 260 bleiben. Hinter Bahnübergang links, ab hier ist der Weg beschildert, Parkplätze vorhanden.

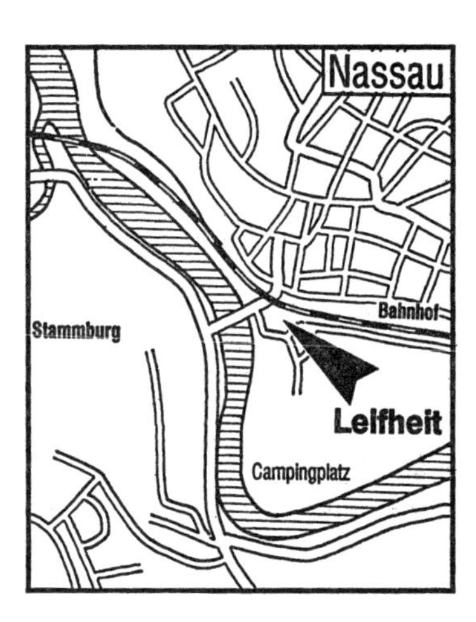

OUTFITTER FIVE

Sport immer im Trend

Der Lagerdirektverkauf von Outfitter Five bietet Markenprodukte bekannter Hersteller anstatt no-name-Ware für eine Saison. Im Vordergrund stehen Service, Beratung und natürlich ein günstiger Preis.

Warenangebot: Tennisschläger, Golfequipment, Skier und Snowboards, Sportschuhe aus allen Sportbereichen, Inline-Skates, Fitnessgeräte sowie Sport- und Freizeitbekleidung. Hauptsächlich Markenartikel führender Hersteller.

Ersparnis: Aktuelle Modelle liegen unter der Preisempfehlung der Markenhersteller. Auslaufware ist bis zu 70 Prozent reduziert. Preisbeispiele: Prince Tennisschläger anstatt 329 DM für 99 DM; Levis-Jeans 501 für 99 DM. Im Sommer-/Winterschlussverkauf nochmals 20 bis 50 Prozent reduziert.

Einkaufssituation: im Innenhof parken und den Wegweisern folgen. Sachliche überschaubare Präsentation. Obwohl Discountkonzept fehlt es an fachlicher Beratung nicht.

Firma: Outfitter Five GmbH, Gravenbruchring 77–81, 63263 Neu-Isenburg, Telefon: 0 61 02/ 7 77 55, Fax: 0 61 02/77 75 77, Internet: www.outfitter.de.

Öffnungszeiten: Montag bis Freitag 11.00 bis 18.30 Uhr durchgehend, Samstag 10.00 bis 14.00 Uhr.

Streckenbeschreibung: A 3 bis Offenbacher Kreuz; Abfahrt Offenbach Süd; im Kreisel Abfahrt Neu-Isenburg, dann die erste Straße rechts (Gravenbruchring). Die Firma befindet sich nach ca. 2 km auf der linken Seite.

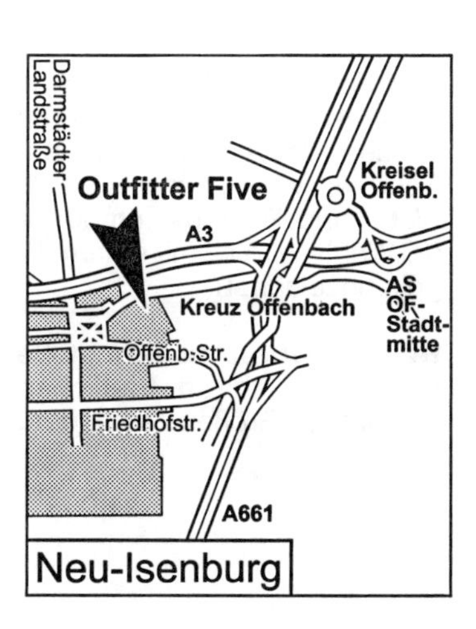

RÜTGERS

Modern Woman

Mal im flippigen Style, mal modern, mal elegant, mal pfiffig, aber mit außergewöhnlichem Schick. So präsentieren sich die Hosen, Röcke und Blusen der Firma Rütgers.

Warenangebot: Basis-Kollektion: Röcke, Hosen, Blusen in unterschiedlichsten Designs und Längen. Modische Trendkollektionen: Leggingkombinationen machen den Renner in dieser Saison.

Ersparnis: 1.-Wahl-Ware 20 bis 30 Prozent reduziert, 2.-Wahl-Sonderposten 40 Prozent. Preisbeispiele: lange Blusen (zu Leggings oder Jeans) um 50 DM, Blusen im T-Shirt-Schnitt 29 DM.

Einkaufssituation: Ware wird im Boutiquestil angeboten, Fachberatung; die schwungvollen Western-Salontüren führen zu den Umkleidekabinen; auf Sonderständern hängen die 2.-Wahl- und Restpostenmodelle (2.-Wahl-Ware ist mit einem „F" gekennzeichnet).

Besonderheiten: Sehr große Auswahl auch an fraulichen und großen Größen vorhanden.

Firma: Rolf Rütgers, Röcke, Blusen, Hosen, Industriestraße 11, 63543 Neuberg-Ravolzhausen, Telefon: 0 61 83/9 10 80, Fax: 91 08 20.

Öffnungszeiten: Montag bis Freitag 13.00 bis 18.00 Uhr.

Streckenbeschreibung: Neuberg-Ravolzhausen liegt nordöstlich von Frankfurt; vor Ortsanfang (von Frankfurt kommend) rechts Richtung Gewerbegebiet, auf dieser Industriestraße ca. 300 m geradeaus, Firma links.

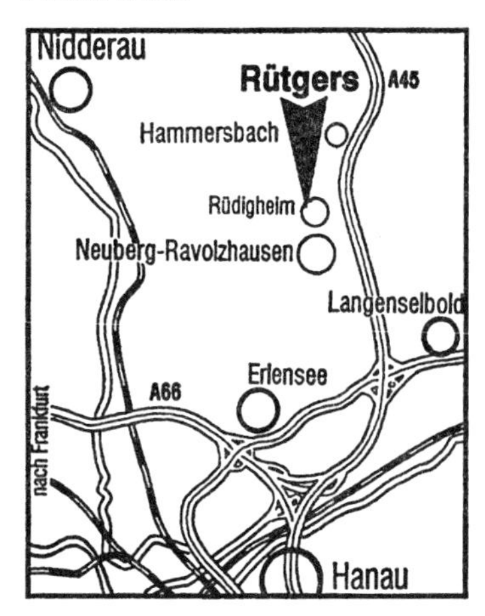

TRIGEMA

Made in Germany

Seit 1975 Deutschlands größter T-Shirt-Hersteller, seit 1977 größter Tennis-Bekleidungs-Hersteller, beste deutsche Markenqualität. Ware tragbar für jedermann, klassisch sportlich. Trigema produziert die Stoffe selbst, rüstet aus, druckt und konfektioniert in fünf Werken.

Warenangebot: Händler-Katalog-Angebot für Damen, Herren und Kinder.

Ersparnis: Händler-Einkaufspreis zuzüglich Mehrwertsteuer ist der Preis den man hier bezahlt. Der Kunde bekommt 1.-Wahl-Ware exakt zum selben Preis wie der Einzelhändler. Händlerkatalog ist nur für Wiederverkäufer. An den Kassen einsehbar.

Einkaufssituation: gute Präsentation der Waren, volles Katalogangebot, genügend Parkplätze.

Firma: Trigema-Verkauf, Weyerswiesenstraße, 36286 Neuenstein-Aua bei Bad Hersfeld, Telefon und Fax: 06677/91 90 05.

Öffnungszeiten: Montag bis Freitag 9.00 bis 18.00 Uhr, Samstag 9.00 bis 14.00 Uhr.

Streckenbeschreibung:
Neuenstein-Aua liegt in der Nähe von Bad Hersfeld an der A 7 zwischen Fulda und Kassel, A 7, Abfahrt Bad Hersfeld-West. Neuenstein-Aua ist 1. Ort auf Ostseite der Autobahn. Weyerswiesenstraße im Ortszentrum. Von Bad Hersfeld die B 324 nordwestlich in Richtung Autobahnzubringer Bad Hersfeld-West nach Neuenstein-Aua.

Weitere Verkaufsstelle:
53489 Sinzig, Entenweiherweg 12, Montag bis Freitag 9.00 bis 18.00 Uhr, Samstag 9.00 bis 14.00 Uhr, Telefon und Fax: 0 26 42/98 15 35.

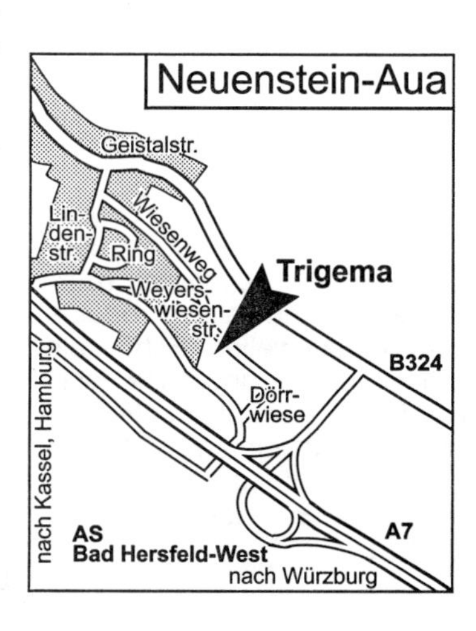

NAFA FEINKOST

Haben Sie Appetit auf Salate?

Durch rasche Verarbeitung frischer Agrarprodukte und Würzung mit natürlichen Zutaten entstehen Salate, die wertvoll, leicht bekömmlich, knackig-frisch und lecker sind. Für die Familie, auf Partys, bei Geschäftsessen sowie in Kantinen und Restaurants – NAFA Salate sind fertig, erfrischend und schmackhaft.

Warenangebot: über 70 Sorten Feinkostsalate und Rohkostsalate: Nudelsalate, Reissalate, Weißkrautsalate, Kartoffelsalate, Wurstsalate, Eiersalat, Blumenkohlsalat, Shrimpcocktails, Tomatensalate, Rindfleischsalate, Vollwertsalate, Zucchinisalat, Zwiebelsalat, Salatdressings, eingelegte Steaks.

Ersparnis: Preisbeispiele (pro kg): Kartoffelsalat mit Speck 6,90 DM, Eiersalat 9,20 DM, Pfälzer Weißkrautsalat 6,90 DM, italienischer Nudelsalat 9,90 DM, Heringsstipp 12,90 DM, Strassburger Wurstsalat 13,30 DM, Reissalat mit Curry 8,90 DM.

Einkaufssituation: schöner Verkaufsraum. In einer über 10 m langen, gepflegten Kühltheke werden alle Produkte lose in speziellen Schüsseln präsentiert. Freundliches, fachkundiges Personal. Im Großverbraucher-Abholmarkt auf dem gleichen Gelände sind alle Salate auch im 5-kg-Gebinde erhältlich.

Firma: NAFA-Feinkost GmbH, Jahnstraße 69, 67141 Neuhofen, Telefon: 0 62 36/5 30 43, Fax: 5 59 51.

Öffnungszeiten: Montag bis Freitag 8.00 bis 13.00 Uhr, Donnerstag und Freitag auch 14.30 bis 18.00 Uhr.

Streckenbeschreibung: Direkt an der B 9 Speyer–Ludwigshafen, Abfahrt Neuhofen, noch vor dem Ortseingang Neuhofen rechts.

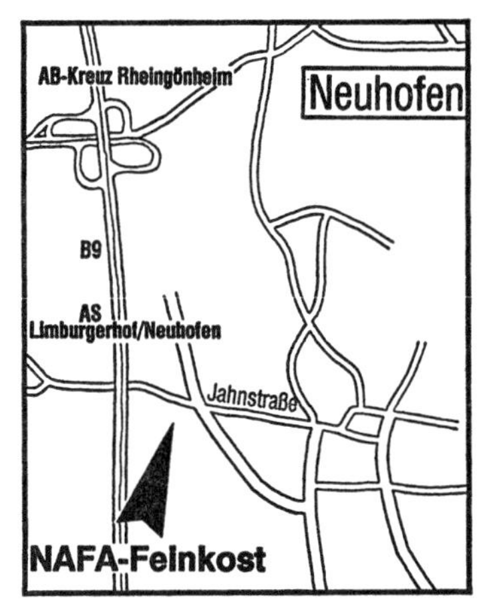

BELLANA

Der besondere Tick

Viele Dinge des täglichen Lebens gibt es in Serie. Bellana-Uhren übertreffen durch ihr exklusives Design und beste Qualitäten die durchschnittliche Massenuhr. Die Zusammenarbeit mit renommierten Herstellern von Schweizer Uhrenteilen und einem Team hochqualifizierter Uhrentechniker bilden die Grundlage für den nun über 40 Jahre anhaltenden Erfolg.

Warenangebot: Damen- und Herrenarmbanduhren größtenteils vergoldet. Armbänder aus Leder oder Titan auch für Allergiker gut verträglich.

Ersparnis: ca. 20 Prozent Ersparnis, alle Uhren liegen grob betrachtet zwischen 100 DM und 550 DM. Preisbeispiele: wasserdichte Damensportuhr 248 DM, Herrenuhr, vergoldet, 286 DM, Herrenuhr (Gehäuse und Band massiv Titan, vergoldet) 396 DM.

Einkaufssituation: am Haupteingang läuten, Verkauf rechts; Ware preisausgezeichnet, kompetente Fachberatung.

Besonderheiten: Das Angebot umfasst mehr als 400 Modelle, die Garantie gilt 2 Jahre.

Firma: Bellana Uhrenfabrik, Giselher Krings, Ringstraße 56, 56564 Neuwied, Telefon: 02631/ 2 09 11, Fax: 3 27 99.

Öffnungszeiten: nur am Dienstag 8.00 bis 16.00 Uhr.

Streckenbeschreibung: Neuwied liegt nördlich von Koblenz; in Neuwied vom Rathaus (sehr gut beschildert) links und die nächste rechts stadtauswärts fahren; die 2. Querstraße rechts in die Geschwister-Scholl-Straße, wiederum die 2. Querstraße ist die Ringstraße; Fabrik im Eckhaus (beschildert).

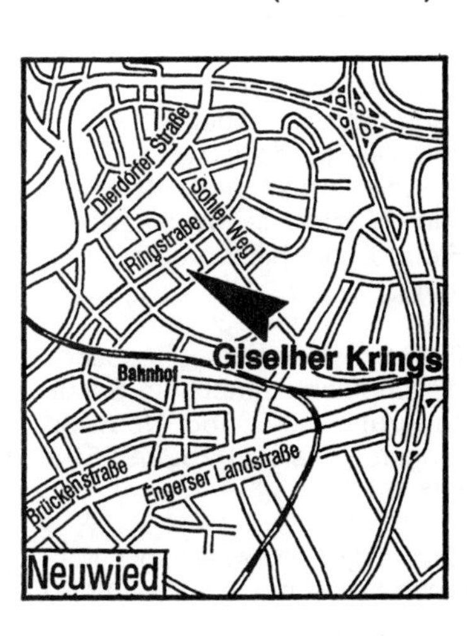

EURESS – STYLED BY REUSSNER

Mode für Nacht, Freizeit und Strand

„Nachts sind alle Katzen grau" – Nicht mit Damennachtwäsche von Euress. Gute Qualität und modischer Chic.

Warenangebot: Damennachthemden und -schlafanzüge, Hausmäntel, Hausanzüge, Strand- und Freizeitmode und Leggings. Verarbeitet werden vornehmlich Single-Jersey, Webware, Viskose, Satin, Frottee und Nicky. Ebenfalls im Angebot: Musterstoffe in den obengenannten Materialien.

Ersparnis: zwischen 30 und 50 Prozent Ersparnis gegenüber dem Handel. Bei 1b-Ware und Musterteilen in Größe 40 sogar noch darüber.

Einkaufssituation: abgetrennter Verkaufsbereich im Lager. Die Modelle werden am Ständer präsentiert. 1b-Ware und Muster in Wühlkartons. Freundliche, hilfsbereite Bedienung.

Firma: Heinrich Reussner, Wäschefabrik GmbH, Im Schützengrund 3, 56566 Neuwied (Engers), Telefon: 02622/92590, Fax: 5451.

Öffnungszeiten: jeden 1. Mittwoch im Monat 9.00 bis 12.00 und 13.00 bis 17.00 Uhr. Bitte unbedingt vorher anrufen! Großer Fabriksonderverkauf nur zweimal im Jahr (Mai, November).

Streckenbeschreibung: Die Firma liegt in Neuwied, Ortsteil Engers. Aus Richtung Frankfurt ist sie zu erreichen über die A 3, Dernbacher Dreieck auf A 48, Abfahrt Neuwied, in Bendorf auf die B 42. Abfahrt Bendorf, dann links abbiegen auf die alte B 42. Zu erreichen aus Richtung Neuwied auf die B 42, Abfahrt Neuwied-Engers.

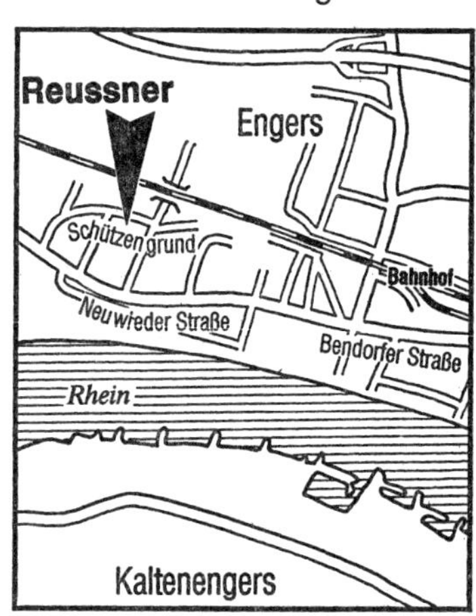

FAHRRAD HALLE

Hier dreht sich alles ums Rad

Seit Jahren Auslieferungslager deutscher Hersteller von Markenfahrrädern und Zubehör.

Warenangebot: deutsche Markenfahrräder 1. und 2. Wahl mit 5-jähriger Garantie auf Rahmen und Gabel, Trekkingräder, MTB's, ATB's, City-Bikes, Tandems, Sporträder, Jugend- und Kinderräder. Die meisten Räder sind mit Shimano- bzw. Fichtel-&-Sachs-Schaltungen ausgerüstet. Ebenfalls große Auswahl an Fahrradzubehör.

Ersparnis: bei 1. Wahl zwischen 25 und 40 Prozent gegenüber Einzelhandel. Bei 2. Wahl (Auslaufmodelle, leichte Lackschäden, Restposten), bei voller Garantie, 50 Prozent und mehr. Fahrräder ab 149 DM. Zum Saisonende nochmals 10 bis 15 Prozent reduziert.

Einkaufssituation: Lagerverkauf in einer 200 m² großen Lagerhalle, mit ausreichenden Parkplätzen und guter Beschilderung.

Firma: Fahrrad Halle, Breslauer Straße 11, 63667 Nidda-Harb, Telefon: 0 60 43/96 29 15, Fax: 0 60 43/65 68.

Öffnungszeiten: Donnerstag 16.00 bis 20.00 Uhr, Freitag 14.00 bis 18.00 Uhr, Samstag 9.00 bis 13.00 Uhr.

Streckenbeschreibung: Sauerlandlinie A 45, zwischen Hanau und Gießen, Abfahrt Wölfersheim. Der B 455 ca. 10 km in Richtung Nidda folgend, bis Ortsteil Harb. Hinter der Fußgängerampel rechts abbiegen, nach 300 m auf der rechten Seite, beschildert **(siehe Orientierungskarte Seite 214).**

JEANS HALL

Marken-Jeans ab Lagerhalle

Fahrräder und aktuelle Jeanswear unter einem Dach. Das passt gut – so kann man gleich gut gestylt in die Freizeit starten. Günstig und gut.

Warenangebot: Markenjeans, T-Shirts, Sweat-Shirts, Hemden, Pullover, Jacken, Kinderbekleidung, Socken, Gürtel, Rucksäcke, Taschen.

Ersparnis: durchschnittlich 30 bis 40 Prozent. Preisbeispiele: Jeans 49 DM, T-Shirt ab 10 DM, Sweat-Shirt ab 29,90 DM. Im Sommer-/Winterschlussverkauf nochmals 30 bis 40 Prozent reduziert.

Einkaufssituation: Lagerverkauf auf 100 m², Umkleidekabinen vorhanden, Warenpräsentation in Regalen und auf Ständern.

Besonderheiten: in unmittelbarer Nähe Lagerverkauf von Fahrradhalle.

Firma: Jeans Hall, Aussiger Straße 7, 63667 Nidda-Harb, Telefon: 0 60 43/95 05 92.

Öffnungszeiten: Donnerstag 16.00 bis 20.00 Uhr, Freitag 14.00 bis 18.00 Uhr, Samstag 9.00 bis 13.00 Uhr.

Streckenbeschreibung: Sauerlandlinie A 45, zwischen Hanau und Gießen, Abfahrt Wölfersheim. Der B 455 ca. 10 km in Richtung Nidda folgend, bis Ortsteil Harb. Hinter der Fußgängerampel links abbiegen, nach ca. 150 m auf der linken Seite, beschildert.

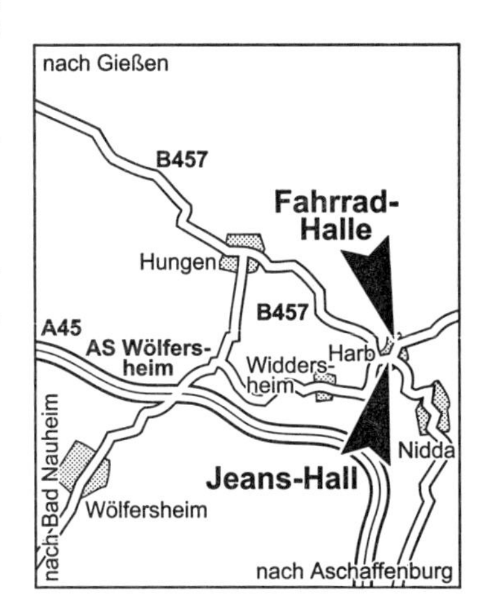

COMTESSE ACCESSOIRES

When Angels Travel

Hochwertige Accessoires in exklusiven Designs. Comtesse produziert einen großen Teil seiner hochwertigen Ware noch in Deutschland. Es wird größte Sorgfalt auf Qualität und Funktionalität gelegt. Nur ausgewählte Materialien werden verarbeitet.

Warenangebot: Handtaschen, Kleinlederwaren und Gürtel in Kalbleder, Strauß, Lack, Kroko, Rosshaar. Seidenkrawatten, Schals und Cashmereartikel.

Ersparnis: bei Kollektionsteilen und Auslaufmodellen bis zu 50 Prozent.

Einkaufssituation: am Haupteinang rechts Klingel, Anmeldung im 1. Stock.

Firma: Comtesse Accessoires GmbH & Co., Friedrich-Ebert-Straße 47–49, 63179 Obertshausen, Telefon: 0 61 04/70 02-0, Fax: 0 61 04/70 02 18.

Öffnungszeiten: Montag bis Donnerstag 8.00 bis 12.00 Uhr und 13.00 bis 16.30 Uhr, Freitag 8.00 bis 12.00 Uhr und 13.00 bis 15.30 Uhr.

Streckenbeschreibung: Autobahn A 3, Ausfahrt Obertshausen, dann L 3117 nach Obertshausen zur Stadtmitte, von dort zum Stadtteil Hausen.

JR

Bärenstark

Der junge Chef hat den Dreh raus: modische Taschen zu sehr günstigen Preisen und zeitlosere elegante und schicke Taschen, die ein klein wenig teurer sind. Die Qualität ist gut.

Warenangebot: Damenhandtaschen, wie man sie in Modezeitschriften unter „Modernem und Originellem" wiederfindet, Ausgehtaschen für viele Gelegenheiten, elegante Abendtaschen, fetzige Collegemappen.

Ersparnis: Auslaufmodelle und Artikel mit kleinen Fehlern aus echtem Leder zu günstigen Preisen: Handtasche Scarlett (Nubuk) 55 DM, ovale Ledertasche 40 DM, Abendtasche (Samt) 24,75 DM. Das Ersparte liegt bei 30 Prozent.

Einkaufssituation: Lagerverkauf im 1. Stock; Eingang ist die zweite Tür (von der Straße); eine Fachfrau aus der Herstellung berät und bedient fachkundig.

Besonderheiten: Die Gegend um Offenbach ist ein wahres Handtaschen-Mekka.

Firma: Jakob Roth, Seligenstädter Straße 41, 63179 Obertshausen-Hausen, Telefon: 06104/ 7 50 77, Fax: 7 24 52.

Öffnungszeiten: Montag bis Donnerstag 8.00 bis 12.00 Uhr und 13.00 bis 17.00 Uhr, Freitag 8.00 bis 12.00 Uhr, Samstag geschlossen.

Streckenbeschreibung: Obertshausen liegt bei Offenbach: von Offenbach Richtung Obertshausen (südöstlich); in Obertshausen links zum Stadtteil Hausen, dort links Richtung Mühlheim; Firma nach 50 m auf der linken Seite.

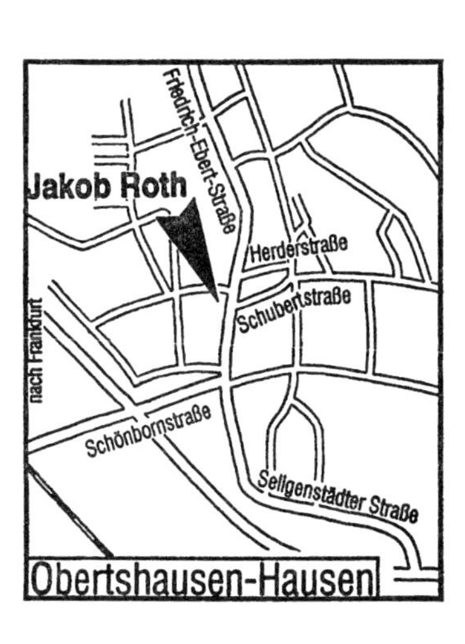

FRITZSCH

Natur pur

Schick, Funktion und Komfort: Stoffe, die alles bieten, was Mode braucht. Das Motto der Firma: Natürlich muss es sein.

Warenangebot: Seiden- und Wollbekleidung für Damen und Herren: Blusen, Röcke, Hosen, Hemden, Kinderunterwäsche, Unterwäsche für Damen, Kleider, Pullover, Jacken, Tops, Leggings sowie Woll- und Seidengarne und Knöpfe; Ware in 1. und 2. Wahl.

Ersparnis: reguläre Ware 20 bis 30 Prozent, Saisonschlussverkäufe 50 bis 70 Prozent günstiger; Preisbeispiele: Tops 10 DM, Blusen 29 DM, Hemden 45 DM, Rollis 59 DM.

Einkaufssituation: gut besuchtes einfaches Ladengeschäft; übersichtlich sortierte Ware und gute Preisauszeichnung.

Besonderheiten: Der Resteverkauf der Fa. Taunus (Dekostoffe) ist schräg gegenüber.

Firma: Christoph Fritzsch GmbH, Wolle und Seide, Tabaksmühlenweg 30, 61440 Oberursel, Telefon und Fax: 0 61 71/ 5 51 86.

Öffnungszeiten: Montag bis Freitag 10.30 bis 17.30 Uhr, Samstag 10.00 bis 13.00 Uhr.

Streckenbeschreibung: Oberursel liegt südlich von Bad Homburg; in Oberursel auf Frankfurter Straße Richtung Frankfurt (Bundesstraße); nach Friedhof (links) die 2. Straße rechts bis zum Ende durchfahren; Firma im vorletzten Haus linke Seite.

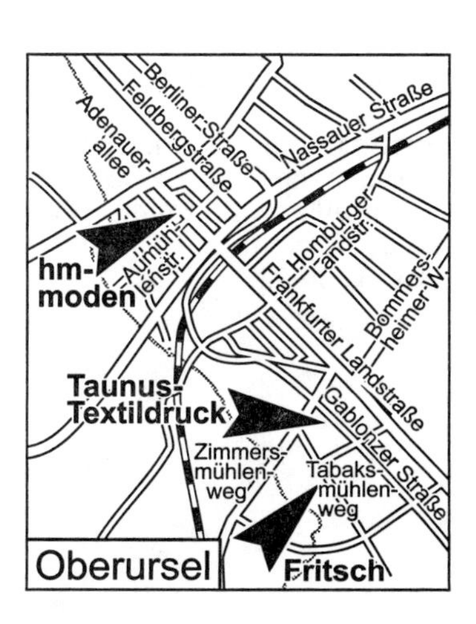

HM-MODEN PUNCHBALL GATO VERDE

Mode in Leder

Das Unternehmen hat einen guten Ruf in der Ledermoden-Branche. Es führt drei Produktlinien: „hm-moden" steht für das mittlere Genre, „Punchball" heißt die junge Mode-Schiene und „Gato Verde" steht für das hochwertige Segment. Modisches Design und solide Verarbeitungsqualität zeichnen die Kollektionen aus. Die Leder reichen von Ziegenvelours über sämtliche Lammqualitäten bis zu Rindmaterial, gewachsenem Pelzvelour und Nappalan.

Warenangebot: Damen- und Herren-Ledermoden: Lederjacken, Parkas, Blousons, Hosen, Westen, Röcke, Mäntel.

Ersparnis: 30 Prozent. Bei Teilen mit kleinen Fehlern und Musterteilen 50 Prozent. Gutes Preis-Leistungsverhältnis.

Einkaufssituation: direkt in der Innenstadt, Parkplätze im Hof. Nur kleines Firmenschild am Haus angebracht. Lageratmosphäre, große Auswahl.

Firma: hm-moden, Harald Meisenbach GmbH & Co., Adenauer Allee 12, 61440 Oberursel, Telefon: 0 61 71/62 84-0, Fax: 62 84-22.

Öffnungszeiten: Samstag 10.00 bis 13.00 Uhr, ansonsten nach telefonischer Rücksprache. Betriebsferien im Juni/Juli, bitte vorher anrufen.

Streckenbeschreibung: Lagerverkauf befindet sich ca. 100 m vom Bahnhof Oberursel entfernt, Adenauer Allee/Ecke Aumühlenstraße **(siehe Orientierungskarte Seite 217).**

TAUNUS TEXTILDRUCK

Aus alt mach neu: mit frischen Dekostoffen

Taunus ist für gute Qualität und flottes Design der Dekorations- und Bezugsstoffe nicht nur im Inland bekannt.

Warenangebot: alles Restposten, 2. Wahl und auslaufende Artikel: bedruckte (größtenteils) und einfarbige Dekorations- und Bezugsstoffe, glänzend oder matt, aus Baumwolle, Velours und Mischgeweben. Designer-Bettwäsche in Top-Qualität, Designer-Tischdecken, transparente Stoffe, bedruckte Stoffe aus Seide.

Ersparnis: 30 bis 40 Prozent; Preisbeispiele: Dekostoff, einfarbig, ab 3 DM/lfm, bedruckte meist um 20 DM/lfm.

Einkaufssituation: Schilder „Taunus Fabrikverkauf" an Längsseite des Gebäudes markieren die Verkaufsräume. Stoffe großzügig in Regalen aufgereiht; Preisauszeichnung pro Meter und für das gesamte Stück. Jetzt neue Verkaufsräume auf insgesamt ca. 200 m^2. Großzügige Präsentation der Stoffe.

Besonderheiten: In der angrenzenden Seitenstraße ist ein Fabrikverkauf für Wolle und Blusen.

Firma: Taunus Textildruck, Zimmersmühlenweg 14–18/Oberurseler Straße, 61440 Oberursel, Telefon: 0 61 71/6 32-2 36, Fax: -2 95.

Öffnungszeiten: Montag bis Freitag 11.00 bis 18.00 Uhr, Samstag 10.00 bis 16.00 Uhr.

Streckenbeschreibung: Oberursel liegt südlich von Bad Homburg; in Oberursel Richtung Frankfurt orientieren; nach dem Friedhof in der Frankfurter Straße (linke Seite) die erste Straße rechts und die erste wieder links. Parkplätze auf der rechten Seite **(siehe Orientierungskarte Seite 217).**

BOGNER LEATHER UNLIMITED

Edel-Leder

Bogner Leather ist ein Begriff für Taschen. Außen elegant, innen funktionell. Markant strukturierte Kalbleder mit natürlichem Griff. Taschen ohne Verfallsdatum. Die Taschen sind traditionelles Handwerk, von ambitionierten Feintäschnern gefertigt.

Warenangebot: nur Auslaufmodelle, 2. Wahl und Lagerüberhänge von Damen-Handtaschen in feinem Leder, Kleinlederwaren wie Geldbörsen, Brieftaschen, Terminplaner, Gürtel und Nylon-Leichtgepäck. Kleine aber feine Herren-Kollektion.

Ersparnis: hochpreisiger Bereich. Eine Damen-Ledertasche für 800 Mark ist im Fachgeschäft normaler Preis. Preisersparnis ca. 40 Prozent. Beispiele: Damenhandtaschen ab 250 bis 800 DM, Geldbeutel 118 DM, Nylon-Leichtgepäck um 100 DM, Gürtel 50 bis 70 DM.

Einkaufssituation: versteckter Verkaufsraum, ca. 20 m² in einer Seitenstraße. Schöne Präsentation, sehr freundliche Bedienung mit großem Fachwissen. Parkplätze auf dem Hof.

Firma: Bogner Leather, Bettinastraße 35 (Seitenstraße bei der Messe), 63067 Offenbach am Main, Telefon: 069/81 10 77-79, Fax: 81 10 54.

Öffnungszeiten: Mittwoch 15.00 bis 18.00 Uhr, Freitag 13.00 bis 16.00 Uhr.

Streckenbeschreibung: A 3 Frankfurt–Würzburg, am Offenbacher Kreuz auf A 661 Richtung Offenbach. Ausfahrt Offenbach Kaiserlei. Den Kreisel an der 2. Ausfahrt verlassen. Links abbiegen in den Goethering, 1. Querstraße rechts ist Bettinastraße. Nach ca. 800 m links Toreinfahrt zum Verkauf.

GOLDPFEIL

Luxus in Leder – seit 1856

International renommierter Hersteller von hochwertigen handgefertigten Lederaccessoires. Perfekte Qualität, Design, Funktion und Verarbeitung. Pflanzlich gegerbte Spezialleder, handgearbeitete Beschlagteile. Anerkannte Modekollektionen.

Warenangebot: 2. Wahl-Ware mit kleinen Fehlern. Damentaschen, Herrentaschen, Gepäck, Mappen, Geschenkartikel, Kleinlederwaren, Gürtel in Leder und Synthetik-Leichtgepäck.

Ersparnis: nur Ware im hochpreisigen Bereich. Jeder Artikel ist durchschnittlich 30% preisreduziert.

Einkaufssituation: separater Eingang im Innenhof des Firmengebäudes (links/beschildert).

Firma: Goldpfeil Aktiengesellschaft, Kaiserstraße 39 bis 49, 63065 Offenbach, Telefon: 069/8 05 02 12, Fax: 8 05 02 77.

Öffnungszeiten: Montag bis Donnerstag 9.00 bis 17.30 Uhr, Freitag 9.00 bis 16.30 Uhr, Samstag 9.00 bis 13.00 Uhr.

Streckenbeschreibung: A 3 und A 661 bis Offenbach Kreuz; auf der Sprendlinger Straße (Autobahnzubringer) Richtung Offenbach-Stadtmitte; diese Straße heißt später Bismarckstraße, dann Rathenaustraße und in der Stadtmitte Kaiserstraße; die Firma ist auf der rechten Seite.

SCHRÖDER & CO.

Qualität in Leder – trotzdem günstig

Seit 1937 Hersteller hochwertiger Lederwaren und Accessoires von sportlich modisch bis klassisch elegant.

Warenangebot: Damen- und Herrentaschen, Brieftaschen, Gürtel, Reise- und Aktentaschen, jegliche Kleinlederwaren und Accessoires.

Ersparnis: alle Artikel mindestens 40 Prozent unter Einzelhandelspreis, größtenteils Herstellerpreise. Damentaschen ab 40 DM, Herren-Aktentasche 75 DM.

Einkaufssituation: Musterzimmer mit qualifizierter Beratung, gute Parkmöglichkeiten ca. 50 m (Luisenparkplatz), Innenstadtbereich am Beginn der Fußgängerzone.

Besonderheiten: Reparaturservice für Eigenfabrikate.

Firma: Schröder & Co., Inh. H. Englert, Frankfurter Straße 70, 63067 Offenbach, Telefon und Fax: 0 69/88 55 16.

Öffnungszeiten: Montag, Dienstag, Donnerstag, Freitag 10.00 bis 14.00 Uhr, Mittwoch und Samstag geschlossen.

Streckenbeschreibung: Offenbacher Kreuz Richtung Offenbach-Stadtmitte, Kaiserleikreisel Richtung Stadtmitte abfahren, Berliner Straße bis zur Kaiserstraße, dort rechts bis zur Frankfurter Straße, dort rechts bis zur Luisenstraße. 1. Eckhaus auf der linken Seite. Der Eingang befindet sich an der Ecke des Hauses (100 m Entfernung bis zum Deutschen Ledermuseum).

BB BARTH & BAUER

Ein Hauch von Luxus

Von der Verarbeitung verstehen die Lederprofis etwas: Das Spektrum reicht von gewöhnlicheren Exemplaren bis zur edlen Lacktasche.

Warenangebot: Damenhandtaschen für alle Anlässe. Sehr große Auswahl an Taschen in Glatt- oder Lackleder; nur 1.-Wahl-Qualitäten. Leder-Reisetaschen und Klein-Lederwaren.

Ersparnis: um 30 Prozent, Preisbeispiele: Glattleder-Handtasche 100 DM. Alle Handtaschen bewegen sich zwischen 80 und 350 DM.

Einkaufssituation: Der Lagerverkauf ist im Innenhof (2. Tür links); falls niemand im Laden, bitte läuten.

Besonderheiten: In Offenbach und Umgebung gibt es noch weitere Ledergeschäfte.

Firma: Barth & Bauer, Aschaffenburger Straße 11, 63073 Offenbach-Bieber, Telefon: 069/ 89 43 43, Fax: 89 42 53.

Öffnungszeiten: Montag bis Donnerstag 7.00 bis 12.00 Uhr und 13.00 bis 17.00 Uhr, Freitag 7.00 bis 12.00 Uhr, Samstag geschlossen. Außerhalb der Öffnungszeiten nach telefonischer Vereinbarung.

Streckenbeschreibung: Offenbach-Bieber liegt östlich von Offenbach. Von Offenbach-Stadtmitte auf der Bieberer Straße (B 448) Richtung Osten, Offenbach-Stadion (am Bieberer Berg, Wegweiser ist Fußball). Weiter in den Ortsteil Offenbach-Bieber fahren. Das ist schon Aschaffenburger Straße. Nach ca. 700 Meter nach scharfer Linkskurve (Schild „zum Friedhof") nach 10 m Firma auf linker Seite.

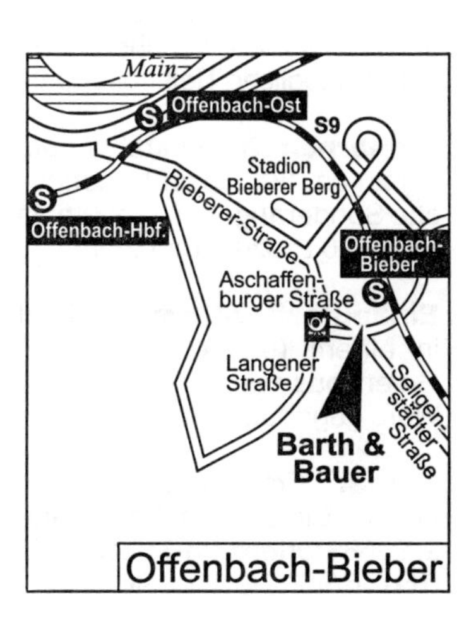

FROSTDOG

Eis mit Stil

FrosTDog ist seit über 25 Jahren als deutscher Eiskremhersteller auf dem Markt etabliert. Der vielleicht etwas ungewöhnliche Name geht noch auf die amerikanische Herkunft der ersten Produkte zurück. Vom Kleineis (Riegel/Sticks) bis zur 5-Liter-Dose ist ein hoher Qualitätsstandard oberstes Ziel.

Warenangebot: Kleineis: Vanille-, Banane- und Nusssticks, Caramel-, Joghurt- und Cocosriegel. Becher: (bis 500 ml) Vanille, Schokolade, Nuss, Erdbeer, Zitrone, Fürst Pückler. 1-Liter-Schale: Vanille, Schokolade, Nuss, Erdbeer, Fürst Pückler. 2-Liter-Dose: Vanille, Schokolade, Nuss, Erdbeer, Walnuss mit Ahornsirup, Vanille-Bourbon, Stracciatella, Joghurt. 5-Liter-Dose: Walnuss mit Ahornsirup, Bourbon-Vanille, Stracciatella, Zitrone, darüber hinaus diverse Sorten Brucheis und unterschiedliche Tiefkühltorten.

Ersparnis: produktabhängig bis zu ca. 30 Prozent, monatliche Sonderangebote nochmals 15 bis 20 Prozent reduziert.

Einkaufssituation: Verkauf in einem (eis-)kremfarbenen Gelenkbus mit ständig frischer Ware gegenüber der Firma.

Firma: FrosTDog Eiskrem GmbH, Bleichenbacher Straße 2, 63683 Ortenberg-Selters, Tel.: 0 60 46/96 12-0, Fax: 96 12-33.

Öffnungszeiten: täglich 11.00 bis 18.00 Uhr (auch an Wochenenden und Feiertagen).

Streckenbeschreibung: Ortenberg-Selters liegt in der Wetterau zwischen Büdingen und Nidda an der Kreuzung der B 275 und B 457; leicht erreichbar über die A 45 Gießen–Hanau, Abfahrt Florstadt oder Altenstadt (von dort B 521 zur B 457) und die genannten Bundesstraßen.

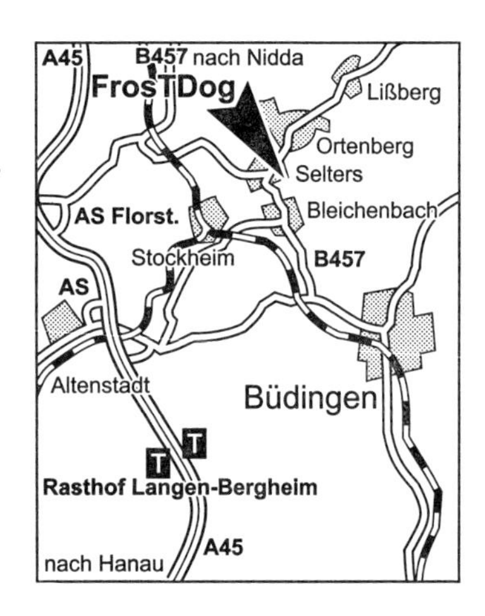

B + K POLSTERMÖBEL UND RAUMAUSSTATTUNG

Polstermöbel direkt vom Hersteller

Polstermöbel von der Stange, das muss nicht sein. B + K fertigt nach Kundenwünschen mit dem fachlichen Wissen von Könnern. Reichhaltige Stoffauswahl. Alte Stücke werden fachgerecht aufgearbeitet, gleich ob Jugendstil oder Chippendael.

Warenangebot: Sonderposten und Ausstellungsstücke mit erheblichen Preisnachlässen. Seniorengerechte Sitzqualitäten, veränderbar in Form und Höhe. Auch an die Kleinsten wurde gedacht: Kindersessel mit aktuellem Design. Ausklappbare Liegen. (Bezüge leicht abnehm- und waschbar). Motorisch verstellbare Fernsehsessel mit körpergerecht einstellbarer Rückenlehne.

Ersparnis: günstige Preise.

Einkaufssituation: fachgerechte Beratung in den Ausstellungsräumen mit Blick in die Fertigungshalle sind selbstverständlich.

Besonderheiten: je nach Entfernung erfolgt Anlieferung gegen Aufpreis.

Firma: B + K Polstermöbel + Raumausstattungs GmbH, Gewerbestraße 12, 55546 Pfaffen-Schwabenheim, Telefon: 06701/ 7969, Fax: 3194.

Öffnungszeiten: Montag bis Freitag 8.00 bis 17.00 Uhr, Samstag 9.30 bis 13.00 Uhr.

Streckenbeschreibung: A 61 Koblenz–Ludwigshafen (Ausfahrt Gau-Bickelheim), B 50 Richtung Bingen, zweite Kreuzung Richtung Bad Kreuznach. 1. Ortschaft Pfaffen-Schwabenheim durchfahren, am Ortsende links in Gewerbegebiet.

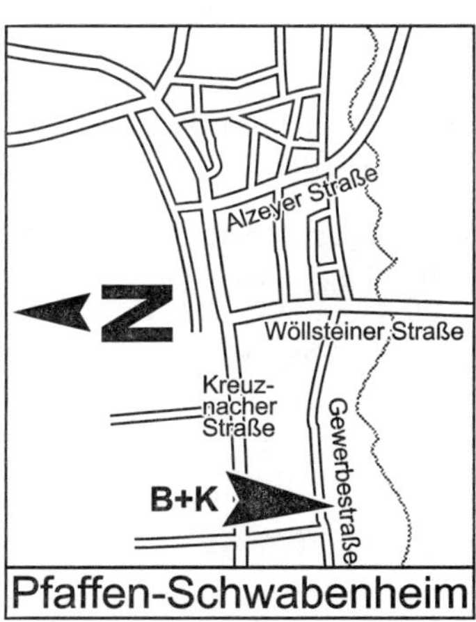

GEO

Geht nicht, gibt's nicht!

Geo-Naturware Schuh-Produktions GmbH produziert nach den strengsten ökologischen Gesichtspunkten und lässt bei der Produktion die altbewährten Handwerkskünste wie Goodyear, Zwiegenäht, Mokassin, Strobel und Flexi wieder aufleben und verwendet ausschließlich Leder aus Europa und reine Pflanzenextrakte bei der Gerbung.

Warenangebot: viele Auslaufmodelle, Rest-Sortimente und 2.-Wahl-Schuhe.

Ersparnis: mindestens 30 Prozent, Auslaufmodelle, Rest-Sortimente und 2.-Wahl-Schuhe stark reduziert.

Einkaufssituation: Eingang im Haupteingang, fachkundige Beratung, Parkmöglichkeiten vorhanden.

Firma: Geo-Naturware Schuh-Produktions GmbH, Neuffer am Park, 66953 Pirmasens, Telefon: 0 63 31/4 11 31, Telefax: 0 63 31/4 19 48.

Öffnungszeiten: Donnerstag 13.00 bis 18.00 Uhr, Freitag 13.00 bis 18.00 Uhr, Samstag 10.00 bis 13.00 Uhr.

Streckenbeschreibung: B 270 von Kaiserslautern/Mannheim bis Pirmasens, Zweibrücker Straße Richtung Stadtmitte und dann bis zur Parkbrauerei. Von dort aus Richtung Messe, geradeaus weiterfahren – Dankelsbachstraße, die 4. von links ist dann die Luisenstraße. Diese durchfahren bis zu einem großen weißen Gebäude – Neuffer am Park.

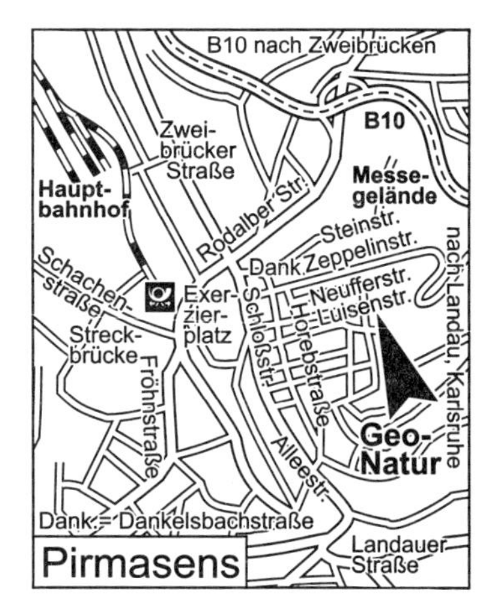

HUMMEL

Die Strapazierbaren

Hummel-Schuhe machen viel mit, die Füße jedoch nicht kaputt. Nach dem WMS-System gefertigt, meist mit natürlichen Materialien gefüttert (Schurwolle, Lammfell) und Leder als Obermaterial werden sie höchsten Ansprüchen gerecht. Buntes ansprechendes Design.

Warenangebot: Kinderschuhe in den Größen 18–41: Boots, Halbschuhe, Stiefel, Stiefeletten, Sandalen, Sommerschuhe.

Ersparnis: 30 bis 50 Prozent Ersparnis. Zu allen ausgezeichneten Preisen muss noch die Mehrwertsteuer zugerechnet werden; Beispiel: Schuh (Größe 28, Nubukleder, Lammfellfütterung) 38,90; Schaftstiefel 60 DM.

Einkaufssituation: kleiner Verkaufsraum (ca. 25 m^2 groß). Schuhe sind alle noch verpackt und nicht ausgezeichnet.

Besonderheiten: Frühzeitig vor Saison einkaufen lohnt sich, da bereits ½ Jahr vor Saison produziert wird (im Dezember beginnt Sommerware).

Firma: Heinz Hummel, Kinderschuhfabrik, Charlottenstraße 8, 66955 Pirmasens, Telefon: 0 63 31/2 60 20, Fax: 7 60 89.

Öffnungszeiten: Montag bis Donnerstag 8.00 bis 11.30 Uhr und 13.00 bis 16.30 Uhr, Freitag durchgehend von 8.00 bis 14.45 Uhr. Samstag geschlossen.

Streckenbeschreibung: Die Firma liegt in der Stadtmitte; von Stadtmitte Richtung Bitsch fahren, noch in der City links zum Schillerplatz, dort rechts und nächste in die Charlottenstraße (Einbahnstraße); Firma nach ca. 50 m linke Seite **(siehe Orientierungskarte Seite 229).**

CREATION K & S | MONA LISA

Von Kopf bis Schuh auf Mode eingestellt

K-&-S-Schuhe werden qualitativ, wie auch vom Design, zu den Schuhen der Spitzenklasse gezählt. Ausgesprochen feminine Auswahl aus den feinsten Ledern gefertigt.

Warenangebot: modische, hochwertige Damenschuhe von sportlich bis elegant.

Ersparnis: über 50 Prozent. Preisbeispiele: Halbschuhe 80 DM, Stiefeletten 100 DM, Stiefel ab 120 DM.

Einkaufssituation: Selbst die chaotische Präsentation hält die wühlenden Damen nicht davon ab, um ein Paar Schuhe zu kämpfen. In 4 Regalen werden Kartons bunt gemixt in Inhalt und Größen abgestellt. An der Kundin liegt es nun, sich mit Hilfe der Kartonbeschriftung und mittels Auspacken und Durchwühlen zu behaupten. Man glaubt es kaum: Eine Stimmung, als ob es weltweit nie wieder Schuhe gäbe. Zur Relation Angebot/Nachfrage muss man erwähnen, dass auf 1 Paar Schuhe ca. 2 Kundinnen treffen.

Firma: Kennel & Schmenger, Schuhfabrik GmbH, Im Erlenteich 1, 66955 Pirmasens, Telefon: 06331/71090, Fax: 710966.

Öffnungszeiten: Dienstag bis Freitag 14.00 bis 16.00 Uhr. Betriebsferien im Mai/Juni, bitte vorher anrufen **(siehe Orientierungskarte auf Seite 229).**

Streckenbeschreibung: in Pirmasens Richtung Winzel fahren, am Ortsende links in das Industriegebiet Erlenteich; auf der Rheinstraße den Bogen durch das Industriegebiet fahren, am Ende der Straße rechts; die Firma ist an der Linkskurve auf der rechten Seite.

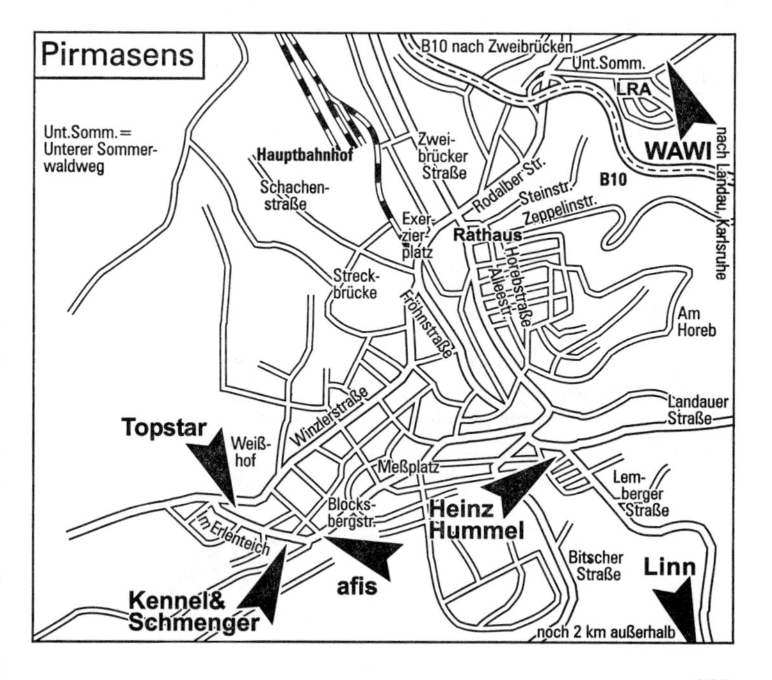

LINN

Auf leisen Sohlen

Nicht nur für Naturfreunde ist Linn eine begehbare Alternative. Die Naturschuhfirma mit dem Baum im Firmensignet stellt ihre Lederkreationen mit natürlichen Methoden her, von der Sohle bis zum Schnürsenkel. Die Füße sollen sich in diesen Schuhen wohl fühlen. Sie sind einfach fußgerecht, genau das richtige für umweltbewusste Schuhträger.

Warenangebot: festes Damen- und Herrenschuhwerk in Naturtönen, teilweise mit Profilsohle, sowie Sandalenmodelle und Kinderschuhe.

Ersparnis: 10 bis 50 Prozent bei 1. Wahl: Schnürhalbschuh 80 DM, halbhoher Stiefel 150 DM. Im 2.-Wahl-Sortiment gibt's 50 Prozent Preisnachlass: Clogs kosten dann 50 DM.

Einkaufssituation: großes Verkaufslager. Schuhe sind in Kartons, die Verkäuferin ist behilflich. Auf dem Firmengelände durch die erste beschilderte Tür direkt bei den Parkplätzen.

Firma: Linn Naturschuh GmbH, Erlenbrunner Straße 96, 66955 Pirmasens-Erlenbrunn, Telefon: 0 63 31/2 15 11-0, Fax: 2 15 11-15.

Öffnungszeiten: Montag bis Freitag 9.00 bis 12.00 und 14.00 bis 17.30 Uhr, Samstag auf Anfrage.

Streckenbeschreibung: auf der B 10 aus Richtung Landau kommend, links abfahren, Richtung Pirmasens-Ruhbank links abbiegen. In Erlenbrunn nach dem Ortsschild die erste Einfahrt auf der rechten Seite **(siehe auch Orientierungskarte Seite 229).**

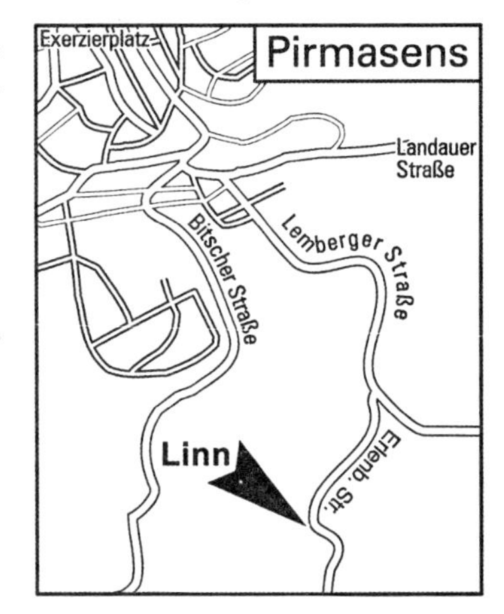

AFIS SCHAPURO

Auf Schusters Rappen

Die Firma afis Schapuro fertigt vor allem klassische und sportive Markenschuhe – ein Schuh für alle Fälle.

Warenangebot: Angemessene Auswahl an Damen-, Herren- und Kinderschuhen. Halbschuhe, Stiefel, Wanderschuhe.

Ersparnis: 30 bis 50 Prozent. Halbschuhe mit Luftpolstersohle 70 DM, lammfellgefütterte Boots 100 DM, Herrenschnürschuhe 50 DM auf dem Sonderregal. Im Sommer- und Winterschlussverkauf nochmalige Preisreduzierungen.

Einkaufssituation: Schuhgeschäft, in dem die Schuhe auf Regalen nach Größen sortiert sind. Im Schnäppchenmarkt sind die Schuhe im Karton und nach Artikeln sortiert.

Firma: afis-Shoe-Fashion, Blocksbergstraße 151, 66955 Pirmasens, Telefon: Schuhgeschäft 0 63 31/26 31 04, Zentrale 0 63 31/26 30-0, Fax: 26 31 11.

Öffnungszeiten: Montag bis Freitag 12.00 bis 18.00 Uhr, Samstag 9.00 bis 13.00 Uhr.

Streckenbeschreibung: siehe Firma Kennel & Schmenger, die um die Ecke ihren Verkauf hat (Seite 232) **(siehe Orientierungskarte Seite 229).**

TOPSTAR

Ihr modisches Sternzeichen

„Das Sternzeichen, das zu allen Damen mit Stil und Geschmack passt", so wirbt die Firma selbstbewusst. Die Schuhe zeichnen sich durch hervorragende Trageeigenschaften, beste Passform und ein individuelles Design aus. Große Auswahl an „Stadtschuhen" mit Ledersohlen und dünnem Baumwoll- oder Lederfutter. Groberes Schuhwerk mit Profilsohlen oder dick gefüttert ist hier nicht erhältlich.

Warenangebot: Halbschuhe mit Ledersohle, teils knöchelhoch (Stadtlook), Pumps, Stiefel (nur mit Baumwolle gefüttert).

Ersparnis: gut 50 Prozent Ersparnis; Pumps (Velours) 75 DM, Schaftstiefel 100 DM, Stadtlook-Lederschuhe 60 DM.

Einkaufssituation: am Schild geradeaus bis „Büro" vorgehen; Eingang zum Verkauf noch im Erdgeschoss durch die Tür rechts („Eintritt verboten" steht an der Tür und „Zum Verkauf bitte läuten"); einfache Präsentation in einem abgeteilten Raum des Lagers; Fachberatung nötig, da keine Preisauszeichnung.

Besonderheiten: Pumps sind in guter Auswahl ganzjährig erhältlich, jedoch ist auch hier bereits im Oktober das Wintersortiment stark ausgesucht.

Firma: Topstar Schuhfabrik, Adolf Müller KG, Winzler Straße 205, 66955 Pirmasens, Telefon: 0 63 31/2 72 60, Fax: 3 14 73.

Öffnungszeiten: Dienstag, Mittwoch, Donnerstag von 13.30 bis 17.30 Uhr. An den anderen Tagen geschlossen.

Streckenbeschreibung: von Pirmasens Stadtmitte Richtung Winzler fahren, nach der Abzweigung rechts Richtung Winzler befindet man sich in der Winzler Straße; Firma nach 50 m linke Seite **(siehe Orientierungskarte Seite 229).**

WAWI

Extrazartes für Schleckermäuler

Schokoladenspezialitäten aus extra heller Edelvollmilch-Schokolade.

Warenangebot: Puffreisbruch, Osterhasenbruch, Weihnachtsmännerbruch (in kg-Beuteln). Sonderabpackungen, Restposten von Retourwaren.

Ersparnis: Es werden keine Abpackgrößen verkauft, die es im Handel gibt. Angeboten werden Sonderabpackungen, Schoko-Reis-Bruch, Osterhasenbruch, Weihnachtsmännerbruch. Alle Waren sind frisch produziert, der Preisnachlass ist in jedem Fall günstig.

Einkaufssituation: Selbstbedienung, kleiner Raum, ca. 30 m^2, im EG des Fabrikgebäudes.

Firma: WAWI-Schokolade AG, Unterer Sommerwaldweg 18–20, 66953 Pirmasens, Telefon: 0 63 31/6 30 61.

Öffnungszeiten: Montag bis Freitag von 8.00 bis 12.00 Uhr und von 13.30 bis 18.00 Uhr.

Streckenbeschreibung: Das Werk liegt im Norden von Pirmasens, in unmittelbarer Nähe der Kreisverwaltung **(siehe Orientierungskarte Seite 229).**

GRIESSON

Hier backen Bestseller-Bäcker

Griesson zählt zu den größten und erfolgreichsten Gebäckherstellern Deutschlands. Das Erfolgsrezept: Griesson bietet qualitativ hochwertige Produkte zu günstigen Preisen.

Warenangebot: Kekse und Waffeln, überwiegend hochveredelt mit viel Schokolade und/oder Füllungen. Im Herbst auch Lebkuchen. Es handelt sich um Ware mit Schönheitsfehlern, Bruch usw. Das Gebäck wird nicht in Abpackungen angeboten, die es im Handel ebenfalls gibt, sondern überwiegend in 500-g-Klarsichthüllen. Saisonale Aktionsprodukte.

Ersparnis: auf jeden Fall günstige Preise. Darüber hinaus zeitweise Sonderangebote durch Überbestände.

Einkaufssituation: klimatisierter Verkaufsraum. Fachkundige Bedienung und Beratung sowie Probiermöglichkeit.

Besonderheiten: für Besuchergruppen Filmvorführung über Gebäckherstellung (nur nach Terminabsprache).

Firma: Griesson GmbH & Co. KG, Nettestraße, 56751 Polch, Telefon: 0 26 54/4 01-0, Fax: 4 01-1 35.

Öffnungszeiten: Montag bis Freitag 10.00 bis 18.00 Uhr, Samstag 9.00 bis 12.00 Uhr. Achtung Öffnungszeiten können sich ändern, besser vorher anrufen.

Streckenbeschreibung: aus Richtung Trier oder Koblenz auf der A 48 Ausfahrt Polch. Durch den Ort Polch in Richtung Koblenz fahren. Am Ortsausgang Polch liegt das Werk auf der linken Seite. Verkaufsraum direkt neben Werkseingang.

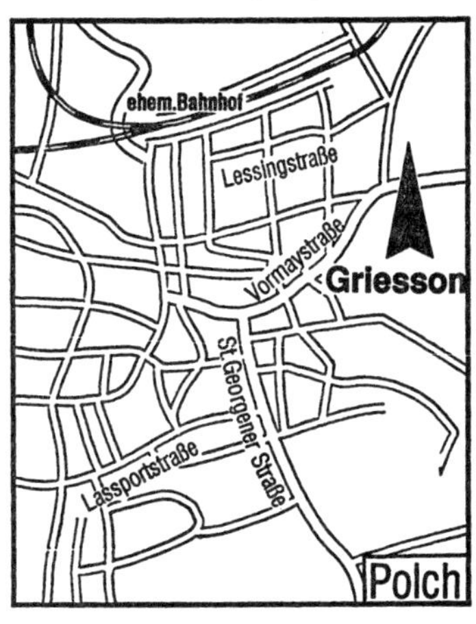

LUIGI LAMBERTINO

... sehr anziehend

Blusen und Coordinates für die junge und junggebliebene Frau.

Warenangebot: Damenblusen, -tops, -bermudas, -blazer, -hosen, -röcke.

Ersparnis: 30 bis 40 Prozent gegenüber dem Fachhandel. Bei Schlussverkäufen bis zu 70 Prozent; Preisbeispiele: Blusen 49,50 DM, Hosen 49,90 DM, Röcke 35 DM. Im Sommer-/Winterschlussverkauf nochmals 20 Prozent reduziert.

Einkaufssituation: graues, langgestrecktes Gebäude; direkt hinter dem großen Eingangstor wird die Ware in Regalen und auf Ständern unkompliziert nach Größe sortiert präsentiert.

Firma: Prestige Bekleidungsgesellschaft mbH, Holzer Straße 126a, 66287 Quierschied, Telefon: 0 68 97/96 62 23 bis 96 62 28, Fax: 0 68 97/6 57 21.

Öffnungszeiten: Montag bis Donnerstag 14.00 bis 15.00 Uhr.

Streckenbeschreibung: von der A 1 Richtung Saarbrücken kommend, Abfahrt Quierschied nehmen. Dann rechts abbiegen und die nächste mögliche Straße rechts (Quierschied ausgeschildert). Am Ortseingang befindet man sich sofort auf der Holzer Straße. Nach ca. 150 m liegt die Firma auf der linken Seite (Parkmöglichkeiten im Hof oder auf der Holzer Straße).

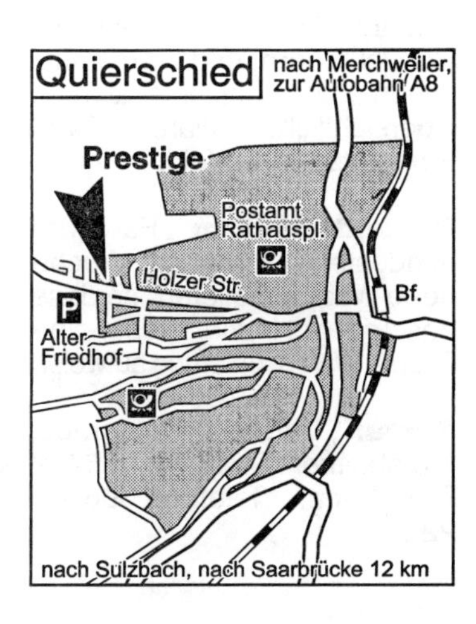

QUELLE SCHICKEDANZ AG & CO.

Tiefpreise für Schnäppchenjäger

Das Großversandhaus Quelle vermarktet eigene Überhänge, Restposten und Überhänge von Tochterunternehmen wie Schöpflin oder Madeleine in einem stationären Ladennetz von insgesamt 120 „Tiefpreis"-Fundgruben.

Warenangebot: Auslaufmodelle, Einzelteile und Restposten des gesamten textilen Katalogangebotes der Quelle Gruppe von Oberbekleidung für Damen, Herren, Kinder bis Unterwäsche, Heimtextilien und diversen Hartwaren. Abgerundet wird das Sortiment durch äußerst preiswerte Sonderposten.

Ersparnis: durchschnittlich 50 bis 60 Prozent gegenüber Katalogpreis.

Einkaufssituation: Ladenverkaufsfläche mit Regalen, Rundständern und Verkaufstischen sowie Umkleidekabinen. Übersichtlicher Warenaufbau, Parkplätze im Umfeld.

Besonderheiten: Es wird mindestens einmal pro Woche neue Ware angeliefert, so dass das Angebot immer wieder eine andere Warensortierung aufweist.

Firma: „Tiefpreis"-Fundgrube, Flörsheimer Straße 1, 65479 Raunheim, Telefon: 06 14/ 22 36 07.

Öffnungszeiten: Montag und Dienstag 9.30 bis 18.30 Uhr, Mittwoch bis Freitag 9.30 bis 19.00 Uhr durchgehend, langer Samstag 9.00 bis 16.00 Uhr.

Streckenbeschreibung: Zufahrt Autobahn A 67, Abfahrt Rüsselsheim Mitte, 1. Straße links, immer geradeaus bis Einkaufszentrum „Mainspitz". Fundgrube befindet sich dort.

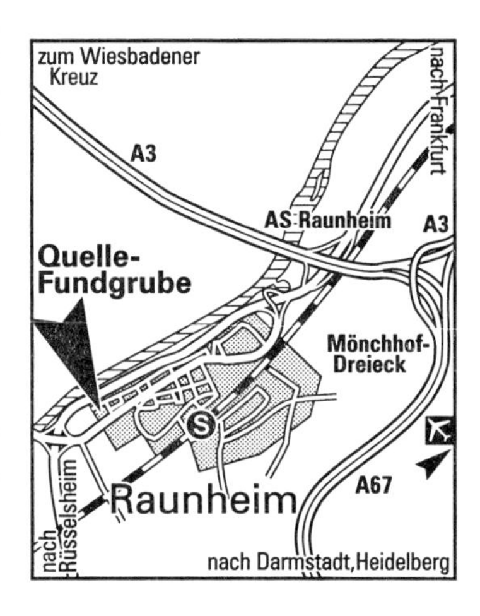

FLASCHE & SÖHNE

Der Maßschneider

Polstermöbel, für jeden Kunden, „maßgeschneidert“. Es wird keine vorproduzierte Massenware angeboten. Es werden hochwertige Polstermöbel hergestellt, die dem heutigen Trend zum individuellen Wohnen entsprechen.

Warenangebot: Aus 100 unterschiedlichen Typen und mehr als 2000 verschiedenen Bezugsstoffen und Leder werden Polstermöbel (Sofas, Sessel, Eckkombinationen) nach Kundenauftrag hergestellt. Auch Alcantara, Amaretta u. ä. Hohe Ansprüche an Qualität und Verarbeitung rechtfertigen eine Garantie von 5 Jahren. Neue Trends werden in kürzester Zeit angeboten.

Ersparnis: Hochwertige Polstermöbel sind günstig zu beziehen. Laufend Ausstellungsmodelle, Messemodelle, stark reduziert. Zur Schlußverkaufszeit zudem um 10 bis 30 Prozent reduziert.

Einkaufssituation: großzügige Ausstellungsräume; Polstermöbel werden ansprechend und geschmackvoll präsentiert. Fachkundige und freundliche Beratung.

Firma: Polstermöbelfabrik Carl Flasche GmbH & Co., Südstraße 4, 66780 Rehlingen-Siersburg, Telefon: 0 68 35/92 12-0.

Öffnungszeiten: Montag bis Freitag von 9.30 bis 19.00 Uhr, Samstag von 9.30 bis 14.00 Uhr.

Weitere Verkaufsstelle: **54290 Trier,** Karl-Marx-Straße 94 (an der Römerbrücke), Telefon: 06 51/9 94 06 80.

Streckenbeschreibung: A 8 Richtung Luxembourg, Abfahrt Rehlingen. Abfahrt rechts abbiegen, nach ca. 300 m nochmals rechts abbiegen. Hinweisschilder beachten.

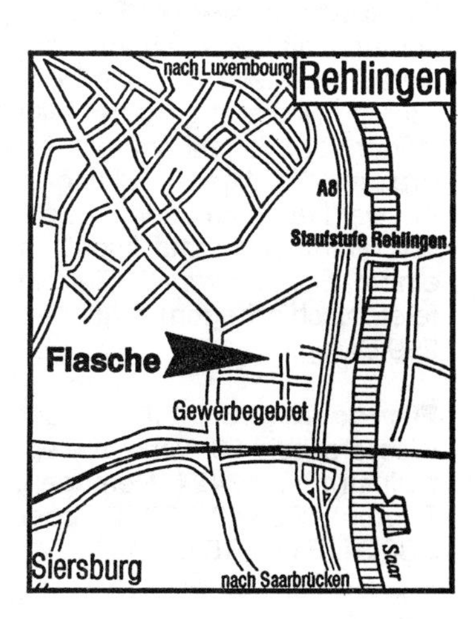

VELO SCHAUFF

Lust auf Fahrrad

60 Jahre Schauff. Das sind 60 Jahre Tradition und Fortschritt. Das sind Fahrräder für morgen: Trekking-Bikes, Mountain-Bikes, Cruiser, Rennräder und Tandems mit Cromoly-Stahl-, Alu- oder Fibercarbonrahmen und hochwertigen Komponenten. Fast alle Räder sind mit Shimano-Schaltungen ausgestattet.

Warenangebot: Räder mit meist 21-Gang-Schaltungen (mindest. 5-Gang): Trekking-Räder, City-Bikes, Mountain- und Fun-Bikes, Cruiser, Touren- und Rennräder, Tandems.

Ersparnis: bei 1. Wahl keine – Preise von 800 bis 2000 DM. Bei 2. Wahl (Unikate, Auslaufmodelle, Restposten) erheblich, z. B. Räder mit 18 bis 21 Gängen 600 bis 800 DM.

Einkaufssituation: Fachgeschäft mit ausgezeichneter Beratung. Meist Nov. wird der „Rampenverkauf" gestartet: Alle Räder vom Vorjahr sind um 50 Prozent günstiger. In kleinerer Auswahl auch im Laden erhältlich. Rampenverkauf findet an einem Samstag statt (Termin telefonisch erfragen). Räder ab 299 DM.

Firma: Velo Schauff, In der Wasserscheid 56, Verkauf: Zeppelinstraße, 53424 Remagen, Telefon: 0 26 42/2 30 33 oder 2 30 34, Fax: 33 58.

Öffnungszeiten: Montag bis Mittwoch 9.30 bis 18.30 Uhr, Donnerstag und Freitag 9.30 bis 19.30 Uhr, Samstag 9.30 bis 15.00 Uhr.

Streckenbeschreibung: Remagen liegt an der B 9 (Bonn–Koblenz). Auf B 9 durch Remagen, danach rechts ins Gewerbegebiet – über die Bahn hinweg, dann ist Schauff schon zu sehen.

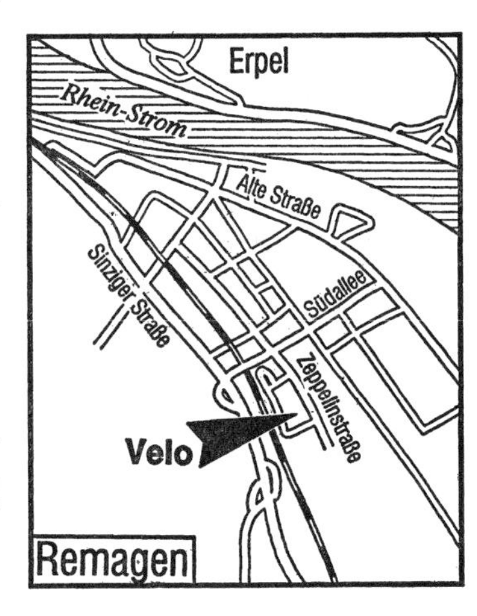

RODALBKINDER

Die Zwergenschuhfabrik

Hinter den sieben Bergen liegt die Rodalbkinder-Kinderschuhfabrik, eine Villa Kunterbunt für Zwergenfüße mit echt ledernen „Minis", von gefütterten Miniaturstiefeln bis zu luftigen Sandälchen in allen Farben. Und die Schuhe von Rodalbkinder tragen die kleinen Füße auf Gelenkstützen, hochwertigen und weichen Oberleder, auf biegsamen und rutschfesten Sohlen durchs junge Leben.

Warenangebot: schurwollgefütterte oder ungefütterte Stiefel, Halbschuhe und Sandalen. Von Größe 18 bis 40.

Ersparnis: 60 Prozent. Stark reduzierte Angebote auch bei Restbeständen vom Vorjahr. Prospektanforderung möglich.

Einkaufssituation: ein extra Raum mit Anprobiermodellen. Zur Stoßzeit Warteschlangen.

Firma: Rodalbkinder, Mühlstraße 14, 66976 Rodalben, Telefon: 06331/23240, Fax: 232416, Internet: www.rodalbkinder.de, e-mail: info@rodalbkinder.de.

Öffnungszeiten: Montag bis Freitag 7.30 bis 12.00 Uhr und 13.30 bis 17.00 Uhr, Samstag 9.00 bis 12.00 Uhr.

Streckenbeschreibung: Rodalben liegt nördlich von Pirmasens. L 482 nach Rodalben Richtung Stadtmitte und auf der Hauptstraße bleiben. Der Beschilderung folgen **(siehe Orientierungskarte Seite 240).**

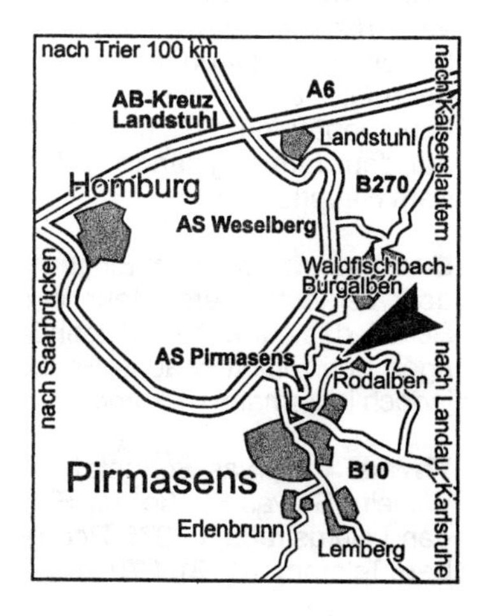

SERVAS DORNDORF REMONTE

Schuh-ting-Stars

Auch die Schuhwelt hat ihre Stars. Dazu gehören die renommierten Marken „Dorndorf", „Remonte" und „Servas", die richtigen Treter für Herren und Damen mit Ansprüchen. Das Sortiment deckt die Bedürfnisse nach modischen, leichten und bequemen Schuhen ab.

Warenangebot: verschiedene Stilrichtungen von Slipper, Ballerinas, Pumps, Schuhe mit höheren Absätzen, Halbschuhe, Stiefel und Stiefeletten.

Ersparnis: 30 bis 60 Prozent. Bei sehr guter Qualität oder kleinen Material- und Nahtfehlern. Besonders preiswert sind einzelne Musterschuhe. Gefütterte Stiefel 99 DM, Stiefeletten 119,90 DM, Ballerina 49,90 DM.

Einkaufssituation: großes Verkaufslager aus 2 Räumen. Schuhe sind gut überschaubar nach Größen sortiert. Das Verkaufsgebäude ist gleich rechts auf dem Firmengelände hinter dem Haupttor.

Besonderheiten: Am Eingang des Verkaufslagers steht ein Schild, das nur Betriebsangehörigen den Eintritt erlaubt. Es ist jedoch jedermann willkommen.

Firma: Servas-Schuhfabrik, Wilhelm-Servas-Straße 24, Eingang Burgstraße, 66976 Rodalben, Telefon: 0 63 31/1 70 41.

Öffnungszeiten: Montag bis Freitag 9.00 bis 18.00 Uhr, Samstag 9.00 bis 13.00 Uhr.

Streckenbeschreibung: Rodalben liegt nördlich von Pirmasens. Auf der L 482 nach Rodalben. Am Ortsschild links einbiegen, vorbei am neuen Rathaus. Immer parallel zur Umgehungsstraße halten. Links liegt Fa. Servas, scharf links zur Toreinfahrt **(siehe Orientierungskarte Seite 239).**

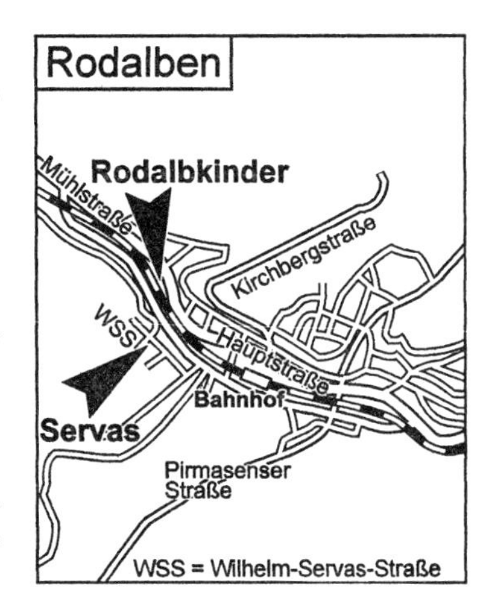

FISCHER-PFLANZEN-ZENTRUM-BLUMENAU

Pflanzen in Riesenauswahl gewächshausfrisch

Die meisten Pflanzen werden aus eigener, viele tausend Quadratmeter großer Anzucht angeboten. Das Sortiment ist ergänzt durch seltene Pflanzen und Besonderheiten in Form und Größe.

Warenangebot: Beet- und Balkonpflanzen aus eigener Anzucht, Kübel- und Großpflanzen für Terrasse und Wintergarten, Zimmerpflanzen in allen Größen, Bäume und Sträucher, Stauden, Rosen, Gemüse- und Gewürzpflanzen, spezielle Dünger und Erden, Töpfe und Pflanzgefäße in vielen Formen.

Ersparnis: keine speziellen Rabatte, jedoch Gesamtangebot preisgünstig.

Einkaufssituation: ca. 80 Parkplätze. Der Verkauf findet auf ca. 3000 m² Gewächshausfläche und 3000 m² Freiland statt. Alle Wege sind befestigt und sehr gut mit den reichlich vorhandenen Einkaufswagen zu befahren. Es ist überall Selbstbedienung. Wenn es die Zeit erlaubt, stehen drei Gärtnermeister zur Beratung zur Verfügung.

Firma: Ralf und Bernd Fischer, Blumenau 2, 63110 Rodgau-Dudenhofen, Telefon: 0 61 06/ 2 10 10, Fax: 0 61 06/2 33 90.

Öffnungszeiten: Montag bis Freitag 8.00 bis 18.00 Uhr, Samstag 8.00 bis 15.00 Uhr. In der Zeit vom 24. Dez. bis 10. Januar ist der Verkauf geschlossen.

Streckenbeschreibung: A 3, Abfahrt Seligenstadt–Rodgau, Richtung Rodgau fahren, nach ca. 1 500 m Ampel links abbiegen. Der Betrieb liegt ca. 2 km außerhalb von Rodgau.

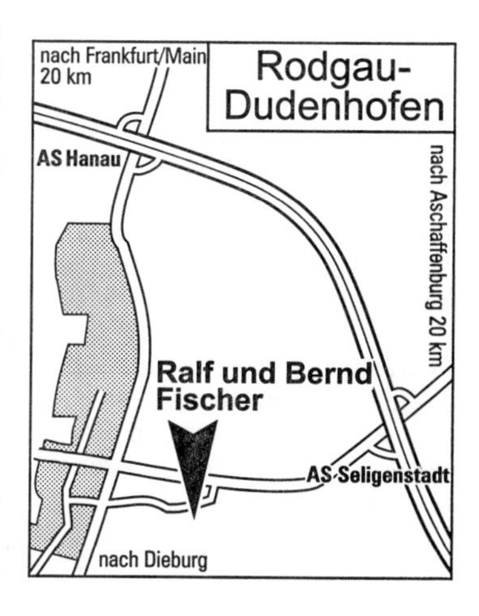

TRIGEMA

Made in Germany

Seit 1975 Deutschlands größter T-Shirt-Hersteller, seit 1977 größter Tennis-Bekleidungs-Hersteller, beste deutsche Markenqualität. Ware tragbar für jedermann, klassisch sportlich. Trigema produziert die Stoffe selbst, druckt und konfektioniert in drei Werken.

Warenangebot: original-Händler-Katalog-Angebot für Damen, Herren und Kinder. Jogginganzüge, Sweat-Shirts, Thermo-Westen, Freizeitmode, Tennismode, Bermudas, Leggings, sportliche Jacken, T-Shirts, Sport-, Ski- und Freizeitunterwäsche, Nachtwäsche, modische Wäschekombinationen, Unterwäsche, Accessoires für Sport und Fitness.

Ersparnis: Trigema hat folgende Fabrikpreise: Händler-Einkaufspreis zuzüglich Mehrwertsteuer ist der Preis, den Trigema-Endverbraucher in den Test-Geschäften bezahlen. Der Kunde bekommt 1.-Wahl-Ware exakt zum selben Preis wie der Einzelhändler. Kataloge: Händlerkatalog ist nur für Wiederverkäufer. An den Kassen ist dieser Katalog einsehbar.

Einkaufssituation: gute Präsentation der Waren, volles Katalogangebot. Genügend Parkplätze; ausreichend Umkleidekabinen.

Firma: Trigema-Test-Geschäft, Raiffeisenstraße 8, 61191 Rosbach v.d.H., Bad Nauheim, Telefon und Fax: 06003/930290.

Öffnungszeiten: Montag bis Freitag 9.00 bis 18.00 Uhr, Samstag 9.00 bis 14.00 Uhr.

Streckenbeschreibung: von A 5, Anschlussstelle Friedberg, auf B 455 Richtung Friedberg bis Knoten Süd, Richtung Gewerbegebiet – Raiffeisenstraße, erste Querstraße links abbiegen.

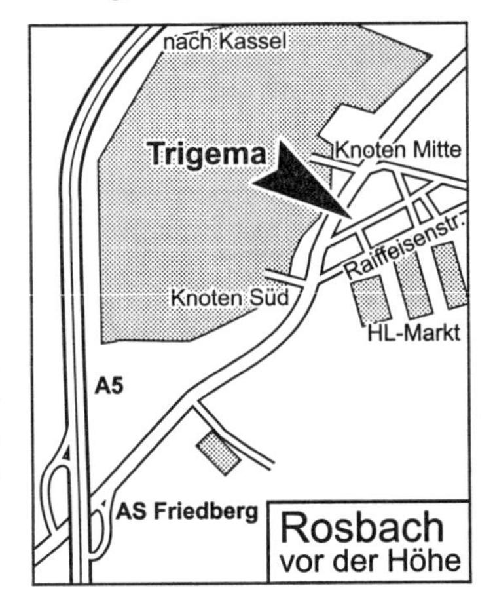

ASBACH URALT

Der Geist des Weines

Die Weinbrennerei Asbach ist die bekannteste Weinbrennerei Deutschlands. Seit Jahrzehnten ist das bernsteinfarbene Tröpfchen ein Genuss.

Warenangebot: Asbach-Uralt-Weinbrand in allen Flaschengrößen, exclusive Brände, Asbach-Uralt-Pralinen in unterschiedlichen Packungsgrößen, Geschenkpackungen, Rüdesheimer Kaffeegedecke, Ascher, Asbach-Uralt-Gläser, Accessoires.

Ersparnis: Rentabel sind vor allem die Angebote: Asbach-Uralt-Flasche (1 l) und Weinbrand-Pralinen zu 25 DM (das ist der Ladenpreis für die Flasche allein).

Einkaufssituation: neu erbautes Besucher-Center; Führungen mit Multivisionsshow, Brennereibesichtigung, Verkostung zu 5 DM, behindertenfreundlich (ebenerdig).

Besonderheiten: Rüdesheim hat neben seiner Sektkellerei Ohlig auch Museen (Oldtimer), Wandermöglichkeiten und einen netten Bummel zu bieten.

Firma: Asbach Besucher Center, Ingelheimer Straße, 65385 Rüdesheim, Tel.: 06722/12345, Fax: 12386, e-mail: Rainer.Kremer@udv.com.

Öffnungszeiten: Montag bis Donnerstag 9.00 bis 18.00 Uhr, Freitag 9.00 bis 13.00 Uhr, Samstag geschlossen. April bis Oktober und in der Adventszeit: Samstag und Sonntag 9.00 bis 18.00 Uhr.

Streckenbeschreibung:
A 60 bis Bingen (westlich von Wiesbaden), dann mit der Rheinfähre übersetzen, Fa. in Rüdesheim ausgeschildert **(siehe Orientierungskarte Seite 244).**

OHLIG PRIVAT | RIESLING CUVEE | HERZOG VON SACHSEN

Prickelnde Wonne

Sekte aus rassigen Weinen – es gibt für jeden Geschmack etwas: Von lieblich-süffigen bis zu halbtrockenen und trockenen Sekten. Ohlig – ein Begriff für Spitzensekt.

Warenangebot: Hausmarke PRIVAT (rot und weiß), Riesling Cuvee Extra Dry, Gold-Rheingau-Riesling, Herzog von Sachsen (Rheingau-Riesling-Brut), Rüdesheimer Burgweg, Assmannshäuser Steil, Spätburgunder Weißherbst, Chardonnay.

Ersparnis: vom Piccolo und der Einzelflasche bis zu Staffeln mit 110 Kartons alles erhältlich: Die Preise sind Händlereinkaufspreise plus Mehrwertsteuer; Beispiele: Hausmarke PRIVAT (1 l) 6,54 DM, Herzog von Sachsen (1 l) 11,82 DM.

Einkaufssituation: ausgewählt wird im Büro in der Kaiserstraße (alle Produkte sind aufgestellt, Preislisten werden ausgehändigt); die Ware muss man im Lager abholen (nur 100 m entfernt).

Firma: Ohlig & Co. Sektkellerei, Kaiserstraße 4a, 65385 Rüdesheim, Telefon: 06722/2270, Fax: 1019.

Öffnungszeiten: Montag bis Donnerstag 7.30 bis 12.00 Uhr und 13.00 bis 16.15 Uhr, Freitag 7.30 bis 12.00 Uhr.

Streckenbeschreibung: A 60 bis Bingen (westlich von Wiesbaden), dann mit der Rheinfähre übersetzen, immer am Rhein entlangfahren (Rheinstraße) bis nach der Rheinhalle die Vorfahrtsstraße eine Linkskurve macht; über der nächsten Querstraße ist rechts die Firma (10 m).

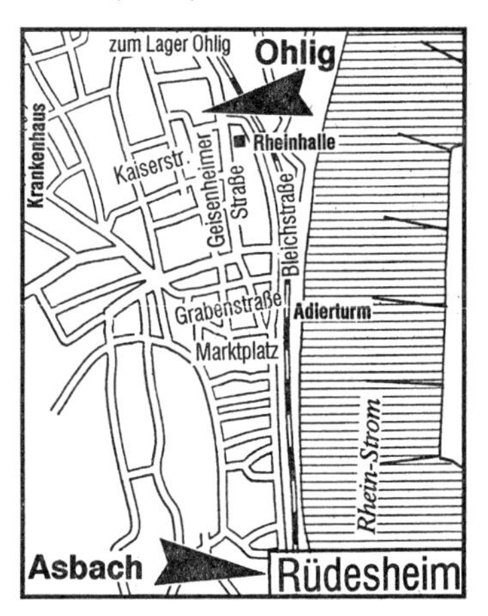

OPEL

Jahres-/Gebrauchtwagen

Trotz der veränderten Steuergesetzgebung erfreut sich der Jahreswagen bei Mitarbeitern von Automobilfirmen und bei den Jahreswagen-Käufern nach wie vor größter Beliebtheit. Bei Opel gibt es den Service der Marketing Services GmbH.

Warenangebot: Jahres-/Gebrauchtwagen aller Opel-Modelle. Das Angebot erscheint in der aktuellen Ausgabe der Mitarbeiterzeitung „Opel Post“. Dann kann man sich mit den Anbietern selbst in Verbindung setzen. Dieser Anzeigenteil erscheint monatlich und kann wieder kostenlos angefordert werden: Marketing Services GmbH, Postfach 1653, 65406 Rüsselsheim, Telefon: 0 61 42/5 38 99. Im Internet sehen die Opel-Jahreswagen unter www.opel.de. Zusätzlich gibt es in Rüsselsheim die Möglichkeit, Ordner mit Jahreswagenangeboten von Opel-Werksangehörigen einzusehen: Adam Opel AG, Hauptportal, 65423 Rüsselsheim. Zeit: täglich von 4.30 bis 23.30 Uhr geöffnet. **Extratipp:** Ganz Clevere haben auch schon mit einer Suchanzeige in den im Einzugsgebiet der Opel-Werke erscheinenden Tageszeitung ihr Schnäppchen gemacht, z. B.: **Rüsselsheimer Echo**, Geschäftsstelle Rüsselsheim, Postfach 1861, Frankfurter Straße 2, 65408 Rüsselsheim, Telefon: 0 61 42/82 85 01. **Main-Spitze,** Friedensplatz 12, 65428 Rüsselsheim, Telefon: 0 61 42/8 55 11. **Frankfurter Rundschau**, Bezirksausgabe Großgerau, Große Eschenheimer Straße 16–18, 60313 Frankfurt/Main, Telefon: 0 69/2 02 21. **Raum Bochum**: Westdeutsche Allgemeine Zeitung, Friedrichstraße 34–38, 45128 Essen, Telefon: 02 01/8 04 24 41. **Raum Kaiserslautern**: Die Rheinpfalz, Pariser Straße 16, 67655 Kaiserslautern, Telefon: 06 31/3 73 72 20. Bitte informieren Sie sich bei den jeweiligen Verlagen über das Verbreitungsgebiet und die Tarife. Sie können selbstverständlich von diesen Zeitungsverlagen auch einzelne Exemplare der Mittwoch- und Samstag-Ausgaben mit dem Gebrauchtwagen-Anzeigenteil beziehen. In Bochum und in Kaiserslautern finden sogenannte „Samstagsmärkte“ statt, auf denen Jahreswagen von unseren Mitarbeitern auf privater Basis angeboten werden. **Bochum**: Ort: Adam Opel AG (gegenüber Tor 1), 44803 Bochum Laer, Telefon: 02 34/9 89-01. Zeit: jeden Samtag – ausgenommen zwischen den Jahren und in der Zeit der Werksferien im Sommer. **Kaiserslautern**: Ort: Adam Opel AG, Parkplatz Ost (vor Portal 1), 67663 Kaiserslautern (Zufahrt vom Opel-Kreisel, Nähe Autobahnausfahrt Kaiserslautern-West), Telefon: 06 31/ 3 55-0. Zeit: von März bis Oktober jeden letzten Samtag im Monat – ausgenommen in der Zeit der Werksferien. Darüber hinaus sind unsere Opel-Händler an die Gebrauchtwagen-Infobörse angeschlossen. In diesem System werden Angebote von Opel-Mitarbeitern veröffentlicht, die ihren Jahreswagen über Opel-Händler im gesamten Bundesgebiet verkaufen. Schauen Sie ganz einfach mal unverbindlich bei Ihrem Opel-Händler vorbei, um sich über das aktuelle Angebot an Jahreswagen zu informieren.

Ersparnis: Jahreswagen können je nach Typ und Ausstattung und gefahrenen Kilometern zwischen 15 bis 30 Prozent billiger sein als ein Neuwagen.

Streckenbeschreibung: A 67 Darmstadt–Mainz, Ausfahrt Rüsselsheim. Durch den Ort durch, Opelgelände direkt am Main.

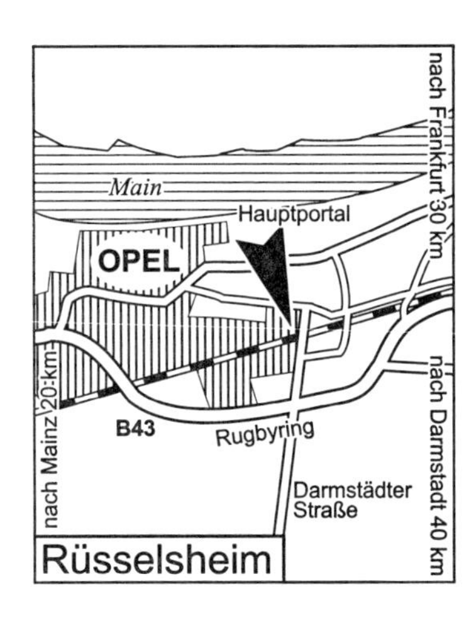

POLSTER KOPS

Strapazierfähige Polsterträume

Aus edlen Naturfasern und bewährten synthetischen Markenfasern von Meisterhand verarbeitet – das macht den Wert und Komfort von klassischen Polstermöbeln aus. Stilistisch ist ein Großteil der Möbel eher wuchtig.

Warenangebot: Sofas, Canapés, Sessel, Ohrensessel, Sitzecken, Essecken, Klappbetten, Liegen, Matratzen, Bettroste und Wohnzimmertische.

Ersparnis: reguläre Ware 10 bis 20 Prozent, Angebote 30 bis 40 Prozent ermäßigt; Preisbeispiele: Canapé 1 998 DM, Sofaangebot (ausziehbar mit Bettrost) 998 DM, Wohnzimmersofas alle um 3 000 DM.

Einkaufssituation: Eingang rechte Hausseite am Büro vorbei; große Möbelausstellung; Preise, Modellbezeichnung usw. gekennzeichnet; Fachberatung.

Besonderheiten: Die Polstermöbel sind meist aus Velours, Schattenvelours, Strukturgewebe. Alles sehr strapazierfähig.

Firma: Polster Kops, An den Ziegelhütten 9–11, 66127 Saarbrücken-Klarenthal, Telefon: 0 68 98/3 11 85, Fax: 3 96 01.

Öffnungszeiten: Montag bis Freitag 8.00 bis 17.00 Uhr, Samstag nach Vereinbarung.

Streckenbeschreibung: Klarenthal liegt westlich von Saarbrücken; von Saarbrücken nach Völklingen über die Autobahnbrücke fahren, nächste Kreuzung links nach Klarenthal; dort Richtung Gewerbegebiet An den Ziegelhütten, die Firma ist nach 50 m links.

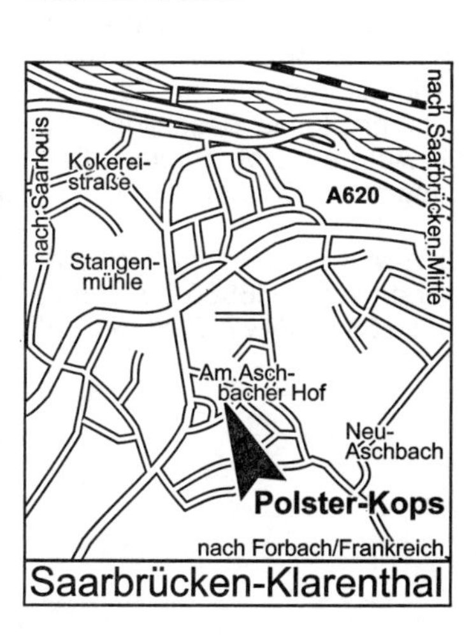

LONIS STOFFBOX

Stoffe und Mode

Bei Henrici stapeln sich auf Tischen die Stoffballen. Viskose, Feinripp und Baumwolle – Stoffe in Hülle und Fülle. Daneben hängt auf Ständern Kleidung in Einheitsgrößen. Nichts für Kundinnen mit hohen modischen Ansprüchen.

Warenangebot: Röcke, Blusen, Hosen, Jacken. Warenangebotspalette von sehr günstig bis relativ hochwertig. Interessantes Stoffangebot verschiedener Materialien.

Ersparnis: beträchtlich, vor allem bei Stoffen: Viskose/Meter 16 DM. Blusen und Hosen 30 bis 70 DM, Sommerröcke 30 bis 80 DM, Jacken bis 129 DM.

Einkaufssituation: den Preisen entsprechend, einfachste Ausstattung, Secondhand-Atmosphäre. Zwei Umkleidekabinen. Verkaufsraum ist von Fa. ausgelagert, keine Beschilderung. Mit Auto auf Hofparkplatz, Eingang durch Doppelglastür.

Firma: Loni Henrici, Verkauf: Höhenweg 6, 56865 Schauren, Tel.: 0 65 45/64 77, Fax: 89 21.

Öffnungszeiten: Dienstag und Donnerstag 14.00 bis 18.00 Uhr.

Streckenbeschreibung: Schauren/Blankenrath liegt nordwestlich von Bad Kreuznach, B 41 und 421 Richtung Zell. Auf 421 links abbiegen nach Schauren. Im Ort in einer scharfen Linkskurve rechts abbiegen. Fa. liegt nach 50 m schräg gegenüber einer Fensterfabrik auf der rechten Seite.

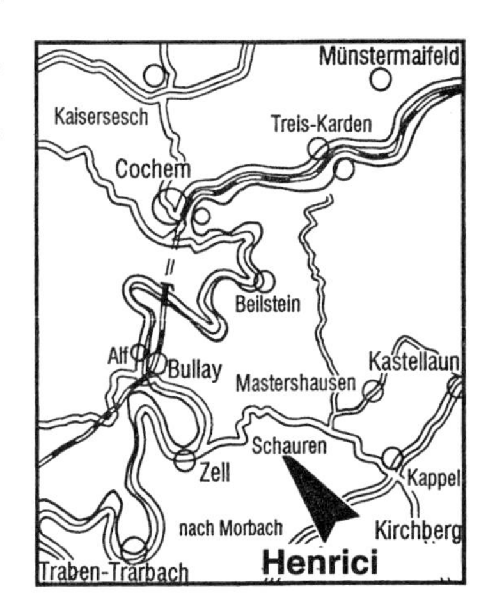

PAUL WOLF GMBH & CO. KG

Topkuss, der Topgenuss vom „Süßen Wolf"

Mehr als die Hälfte der gesamten Bevölkerung isst häufig, gelegentlich oder zumindest hin und wieder Schokoküsse. Der weitaus größte Teil der Kinder und Jugendlichen gehört dazu. Auch mehr als ein Viertel aller über 60-jährigen freut sich zumindest hin und wieder über Schokoküsse.

Warenangebot: leicht beschädigte Schokoküsse, Kokosbälle, Mokkaküsse und Rum-Trauben-Nuss-Küsse immer täglich frisch. Gebäckbruch, Waffelbruch und saisonbedingt Dominosteine (Juli bis November).

Ersparnis: Angeboten werden Sonderabpackungen mit leicht beschädigter Ware – superfrisch – zu günstigen Preisen, z. B. 50 Schokoküsse 8,50 DM, 50 Mokkaküsse oder 50 Kokosbälle 9 DM, 100 kleine Negerküsse 8,50 DM. Bei handelsüblicher Ware keine Preisersparnis.

Einkaufssituation: kleiner Verkaufsraum, ca. 20 m², neben dem Lagerbereich, freundliche Atmosphäre.

Firma: Paul Wolf GmbH & Co. KG, Carl-Benz-Straße 6–8, Industriegebiet Süd, 67105 Schifferstadt, Telefon: 0 62 35/95 61-0, Fax: 95 61 44.

Öffnungszeiten: Montag bis Freitag 8.00 bis 16.00 Uhr.

Streckenbeschreibung: Schifferstadt erreichen Sie über die A 61. Hinweisschildern „Industriegebiet Süd" folgen.

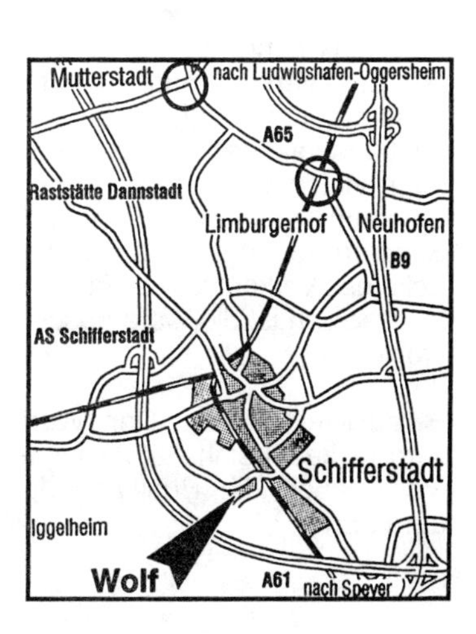

BECHT

Scherben bringen Glück

Schade wär's um das hübsche Stück, doch diese Ware gibt's „en masse“: Die Keramikfabrik produziert Schalen, Vasen und Blumenübertöpfe maschinell und in Serien am Fließband. Deshalb unterbietet sie auch übliche Keramikpreise, zudem entsteht relativ viel Ware mit kleinen Schönheitsfehlern.

Warenangebot: große Auswahl an Vasen, Schalen, Kerzenständern, Blumenübertöpfen und Blumensockeln. Geschenkartikel als Keramik wie Figuren, Ascherbecher usw.

Ersparnis: 50 bis 90 Prozent Ersparnis; Preisbeispiele: Vase in Tulpenform 12 DM, Blumenübertopf, ca. 15 cm Durchmesser, 16 DM, Blumenübertöpfe, klein, 3 Stück, 1 DM.

Einkaufssituation: Direkter ab Fabrik kann man nicht kaufen: Zum Verkauf muss man im Slalom durch die gesamte Produktionshalle gehen, denn erst nach vielen Metern mit Brennöfen, halbfertigen Töpfen und Schalen gelangt man in die Ecke des Verkaufs. In einfachen Holzregalen ist die Ware ausgestellt.

Besonderheiten: Der Weg zum Verkauf beinhaltet zwangsweise auch die Besichtigung der Fabrik.

Firma: Kerama GmbH, Am Gänsrasen 5, 33110 Schlitz, Telefon: 0 66 42/91 91 66, Fax: 91 91 68.

Öffnungszeiten: Montag bis Donnerstag 8.00 bis 12.00 und 13.00 bis 16.30 Uhr, Freitag 8.00 bis 12.00 Uhr.

Streckenbeschreibung: Schlitz liegt nördlich von Fulda; in Schlitz Richtung Bad Salzschlirf fahren; links vor der DEA-Tankstelle zur Keramikfabrik.

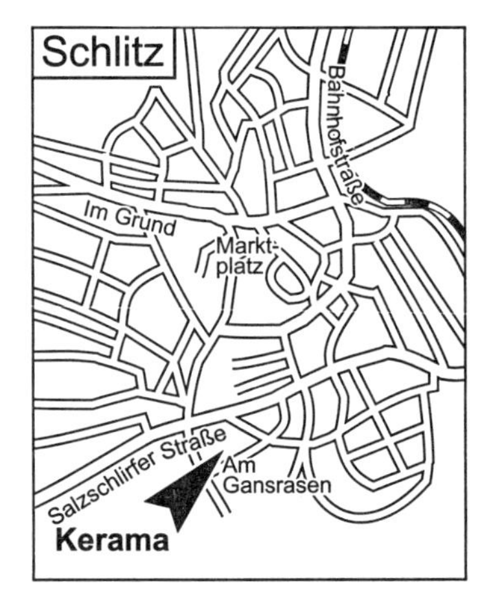

WEIDENMANN

Herrenmode mit Tradition

Elegante, gepflegte und aktuelle Herrenmode für jung und alt. Klassisch, modisch, vielfältig.

Warenangebot: Anzüge, Sakkos, Westen, Hosen, Hemden, Krawatten und Gürtel, Accessoires.

Ersparnis: 40 bis 50 Prozent. Anzüge 349 DM, Sakkos 219 DM, Hosen 99 DM, Westen 49 DM.

Einkaufssituation: Es gelten Einheitspreise (nicht Händlerabgabepreise), zusätzlich zeitlich begrenzte Sonderangebote; übersichtliche Beschilderung; reichhaltiges Warenangebot, auch in Zwischen- und Übergrößen.

Firma: Hellmuth Weidenmann Vertriebs-GmbH, Daimlerstraße 1, 66130 Saarbrücken. Fabrikverkauf: Hüttenstraße 21 (Industriegebiet Süd), 66833 Schmelz/Saar, Telefon und Fax: 0 68 87/88 76 46.

Öffnungszeiten: Montag bis Freitag 12.00 bis 18.00 Uhr, Samstag 9.00 bis 14.00 Uhr.

Weitere Verkaufsstelle: **66299 Friedrichsthal,** Factory Outlet Center, Friedlandstraße 1, Telefon: 0 68 97/84 23 44.

Streckenbeschreibung: Das Objekt liegt in Schmelz, inmitten des Saarlandes, in der Nähe des Rathauses; gut erreichbar; ausreichend Parkplätze vorhanden.
Anfahrt über A 1 Trier–Saarbrücken (AS Eppelhorn o. Tholey), A 8 Neunkirchen–Saarlouis/Luxemburg (AS Heusweiler) oder B 268.

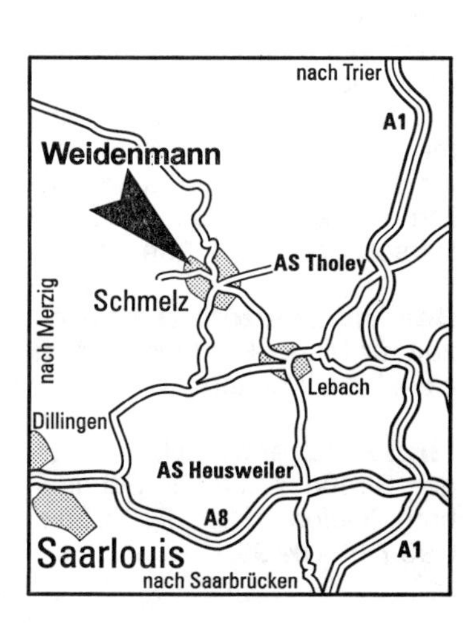

DOLZER

Auf den Leib geschnitten

Dolzer Maßkonfektionäre fertigen für Damen und Herren Bekleidung nach Maß. Außergewöhnlich große Auswahl an englischen, deutschen und italienischen Stoffen in besten Qualitäten. Klassische und modische Modelle.

Warenangebot: Herren: Mäntel, Anzüge, Westen, Sakkos, Hosen, Frack und Cut. Damen: Kostüme, Jacken, Röcke, Hosen und Mäntel. Accessoires: Hemden, Krawatten, Tücher, Sportjacken. Große Auswahl von ca. 3000 Stoffen.

Ersparnis: ca. 50 Prozent gegenüber Konfektionskleidung. Maßgeschneiderte Anzüge und Kostüme ca. 280 bis 470 DM.

Einkaufssituation: ca. 800 m^2 große Verkaufsräume auf zwei Ebenen. Im EG ist die Kleidung. Hier werden Sie auch von Schneidern beraten und „vermessen". Im OG sind Stoffmuster und Modelltafeln übersichtlich präsentiert; fachkundiges Personal berät auf Wunsch.

Besonderheiten: Die Lieferzeit für Maßbekleidung beträgt ca. 4 bis 6 Wochen.

Firma: Dolzer GmbH, Rippberger Straße 7, 63936 Schneeberg, Telefon: 09373/9400, Fax: 09373/940299.

Öffnungszeiten: Montag, Mittwoch, Freitag 8.30 bis 17.00 Uhr, Dienstag und Donnerstag 8.30 bis 18.30 Uhr, Samstag 8.00 bis 14.00 Uhr und langer Samstag 8.00 bis 16.00 Uhr.

Streckenbeschreibung: von Aschaffenburg auf der B 469 Richtung Miltenberg. Bei Amorbach auf die B 47 nach Schneeberg. Im Ort liegt auf der linken Seite die Firma Dolzer. Parkplätze rechts am Sportplatz.

OTTO KESSLER

Der Greifer

Auf traditionelle, handwerkliche Weise werden heute noch die Handschuhe von Fachleuten gefertigt. Naturgegebene Unregelmäßigkeiten des Leders sind bei der Färbung erhalten geblieben und Merkmal der Echtheit.

Warenangebot: Lederhandschuhe (auch Fäustlinge) für Damen und Herren aus unterschiedlichen Ledern (Ziegenvelours, Glattleder). Futter: Strickstoff, Seide, Fell, Lamm, Plüsch, Curly (Babylamm).

Ersparnis: reguläre Ware in 1. Qualität 30 bis 40 Prozent günstiger, Ware aus der „Wunschkiste" in 2. Wahl 80 Prozent ermäßigt; Preisbeispiele: Damenhandschuh (Curly, 1. Wahl) 45,90 DM, 2. Wahl Herrenhandschuhe 10 DM. Zu allen Preisen muss noch die Mehrwertsteuer zugerechnet werden.

Einkaufssituation: An der Anmeldung melden, die Ware kauft man direkt ab Lager. Da die Handschuhe nicht ausgestellt sind, sollte man eine ungefähre Vorstellung haben, was man möchte.

Firma: Otto Kessler GmbH, Am Eichenhain 9, 35641 Schöffengrund-Laufdorf, Telefon: 0 64 45/9 24 10, Fax: 57 38.

Öffnungszeiten: nur Freitag 9.00 bis 12.00 Uhr.

Streckenbeschreibung: von Wetzlar kommend, vor Ortseingang rechts ins Gewerbegebiet Laufdorf; die Straße gabelt sich, die rechte Straße bis zum Ende durchfahren; Firma im letzten Haus links.

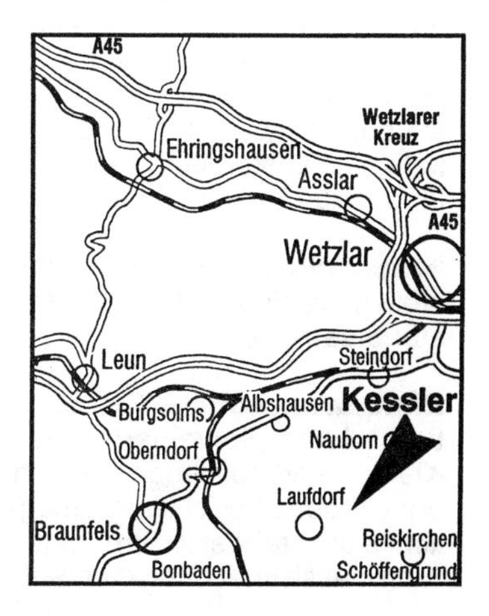

SCHOTTENER REHA

Zeitlos elegante stabile Massivholzmöbel

Aus edlem Nadelholz werden schlichte, einfache, aber dennoch elegante Möbel gezaubert. Gefertigt werden komplette Schlafzimmermöbel und Einrichtungen. Sonderanfertigungen werden auf Kundenwunsch ausgeführt. Hinzu kommt noch die Herstellung von Vogelkäfigen in den Reha-Werkstätten.

Warenangebot: komplettes Schlafzimmer Fichte, massiv; Kleiderschränke 2türig, 3türig, 4türig; Betten in vier Ausführungen; Nachtschränkchen in zwei Varianten; Sideboards; Sprungrahmen aus Buche und Esche; Tischgarnituren aus Fichte Massivholz; Stühle, Tische und Eckbänke in verschiedenen Ausführungen. In geringem Umfang auch Treppenbau und Innenausbau. Zum Warenangebot zählen auch Vogelkäfige in verschiedenen Ausführungen, wie z. B. Nistkästen, Flugkäfige, Zuchtkäfige, Schaukäfige, Transportkäfige. Fenstergitter und Geländer aus Metall.

Ersparnis: da direkt vom Hersteller, verringerter Mehrwertsteuersatz.

Einkaufssituation: Fachberatung durch Schreinermeister. Kleiner Verkaufsladen, jedoch ohne Möbel. Besichtigungsmöglichkeiten teilweise im Lager. Kein klassischer Fabrikverkauf.

Besonderheiten: Möbel können gegen Frachtzuschlag ins Haus geliefert werden.

Firma: Gemeinnützige Schottener Reha GmbH, anerkannte Werkstatt für Behinderte (WfB), Vogelsbergstraße 212, 63679 Schotten 1, Telefon: 0 60 44/ 60 09-0.

Öffnungszeiten: Montag bis Donnerstag von 8.00 bis 16.00 Uhr. Freitag von 8.00 bis 13.00 Uhr.

Streckenbeschreibung: Autobahn: von Norden kommend: Abfahrt Alsfeld-West, dann über Lauterbach nach Schotten, von Süden kommend: Abfahrt Friedberg, dann über Nidda nach Schotten. Von Westen kommend: (Sauerlandlinie) Abfahrt Wölfersheim, dann Schotten. Von Aschaffenburg/Hanau: Abfahrt Florstadt, dann Schotten **(siehe Orientierungskarte Seite 255).**

KEIL

Geschmackssache...

... denn wir finden sie überzeugender als die „Dicken“: Die Füllung ist leichter und lockerer, der Schokoguss fester und schokoladiger. Im Unterschied zu anderen Schokoküssen verwendet Keil Kuvertüre als Schoko-Überzug und keine Fettglasur.

Warenangebot: täglich frisch in riesiger Auswahl: klassischer Schokokuss, mit Kokos (hell/dunkel), Krokant (hell/dunkel), Mandel, Nuss, Amaretto, Rum, Vanille, Cappuccino, Mokka, Eierlikör, Erdbeer, Zitrone, Banane, Pistazie und Muscheln (Schokokussmasse und Waffel in Muschelform).

Ersparnis: Ein Schokokuss kostet 0,39 DM, die Muscheln kosten 0,80 DM.

Einkaufssituation: Verkauf direkt ab Backstube zwischen weißen, „nackten“ Schaumhäufchen und duftender Schokomasse.

Besonderheiten: Bestellt man im voraus, können besondere Wunschmischungen berücksichtigt werden.

Firma: Wolfgang Keil, Untere Weinbergstraße 5, 63679 Schotten-Wingershausen, Telefon: 0 60 44/31 28.

Öffnungszeiten: Montag bis Freitag 9.00 bis 18.00 Uhr, auch samstags oder außerhalb der genannten Öffnungszeiten nach telefonischer Absprache.

Streckenbeschreibung: Wingershausen liegt noch 5 km vor Schotten; in Wingershausen links (beschildert) und immer den Schildern nach (bis vors Haus beschildert).

GLASSHOP

Gewohnter Alltag, hübsch zelebriert

Originelles Geschirr im Stil des „Zeitgeistes" oder die klassischen Varianten in Schwarz oder durchsichtig-glasig. Glaswaren für Junge und Junggebliebene – auch für deren Geldbeutel.

Warenangebot: reguläre Ware und billige Auslaufmodelle/Restposten: Gläser, Geschirr, Karaffen, Vorratsgläser, Glaswaren für den Haushalt in großer Auswahl (Gewürzstreuer, Essig-/Ölkaraffen etc.).

Ersparnis: Ermäßigung bei regulärer Ware rund 20 Prozent, bei Restposten 50 bis 60 Prozent; Beispiele: Liter-Karaffe 8,95 DM, Sektkelch 6,40 DM, große, schwarze Obstschale 17,50 DM. Im Sommer-/Winterschlussverkauf nochmals 20 Prozent reduziert.

Einkaufssituation: Das große Schild „Arietta-Glasshop" markiert den Eingang unübersehbar; stöbern und Preise vergleichen lohnt sich, da die reguläre und die auslaufende Ware gemischt präsentiert werden. Zusätzlich ständig geöffnete Schnäppchenhalle.

Besonderheiten: In Schwalmstadt-Ziegenhain hat die Fa. Rohde einen Schuhverkauf.

Firma: Glasshop, Wierastraße 37, 34613 Schwalmstadt-Treysa, Tel.: 06691/80939, Fax: 80980.

Öffnungszeiten: Montag bis Freitag 9.30 bis 12.30 und 14.00 bis 18.00 Uhr, Samstag 9.30 bis 12.30 Uhr, alle 4 Wochen großer Freiluft-Glasmarkt.

Streckenbeschreibung: in Schwalmstadt-Treysa Richtung Neustadt (am Reisemobil/Caravan-Center links vorbei); Firma nach ca. 30 Metern links.

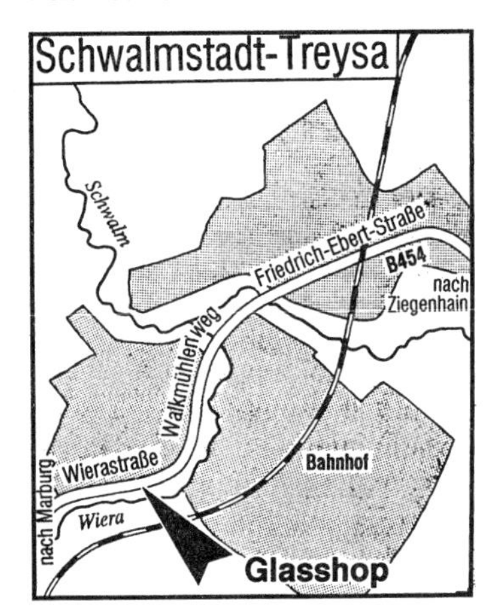

ROHDE

Für Pantoffelheldinnen und Draufgänger

„Vergesst mir Eure Meister nicht und ehrt mir ihre Zunft“, so ermahnt der Schuhmacher und Poet Hans Sachs die Arbeiter der Schuh fabrik Rohde vor dem Eingang der Fabrik. Der Spruch an der Hauswand des Unternehmens ist auch heute noch Motto der Arbeit.

Warenangebot: Für Damen, Herren und Kinder gibt es eine große Auswahl an Hausschuhen und Sympatex-Allzweckschuhen (gefüttert/ungefüttert): Hauspantoffeln, Hausstiefelchen, Haushalbschuhe, Stiefel und Stiefeletten aus Leder oder Sympatex, gefüttert/ungefüttert.

Ersparnis: auf beste Qualitäten 40 bis 50 Prozent Ersparnis; Preisbeispiele: Hauspantoffeln 30 DM, Sympatex-Stiefel (gefüttert) 68,20 DM, Kinder-Sympatexschuhe um 50 DM.

Einkaufssituation: Das Schild am Fabrikgebäude rechts „Sonderverkauf im Hof“ ist zu bescheiden, da die Ware wie im Fachgeschäft präsentiert wird: Der Eingang ist jedoch im Hof; Fachberatung; Preisauszeichnung; etwas Geduld mitbringen, da meist sehr viel Betrieb.

Firma: Erich Rohde KG, Schuhfabriken, Ascheröder Straße 22, 34613 Schwalmstadt-Ziegenhain, Tel.: 0 66 91/7 80, Fax: 7 82 15.

Öffnungszeiten: Montag bis Freitag 9.00 bis 12.30 und 14.00 bis 17.30 Uhr.

Streckenbeschreibung: Richtung Treysa. Kurz vor Ortsende ist der große Firmenkomplex, Verkauf im letzten Gebäude links; Parkplätze im Hof.

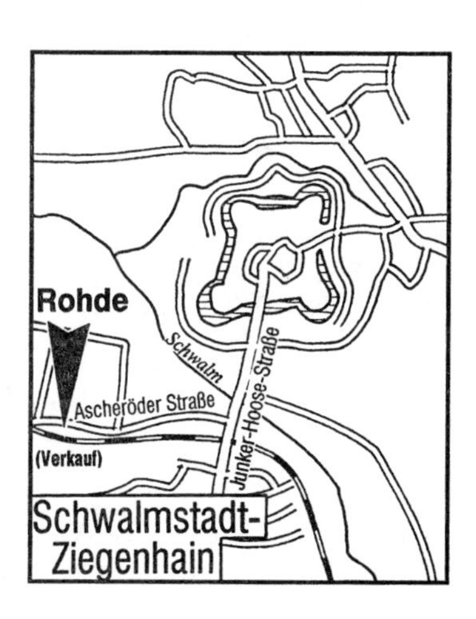

BRODEHL

Aus Omas Trickkiste

Die langjährige Sockentradition setzt sich auch heute noch in dem kleinen Familienbetrieb fort. Produktion, Wohnung und Verkauf sind in einem Haus – ein Ort, wo man noch Superqualität zu Minipreisen erhält.

Warenangebot: dicke, dünne, lange, kurze, Damen-, Kinder- und Herrenstrümpfe von der robusteren Machart.

Ersparnis: 30 bis 50 Prozent günstiger; Preisbeispiele: Naturfarbene grobe Baumwollgemischsocken 2 DM.

Einkaufssituation: Die schrille Glocke beim Eintreten lockt den Chef des Hauses von seiner Maschine in den Verkaufsraum; das große Schild „Verkauf" vermeidet, dass man im Wohnzimmer landet.

Besonderheiten: In Seeheim gibt es noch 3 weitere Fabrikverkäufe.

Firma: Brodehl, Balkhäuser Tal 12, 64342 Seeheim-Jugenheim, Telefon: 0 62 57/36 41.

Öffnungszeiten: Montag bis Freitag 9.00 bis 17.00, Samstag 9.00 bis 12.00 Uhr.

Streckenbeschreibung: A 5 bis Seeheim-Jugenheim; nach Ausfahrt geradeaus Richtung Ortsteil Jugenheim und immer auf dieser Vorfahrtsstraße bleiben; kurz vor Ortsende ist linker Hand die Firma (neben Gasthof Rebstock); Schild „Strumpffabrikation".

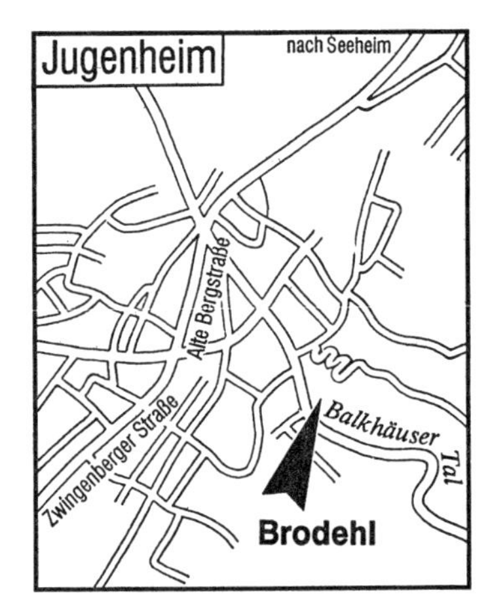

HANIGA TREVIRA

Schöne Aussichten

Geschmackvolle und kultivierte Wohnraumgestaltung zu erschwinglichen Preisen: So gewinnen alte Einrichtungen den Glanz ihrer früheren Tage zurück, die neuen werden abgerundet.

Warenangebot: halbe Gardinen, Stores, Dekostoffe und Zubehör wie z. B. Gardinenstangen, Jalousien, Rollos und Lamellenvorhänge.

Ersparnis: 30 bis 40 Prozent auf Meterware, Stoffreste aus der Wühlkiste. Meterware-Preisbeispiele: halbe Gardinen (Panneaux) ab 5 DM, Stores, hochwertige Ware, 180 cm hoch, ab 16 DM, 260 cm hoch ab 21 DM, Dekostoffe ab 15 DM.

Einkaufssituation: Selbst an trüben Tagen kann man das poppige, neonfarbige „Haniga-schild" nicht übersehen; zum Laden führt das Schild „Verkauf für jedermann" am Eingang; die Wühlkiste ist rechts im Verkaufsraum zu finden.

Firma: Haniga Gardinenhandel GmbH, Friedrich-Ebert-Straße 62, 64342 Seeheim-Jugenheim, Telefon: 0 62 57/8 51 97, Fax: 8 20 38.

Öffnungszeiten: Montag geschlossen, Dienstag bis Freitag 12.00 bis 18.00 Uhr, Samstag 9.00 bis 13.00 Uhr.

Streckenbeschreibung: A 5 bis Seeheim-Jugenheim, an der 1. Ampel nach Ausfahrt links, nächste Ampel rechts; die Firma ist nach ca. 200 m auf der rechten Seite (gut beschildert).

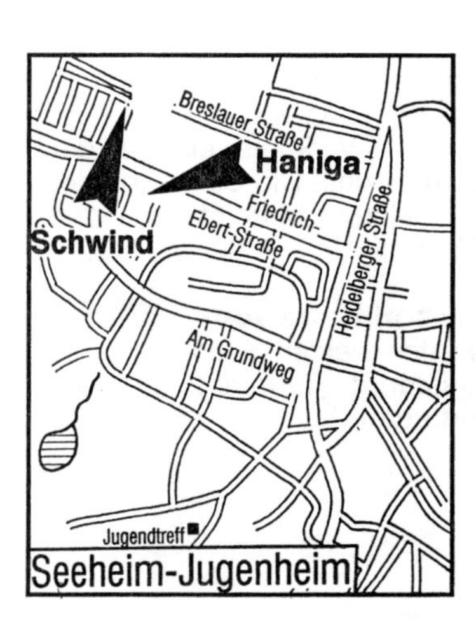

SCHWIND

Hohl aber süß

Das 25-jährige Jubiläum haben die Schokoexperten schon 1988 gefeiert. Was wäre Weihnachten und Ostern ohne die süßen Weihnachtsmänner und Hasen? Für Kinder und Erwachsene undenkbar.

Warenangebot: Ab August stehen bereits die Vollmilch-Nikoläuse in den Regalen Spalier, nach Weihnachten rücken dann die Osterhasen nach. Im Hochsommer ruht der Betrieb. Während der Saison gibt es zusätzlich Pralinen und Diätpralinen.

Ersparnis: Die gelungenen Figuren sind ca. 30 Prozent ermäßigt: Weihnachtsmann 0,60 bis 7 DM. Bruchschokolade (500 g) 3,50 DM, Pralinen (500 g) 8,50 DM.

Einkaufssituation: Im Innenhof geht's links durch die gelbe Tür zum Verkaufsraum und der Anmeldung. Die Dame von der Anmeldung betreibt auch den Verkauf.

Besonderheiten: Vor den Festen werden Sonderverkäufe gestartet (Termin telefonisch erfragen).

Firma: Walter Schwind KG, Breslauer Straße 20, 64342 Seeheim-Jugenheim, Telefon: 0 62 57/8 10 21, Fax: 8 10 23.

Öffnungszeiten: Montag bis Donnerstag 9.00 bis 12.00 Uhr und 13.00 bis 16.30 Uhr, Freitag 9.00 bis 16.00 Uhr, Samstag geschlossen. Während der Sommermonate geschlossen, bitte vorher anrufen.

Streckenbeschreibung: Seeheim-Jugenheim liegt südlich von Darmstadt; A 5 bis Seeheim-Jugenheim, an der 2. Ampel nach Ausfahrt links, nächste Ampel rechts; zur Firma geht's nach ca. 150 Metern links (vor Aldi) in die Breslauer Straße. Ein riesiges Schild weist auf die Firma hin (rechte Seite) **(siehe Orientierungskarte Seite 259).**

LANGER

Glasklar

Zum Ordnen wichtiger Unterlagen, Schulmappen und Bürounterlagen unerlässlich – als Werbegeschenk wirkungsvoll, individuell und erfolgreich.

Warenangebot: Prospekthüllen, Sichtmappen und -einlagen, Hüllen, Ringbücher, Register, Angebotsmappen, Kongressmappen und -taschen, Namensschilder und Werbeartikel wie Kofferanhänger, alle Artikel auch mit Firmenprägung transparent oder mit farbigen Teilstücken.

Ersparnis: Ersparnis 30 bis 50 Prozent, allerdings ist meist eine Mindestabnahme von 100 Stück Pflicht. Beispiele: Prospekthülle (Öffnung oben) 0,17 DM, Aktenhüllen 0,12 DM. Auch hier gilt: Je mehr, desto billiger.

Einkaufssituation: An der Anmeldung „sitzt" nur ein Telefon mit dem Vermerk: Bitte rufen Sie Nr. 42 an. Auf Wunsch öffnet dann eine Beraterin den Verkaufsraum links neben der Anmeldung, wo das gesamte Sortiment ausgestellt ist; Prospekte erhältlich.

Besonderheiten: Alle Artikel sind in Farbe oder klarsichtig, mit oder ohne Aufdruck, je nach Vereinbarung variierbar.

Firma: Langer Kunststoffwaren GmbH, Wilhelm-Leuschner-Straße 14–20, 63500 Seligenstadt, Telefon: 0 61 82/92 32-0, Fax: 92 32-10.

Öffnungszeiten: Montag bis Donnerstag 7.30 bis 12.45 Uhr und 13.30 bis 17.00 Uhr, Freitag 7.30 bis 12.30 Uhr.

Streckenbeschreibung: in Seligenstadt Richtung Kleinkrotzenburg/Hainburg, bei Abzweigung „Industriegebiet" geradeaus, an der Gabelung linke Straße; Firma links.

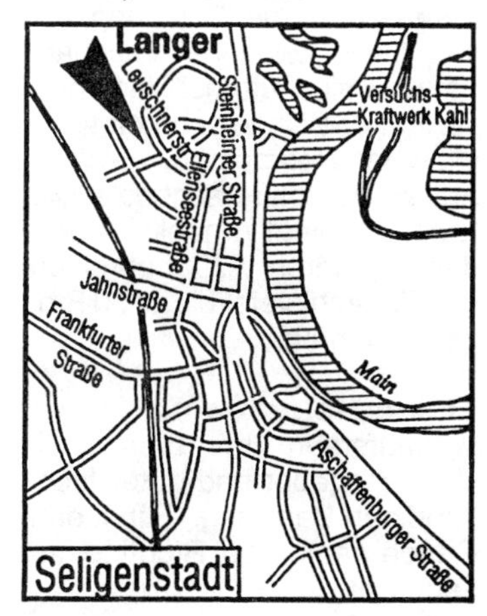

ACTIVline

Mit Autositzbezügen auf Erfolgskurs

Zwar kennen alle Autofahrer als Verbraucher Autositzbezüge, aber die wenigsten wissen, wo sie hergestellt werden. Noch vor ein paar Jahren der Newcomer einer Marktnische, ist Activline heute ein Partner, bei dem Leistung, Qualität und Preiswürdigkeit zählt.

Warenangebot: Die Angebotspalette reicht vom individuellen Sitzbezug bis hin zur exklusiven Passformqualität. Dem Verbraucher stehen eine Vielzahl an Stoffen und Motiven zur Auswahl. Automatten in verschiedenen Designs. Die Universal-Bezüge sind geeignet für Fahrzeuge mit und ohne integriertem Seitenairbag; TÜV-geprüft und mit ABE vom KFZ-Bundesamt.

Ersparnis: Als Fertigungsbetrieb für Einzelhandel, Fachhandel und die Automobilindustrie verfügt das Unternehmen ständig über Restposten, 2.-Wahl-Artikel und Sonderangebote. Die Ersparnis liegt erheblich unter den regulären Abgabepreisen des Endanbieters (bis zu 50 Prozent und mehr).

Einkaufssituation: kleiner Verkaufsraum mit übersichtlichem Angebot und guter fachkundiger Beratung. Für jeden Geschmack das Richtige im Lager.

Firma: ACTIVline GmbH & Co. KG, Johann-Philipp-Reis-Straße 4, 55469 Simmern/Hunsrück, Tel.: 06761/9094-0, Fax: 3577.

Öffnungszeiten: Montag bis Donnerstag von 9.00 bis 16.00 Uhr, Freitag 8.00 bis 14.00 Uhr.

Streckenbeschreibung: Simmern liegt zwischen Koblenz und Mainz, unweit der A 61. Die Produktionsstätte finden Sie im Gewerbegebiet.

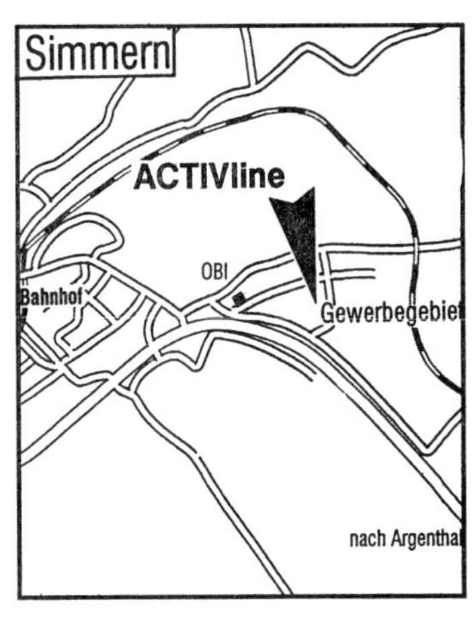

FRIES COUTURE

Modefreuden

Luftige Kleider, sportliche Hosen und elegante Mäntel drehen ihre Runden auf den Ständern in der Kleiderfabrik Fries. Gestrickt oder genäht, die Kleidung erfüllt vielfältige modische Erwartungen in Markenqualität.

Warenangebot: Blusen, Kleider, Mäntel, Hosen, Pullover, Feinripp-Unterwäsche, Hemden, Röcke und Stoffe. Waren sind ausgezeichnet nach 1.-Wahl- oder 2.-Wahl-Qualität.

Ersparnis: Einzelstücke bis 65 Prozent. Mikrofaser-Damenmantel 159 DM, 2 Steghosen 100 DM, Rock 20 DM, Langformbluse 59 DM.

Einkaufssituation: einem Modemarkt ähnlich, mit Musikuntermalung. Große Verkaufsfläche im 1. Stock des Gebäudes, gut ausgeschildert.

Firma: Fries & Sohn, Kirchstraße 1–3, 56424 Staudt, Telefon: 02602/94200, Fax: 942099.

Öffnungszeiten: Montag bis Freitag 14.00 bis 18.00 Uhr, Samstag 9.00 bis 13.00 Uhr.

Streckenbeschreibung: Staudt liegt nördlich von Montabaur. Auf B 255 nach Staudt. Im Ort am Rathaus scharf links Richtung Sportplätze. In 2. Straße rechts einbiegen, Firma liegt direkt an der Ecke links, Parkplätze vor dem Gebäude.

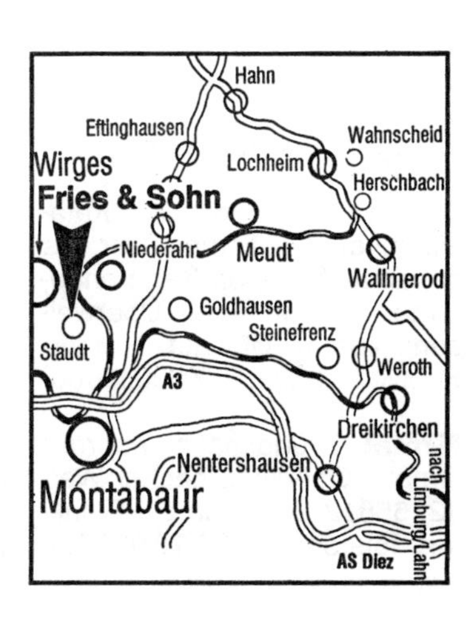

BRÜGELMANN

Alles für den Radler von Europas größtem Fachversand

Der Brügelmann-Katalog gilt als die Bibel der Radsport-Begeisterten auf allen 5 Kontinenten. Der Versandbetrieb hat in Sulzbach auch einen Fahrradshop. Dort gibt es regelmäßig Sonderangebote für Fahrradteile und für Fahrräder mit „Lackschäden".

Warenangebot: vom Mountain Bike/Trekking City Bike über das Sportrad bis zur High-Tech-Rennmaschine. Auch Kinderräder. Nur Marken-Qualitätsprodukte mit Garantie.

Ersparnis: günstige Preise durch Eigenimport. Sondertipp: etwa ab Oktober günstige Auslaufmodelle.

Einkaufssituation: hervorragendes Fachpersonal. Probefahren selbstverständlich.

Besonderheiten: Der Katalog bringt Orientierung über das gesamte Angebot. Kann angefordert werden gegen Überweisung von 10 DM auf Postgiro FFM 301 84-602, BLZ 500 100 60.

Firma: Brügelmann Fahrrad GmbH, Oberliederbacher Weg 42, 65842 Sulzbach bei Frankfurt. Telefon: 0 61 96/75 00 75.

Öffnungszeiten: Montag bis Freitag 9.00 bis 19.00 Uhr, Samstag bis 14.00 Uhr.

Streckenbeschreibung: A 66 Frankfurt, Abfahrt Höchst. Richtung Main-Taunus-Zentrum, rechts halten, Richtung Bad Soden. 2. Ampel rechts, von da ausgeschildert.

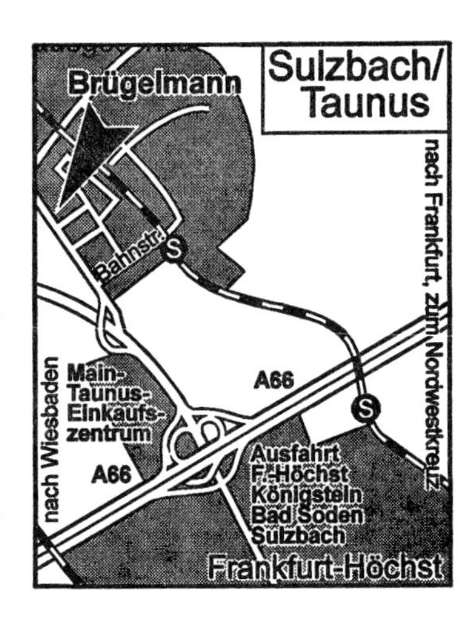

JULIUS LANG

Kompetenz in Landhausmode

Julius Lang gilt als renommierter Landhaus-Mode- und Trachtenmode-Macher. Hochwertige Ware in Leder, Leinen, Baumwolle und Schurwolle.

Warenangebot: Trachtenmode für Sie und Ihn. 1.-Wahl-Ware, Hosen, Röcke, Blusen, Anzüge, Kostüme, Mäntel, Jacken, MAXXI für große Größen.

Ersparnis: aktuelle Ware 40 Prozent, im Schnäppchenmarkt im Untergeschoss zusätzlich 30 bis 50 Prozent.

Einkaufssituation: Erlebnis-Einkaufs-Atmosphäre zum Wohlfühlen, sehr ansprechendes Ambiente. Verkaufsfläche (ca. 900 m²) gliedert sich in Erdgeschoss für aktuelle Ware (Damen- und Herrenbekleidung). Im Untergeschoss Schnäppchenmarkt. Neue, helle Verkaufsräume, übersichtliche Warenpräsentation, Parkplätze im Innenhof. Erfrischungen.

Firma: Julius Lang Trachten-Galeria, Bahnhofstr. 68, 63834 Sulzbach/Main, Telefon: 06028/ 401-41. Internet: http://www.julius-lang.de, e-mail: juliuslang @julius-lang.de

Öffnungszeiten: Montag bis Freitag 9.00 bis 18.00 Uhr, Donnerstag bis 20.00 Uhr, Samstag 9.00 bis 16.00 Uhr.

Streckenbeschreibung: auf der A 3 nach Aschaffenburg. Dort in Richtung Automuseum, Obernau. Nach Ortseingang Sulzbach 350 m links.

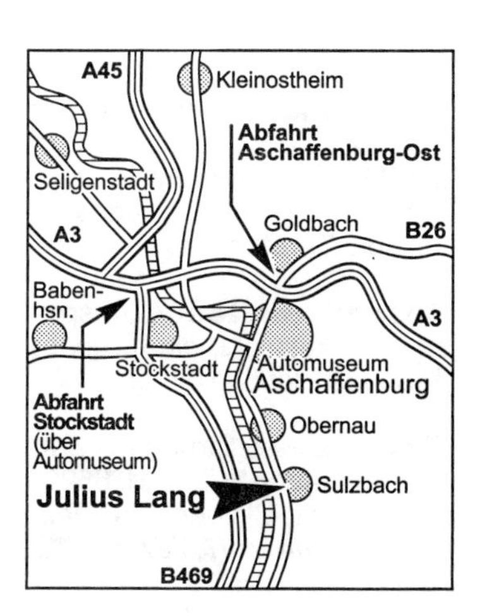

LINDNER ERGEE NORDPOL HUDSON

SOX COMPANY

Mode, die Beine macht

Das Unternehmen produziert in Bleidenstadt selbst nicht mehr, läßt außerhalb produzieren. Trotzdem ist man der Überzeugung: Hier gibt's Strümpfe vom Fachmann.

Warenangebot: Damen- und Kinder-Söckchen, Herrensocken, Bundhosen-, Wander-, Sport-, Tennis- und Skisocken, Feinstrumpfhosen, Strumpfhosen, Leggings.

Ersparnis: nur 1. Wahl; 20 bis 35 Prozent ermäßigt; Preisbeispiele: Herrensocken (100 Prozent Baumwolle) ab 2,95 DM, Seidensocken 12,95 DM, Feinstrumpfhosen ab 3,95 DM, dicke Schurwollsocken 7,95 DM.

Einkaufssituation: Einladendes Schild „Verkauf an jedermann" lockt den Kunden vom Parkplatz zum Verkaufsraum; die Ware wird wie im Fachgeschäft präsentiert, ebenso erfolgt die Beratung.

Besonderheiten: Ansprechende Auswahl, die für jedes Alter das Richtige bietet.

Firma: Leissl Strümpfe, Konrad-Adenauer-Straße 11, 65232 Taunusstein-Bleidenstadt, Telefon: 06128/42497, Fax: 41272.

Öffnungszeiten: Montag bis Freitag 9.00 bis 13.00 Uhr und 14.00 bis 18.30 Uhr, Samstag 9.00 bis 13.00 Uhr. Betriebsferien Ende Juli, bitte vorher anrufen.

Streckenbeschreibung: Nach Ortseingang (von Wiesbaden kommend) die zweite Straße links Richtung „Gewerbegebiet/Sportplatz"; nach Bahnübergang ist die Firma auf der linken Seite (10 m).

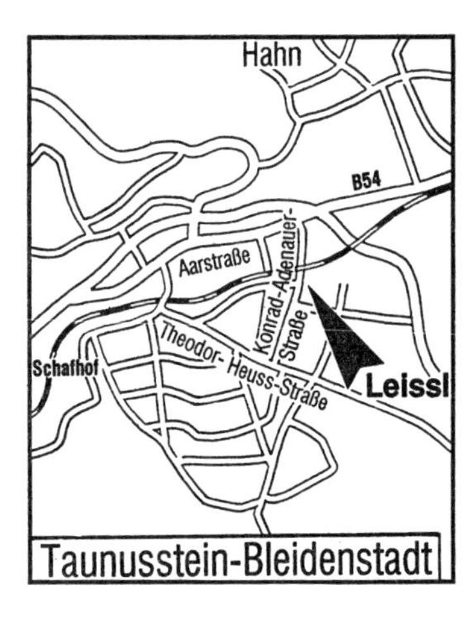

FEINKOST DITTMANN

„Gönn's Dir"

Seit seiner Gründung 1901 ist das Haus Feinkost Dittmann ein reines Familienunternehmen. Die vielfältigen Feinkostspezialitäten unter der Dachmarke haben einen hohen Bekanntheitsgrad im deutschen Lebensmittelhandel und bei breiten Verbraucherschichten.

Warenangebot: Olivenvariationen, Knoblauch, Sardellen, Artischocken, Kapern, Pfefferonen, Saucen, ital. Pasta, Antipasti, Piquanos Maistortillas, Chips & Dipsaucen.

Ersparnis: zwischen 30 und 50 Prozent. Bei Räumungsverkäufen (2–3 × im Jahr) bis zu 80 Prozent. Beispiel: 10-kg-Dose Artischockenherzen 12 DM.

Einkaufssituation: Das Schild Werksverkauf/Restposten preiswert" führt zum Eingang durch den Garten auf der linken Hausseite. Die Produkte werden auf Regalen präsentiert. Für angemeldete Gruppen werden Sonderpräsentationen mit Verkostung geboten.

Firma: Matithor im Hause Feinkost Dittmann, Im Maisel 6, 65232 Taunusstein-Neuhof, Telefon: 0 61 28/97 20.

Öffnungszeiten: Montag und Mittwoch 12.00 bis 18.00 Uhr, bei Räumungsverkäufen eine Woche täglich 10.00 bis 18.00 Uhr.

Streckenbeschreibung: E 35, Ausfahrt Idstein Richtung Bad Schwalbach, Taunusstein die B 275. Vor Taunusstein-Neuhof an dem Schild „Im Maisel" rechts halten. Von Wiesbaden aus die B 54 Richtung Limburg, direkt an der Einfahrtsampel Taunusstein-Neuhof rechts halten und nach 700 m links.

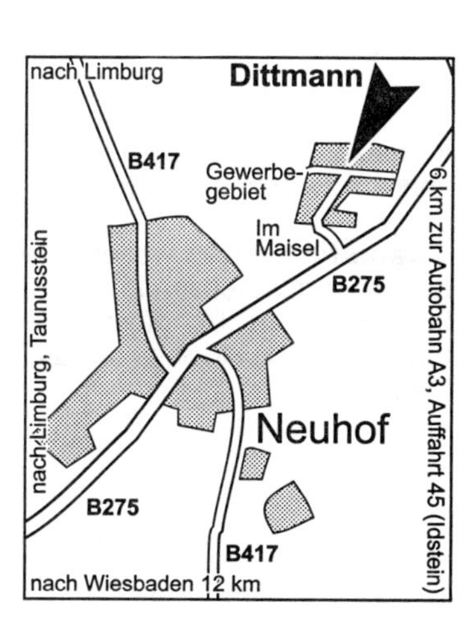

ROMIKA

Auf Wolken schweben

Die Seele der Natur, den „Spirit of nature" will der berühmte Schuhhersteller seinen Schuhen einhauchen. Für ihre federleichten Schuhe verwenden die Schuster von Weltruf hochwertige Materialien. Die Philosophie der Firma: entspanntes Gehen in anatomisch abgestimmtem Fußbett und Schuhwerk.

Warenangebot: Haus- und Freizeitschuhe, Sportschuhe, Stiefel und Sandalen für Damen, Herren und Kinder ab Größe 20. Im Nebenhaus gibt's Leder-, Stoff- und Fellreste.

Ersparnis: auf jeden Fall 50% für das gesamte 2. Wahl-Sortiment mit unterschiedlichen kleinen Fehlern. Noch preiswerter im Sonder- und Musterpreisregal: Turnschuhe 39 DM, Freizeitschuhe 25 DM.

Einkaufssituation: Präsentation ähnelt der Situation in einem Schuhladen. Einzelne Warenkörbe mit speziellen Preisknallern zwischen den Regalen.

Besonderheiten: weitere Fabrikverkaufsadressen in Rheinland-Pfalz im Schnäppchenführer Hessen/Rheinland-Pfalz/Saarland.

Firma: Romika, Karl-Benz-Straße 2–4, 54292 Trier, Telefon: 06 51/20 40, Fax: 20 44 74.

Öffnungszeiten: Montag bis Freitag 9.00 bis 17.00 Uhr, Samstag 9.00 bis 12.00 Uhr.

Streckenbeschreibung: A 602 Trier, Ausfahrt Verteilerkreis/Trier Nord, dritte Ausfahrt: Trier-Ruwer. Zweite Straße rechts abbiegen, dann erste Straße links, Firma liegt gleich auf der rechten Seite.

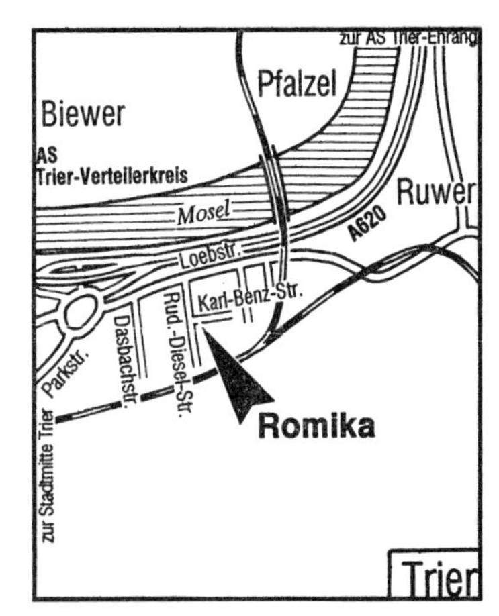

SCHOTT CRISTAL ZWIESEL CRISTAL

Stilvoll ein Gläschen in Ehren

Schott und Zwiesel Cristal sind Gläser von Welt: Das ist Anspruch und Versprechen. Die Marke steht für ausgezeichnete Qualität und hübsches Design; klangvolle Kristall- und Glasserien für den stilvollen Genießer.

Warenangebot: Gläser jeder Art (Wein-, Likör, Wasser-, Saft-, Bier-, Cognac-, Sherry-, Punchgläser); Vasen aus Glas und Kristall; Haushaltswaren für Mikrowelle und Backofen.

Ersparnis: Es gibt nur 1.-Wahl-Ware, die 20 bis 30 Prozent ermäßigt ist, zu kaufen; Beispiele: Biertulpe oder Weinkelch oder Sektglas 10 DM, Vase 24 DM.

Einkaufssituation: Der kleine Verkaufsraum ist nach der Schranke links; Schild an der Tür: Büro/Werksverkauf. Ein Großteil des Warenangebots ist in Vitrinen ausgestellt, der Rest wird mittels Katalogen bestellt; sehr freundliche Beratung.

Besonderheiten: Es ist hier Ware aus dem Werk in Zwiesel und dem Jenaer Glaswerk erhältlich.

Firma: Bremthaler Quarzitwerk, Nauheimer Straße 165, 61250 Usingen, Telefon: 06081/6 64 60, Fax: 1 28 96.

Öffnungszeiten: Montag bis Freitag 8.00 bis 12.00 Uhr, nachmittags auf telefonische Anfrage.

Streckenbeschreibung: Usingen liegt nördlich von Bad Homburg; auf der B 275 Usingen durchfahren in Richtung Nauheim, ca. 500 m nach Ortsende ist die Firma links. Parkmöglichkeiten im Gelände.

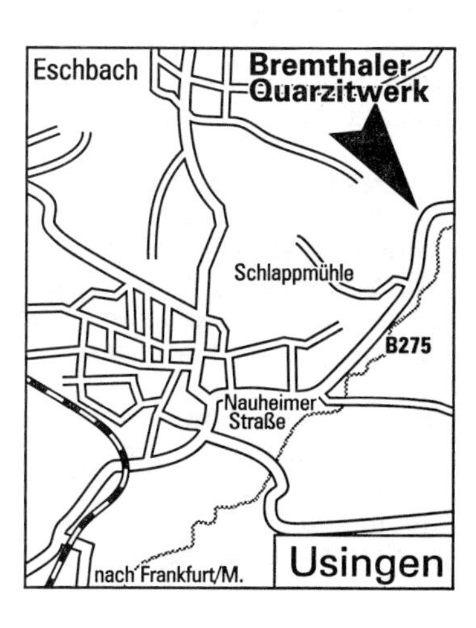

WENZEL LEDERMODEN

Die zweite Haut

Qualität in Mode und Klassik. Stammkundschaft seit über 30 Jahren durch Mund-zu-Mund-Empfehlung. Fertigung und Werkstatt im Hause, langjährige erfahrene Mitarbeiter.

Warenangebot: Erdgeschoss auf 150 m^2: Jacken und Westen für Damen Größe 34 bis 54, für Herren Größe 46 bis 66. Obere Etage auf 160 m^2: YOUNG FASHION in Leder: Jeans, Blousons, Longjackets, Lederkleidung der hohen Ansprüche aus Eigenfertigung oder internationalen Kollektionen: Mäntel, Kostüme, Hosen, Jacken und Mäntel aus Lammpelz und Edelpelz, Pelzumarbeitungen – auch als Leder/Pelzkombination. Einzel- und Maßanfertigung.

Ersparnis: 20 bis 30 Prozent, fachkundige Beratung. Im Sommer-/Winterschlussverkauf nochmals 20 bis 40 Prozent reduziert.

Einkaufssituation: Chef oder Chefin und erfahrene Verkäuferinnen beraten und verkaufen. Ware geordnet, einfach präsentiert. 4 Ankleidekabinen, viele Spiegel, gute Parkmöglichkeiten.

Besonderheiten: Reparaturen, Änderungsservice, große Auswahl, gut sortiertes Lederlager für individuelle Anfertigung, Lederreste zum Basteln.

Firma: Wenzel Ledermoden GmbH & Co. KG, Willscheider Weg 8, 53560 Vettelschoß, Telefon: 0 26 45/32 62 und 32 63, Fax: 31 52.

Öffnungszeiten: Montag bis Freitag 9.00 bis 13.00 Uhr, 14.30 bis 18.00 Uhr, Samstag 9.00 bis 13.00 Uhr. Betriebsferien im Juli, bitte vorher anrufen.

Streckenbeschreibung: A 3 (Frankfurt–Köln), Ausfahrt Linz/ Bad Honnef, in Ortsmitte Hinweisschild Sportzentrum nachfahren.

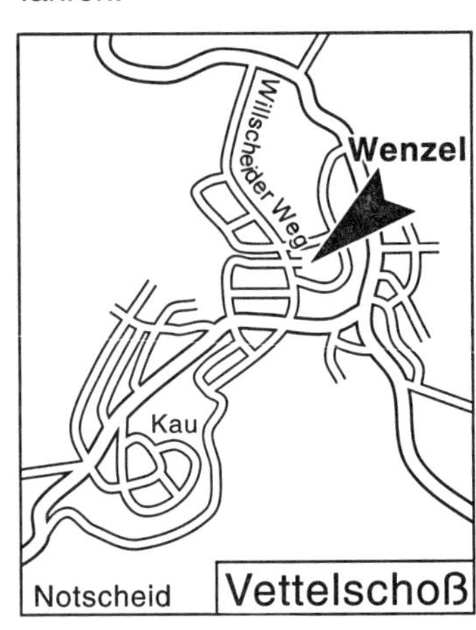

SALAMANDER

Betreten erwünscht

Salamander ist der Spitzenreiter in der Schuh-Top-Ten. Der quirlige Lurch schlängelt sich durchs ganze Menschenfußleben, als „Lurchi" an Kinder-, und als „College" an Jugendfüßen. Damen tragen Salamander „lady-like", „sportiv", „city" oder „Nadine", und die Herrenwelt unterstreicht ihre Männlichkeit mit „Camel"-Boots.

Warenangebot: die ganze Salamander-Palette in allen möglichen Farben, Formen und Größen. Spärliches Angebot an Socken, Feinstrümpfen und Schuhpflegezubehör.

Ersparnis: 20 Prozent bei 1.-Wahl-Schuhen. Bis zu 50 Prozent bei 2. Wahl. Kinderschuhe 39,90 DM; Damenlackschuhe 49,90 DM; Herrenschuhe 89,90 DM.

Einkaufssituation: großer Verkaufsraum. Meistens ist nur eine Verkäuferin im Raum, die an der Kasse sitzt.

Besonderheiten: EC- und Visa-Karten werden gerne genommen. Wer bei Salamander nicht das richtige Schuhwerk gefunden hat, sollte es in der nahegelegenen, ehemaligen Schuhstadt Pirmasens probieren.

Firma: Salamander AG, Pirmasenser Straße 46, 66957 Vinningen, Telefon: 06335/7951, Fax: 92 14 49.

Öffnungszeiten: Montag, Mittwoch, Donnerstag, Freitag 10.30 bis 18.00 Uhr, Samstag 9.00 bis 13.00 Uhr.

Streckenbeschreibung: von Pirmasens in Richtung Bitsch, an der Kreuzung Richtung Niedersimten-Obersimten, erste Kreuzung rechts nach Vinningen, Pirmasenser Straße. Nach leichter Rechtskurve Gebäude rechts nach hinten versetzt mit Aufschrift Werksverkauf Salamander.

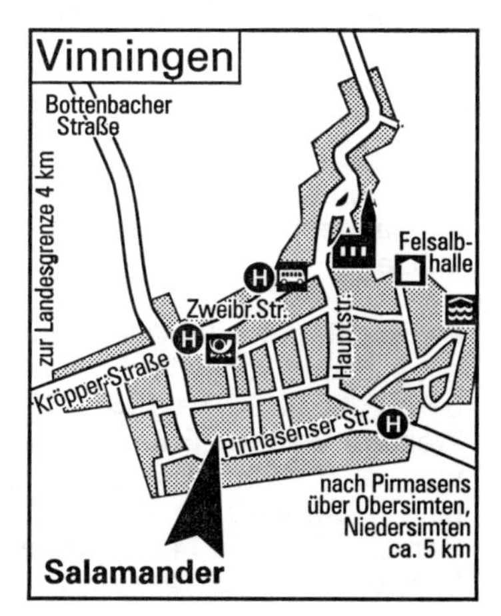

TRIGEMA

Made in Germany

Seit 1975 Deutschlands größter T-Shirt-Hersteller, seit 1977 größter Tennis-Bekleidungs-Hersteller, beste deutsche Markenqualität. Trigema produziert die Stoffe selbst, druckt und konfektioniert in fünf Werken.

Warenangebot: Katalog-Angebot für Damen, Herren und Kinder. Jogginganzüge, Sweat-Shirts, Thermo-Westen, Freizeitmode, Tennismode, Bermudas, Leggings, sportliche Jacken, Sport-, Ski- und Freizeitunterwäsche, Nachtwäsche.

Ersparnis: Händler-Einkaufspreis zuzüglich Mehrwertsteuer ist der Preis, den Trigema-Endverbraucher bezahlen. Der Kunde bekommt 1.-Wahl-Ware exakt zum selben Preis wie der Einzelhändler. Kataloge: Händlerkatalog ist nur für Wiederverkäufer. An den Kassen ist dieser Katalog einsehbar.

Einkaufssituation: gute Präsentation der Waren, volles Katalogangebot. Genügend Parkplätze.

Firma: Trigema, Im Veltensgarten 4, 55546 Volxheim, Telefon: 0 67 03/96 02 55, Fax: 96 02 56. Weiterer Verkauf: Entenweiherweg 12, 53489 Sinzig, Montag bis Freitag 9.00 bis 18.00 Uhr, Samstag 9.00 bis 14.00 Uhr; Telefon und Fax: 0 26 42/98 15 35.

Öffnungszeiten: Montag bis Freitag 9.00 bis 18.00 Uhr, Samstag 9.00 bis 14.00 Uhr.

Streckenbeschreibung: Volxheim liegt östlich von Bad Kreuznach. Von Bad Kreuznach durch Hackenheim nach Volxheim, in Volxheim Richtung Badenheim, Pleitersheim. Nach Ortsschild rechts.
A 61, Abfahrt Gau-Bickelheim, links auf B 50 Richtung Gensingen, Sprendlingen. Nach 1 km links Richtung Volxheim. 200 m vor Volxheim links Trigema.

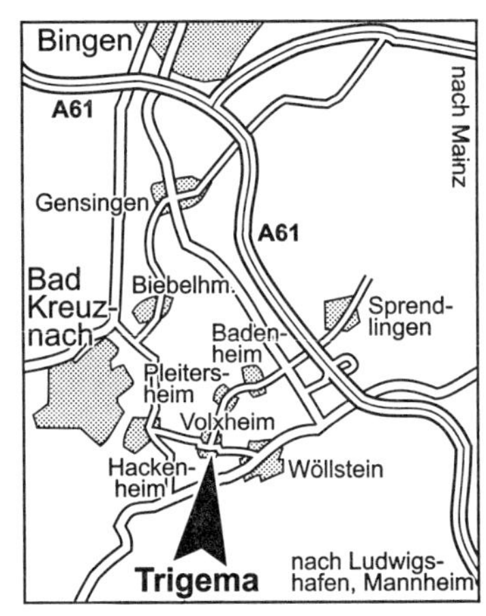

MATTIL

Soweit die Sohlen tragen

Schuhe mit Charakter heißen Prizzi und Trewi: klassisch, elegant und modisch im Design. Mattil steht auf Tragekomfort und packt die Füße in bequem geschnittenes Leder mit standfesten Sohlen.

Warenangebot: Obermaterial Leder für das breitgefächerte Angebot der unterschiedlichen Damenschuhe.

Ersparnis: 30 Prozent für sehr gute Qualität. Stiefeletten kosten 120 DM, Schnürschuhe 75 DM, Ballerinas gibt's für ca. 65 DM.

Einkaufssituation: großer Verkaufsraum neben Kantine in Halle C. Im Firmengelände rechts, linkes Gebäude mit Uhr drauf. Durch die Tür mit dem Schild Aufenthaltsraum gehen. Die Schuhe sind übersichtlich nach Größen präsentiert.

Firma: Mattil KG, Schuhfabriken, Schlossstraße 25, 67714 Waldfischbach-Burgalben, Telefon: 06333/9220, Fax: 272155.

Öffnungszeiten: Montag bis Freitag 9.30 bis 18.00 Uhr durchgehend, Samstag 9.30 bis 13.00 Uhr.

Streckenbeschreibung: Waldfischbach-Burgalben liegt nördlich von Pirmasens. Im Ort 2 × Wegweiser Richtung Friedhof. Oben auf der Höhe ist die Firma auf der linken Seite.

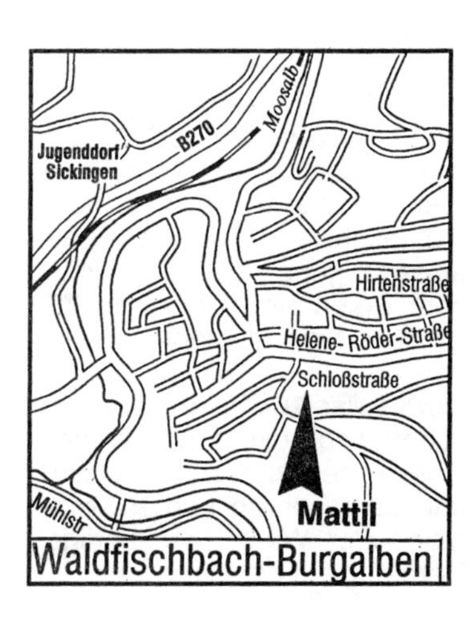

VILLEROY & BOCH **HEINRICH** **GALLO-DESIGN**

Tischkultur komplett

Die Marke Villeroy & Boch bürgt für Qualität und gutes Design, eine Marke mit Ausstrahlung, Charakter und Prestige.

Warenangebot: Villeroy & Boch – Heinrich – Gallo-Design bietet Vollsortiment rund um den gedeckten Tisch. Vielfältige Materialauswahl (Bone China, Vitro-Porzellan, Fayence, Kristall, Bestecke). Umfangreiches Sortiment an Serien, alle Teile sind einzeln erhältlich. Das Sortiment umfasst Kaffee-, Tee-, Speiseservice und eine große Auswahl an Ergänzungsteilen, Trinkglasgarnituren in Kristall sowie eine große Auswahl an Kristall-Geschenkartikeln, Bestecke versilbert und aus Edelstahl, Geschenkartikel.

Ersparnis: Angeboten wird das gesamte aktuelle Sortiment in 2. Wahl. Ersparnis liegt hier bei 20 Prozent. Große Auswahl von Sonderangeboten mit Preisnachlass bis 45 Prozent. Auslaufdekore und Restposten zu äußerst günstigen Netto-Preisen. Ersparnis hier bis zu 70 Prozent. Keine 1. Wahl.

Einkaufssituation: Das Geschäft liegt direkt neben der Cristallerie. Ansprechende Einkaufsatmosphäre und Präsentation der Ware, fachkundige Beratung auf Wunsch.

Firma: Villeroy & Boch Center, Inh. A. Baltes, Saarstraße 20, 66787 Wadgassen, Telefon: 0 68 34/4 10 91, Fax: 4 61 43.

Öffnungszeiten: Montag bis Freitag 10.00 bis 19.00 Uhr, Samstag 9.00 bis 14.30 Uhr.

Streckenbeschreibung: in Wadgassen im Kreisverkehr Richtung Bous, nach 200 Metern auf der rechten Seite.

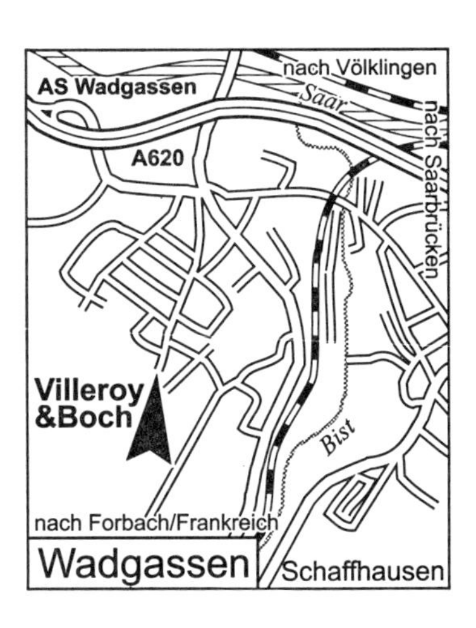

WEITERSBACHER MÜHLE

Mühlenspezialitäten aus dem Hunsrück

Heimisches Qualitätsgetreide wird nach alter Mühlentradition zu Vollkorn- und Mischmehl verarbeitet; ohne Zusatz von Mehlverbesserungsmitteln.

Warenangebot: Vollkornmehl- und Schrot aus Dinkel, Weizen, Roggen; Spezialitäten: Brotmehl, Nudelmehl, Dinkelgrieß und Backmischungen.

Ersparnis: hochwertiges Dinkelmehl im 5-kg-Beutel zu 12,50 DM, jedes Qualitätsmehl/Schrot im 5-kg-Beutel zu 5 DM, Mengenrabatt.

Einkaufssituation: Verkaufsladen ist in der Mühle integriert. Fachliche Beratung und Verkauf durch Müllermeisterin.

Besonderheiten: Direktvermarktung von Freilandschweinen und Naturkälbern. Mühlenführungen sind nach Anmeldung möglich.

Firma: Ulrich Lorenz, Weitersbacher Mühle, 55624 Weitersbach, Telefon: 06544/306, Fax: 990770.

Öffnungszeiten: Montag bis Freitag von 8.00 bis 12.00 Uhr und 14.00 bis 17.00 Uhr, Samstag 8.00 bis 12.00 Uhr.

Streckenbeschreibung: Weitersbach liegt im Hunsrück bei Rhaunen, ca. 23 km entfernt von Idar-Oberstein; über B 41 von Mainz kommend, nach Idar-Oberstein, dann Richtung Rhaunen; von A 61 Abfahrt Rheinböllen, dann B 50 Richtung Trier, Abfahrt Rhaunen; von Koblenz kommend, B 327 Abfahrt Rhaunen.

BOLSIUS

Kerzen in großer Auswahl

Auf über 80 m² Ausstellungsfläche bietet Bolsius Kerzen aller Art an. Auch mit individuellen Verzierungen, z. B. Fotos.

Warenangebot: Sonderposten aus Ausverkaufsware, Kilo-, Stumpen-, Haushaltskerzen, Modische Kerzen, Teelichte (farbig, mit bunter Hülle, 100 Prozent Bienenwachs), Partyfackeln, Bienenwachskerzen, Verzierwachsplatten, Spitzkerzen, Kerzenständer, -teller, Lampenöl, Geschenksets, Opfer-, Grab-, Öllichte und vieles mehr.

Ersparnis: in der Regel ca. 30 Prozent vom Ladenpreis; bei Kilo-Ware und Kartonabnahme liegt die Ersparnis noch deutlich höher. Vor Allerheiligen Sonderangebote für Grablichte.

Einkaufssituation: Am Ortsausgang von Weitersburg Richtung Höhr-Grenzhausen, befindet sich die Fa. Bolsius. Im 1. Stock des Bürogebäudes ist der Verkaufsraum. Dazu gehört ein umfangreiches Lager.

Firma: Bolsius Werksverkauf GmbH, Werk Weitersburg, Grenzhausener Straße 45, 56191 Weitersburg, Telefon: 0 26 22/ 92 66-0, Fax: 0 26 22/96 66-50.

Öffnungszeiten: Montag bis Donnerstag 8.00 bis 12.30 und 13.30 bis 16.00 Uhr, Freitag nur bis 14.00 Uhr durchgehend. Oktober, November, Dezember: Freitag bis 16.00 Uhr, Samstag 9.00 bis 12.00 Uhr.

Streckenbeschreibung: von der A 61 oder der A 3 auf die A 48. Ausfahrt Höhr-Grenzhausen. Nach ca. 300 m nach rechts Richtung Bendorf/Weitersburg. Nach ca. 4 km links ab Richtung Weitersburg. Am Ortseingang, ca. 200 m nach einem Sägewerk liegt rechts Kieser.

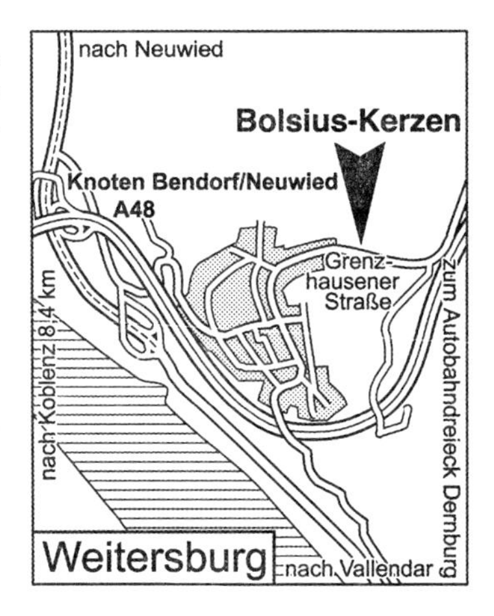

ALFI **ALFI 21** **WMF** **SILIT**

Alles andere als kalter Kaffee

Das Sortiment an alfi-Kannen deckt sämtliche Designs von klassisch-zeitlos bis hochmodern ab. Alle Kannen können sich bester Qualität rühmen: Der Vakuum-Glaskolben hat doppelte Isolierwirkung. Durch die Verspiegelung des Glaskolbens kann keine Strahlungswärme entweichen, der luftleere Raum zwischen Glaseinsatz und Kanne lässt keine Wärmeleitung zu.

Warenangebot: Isolierkannen in Kupfer verchromt, in Messing verchromt, in Edelstahl hochglanzpoliert, aus Aluminium und aus Kunststoff. Nur 1. Wahl. Die Auswahl von rund 80 Kannen bietet für jeden Geschmack das Richtige. Kleines Sortiment an Flaschen-Kühlern. Isolier-Eisgefäße, Shaker und Zubehör (Kannenreiniger, Filter).

Ersparnis: Die von alfi empfohlenen Verkaufspreise für den Einzelhandel minus 20 Prozent. Sonderserien und 2.-Wahlware ca. 30 Prozent günstiger.

Einkaufssituation: ansprechender Präsentationsraum über dem Empfang.

Firma: alfi Zitzmann GmbH, Ernst-Abbe-Straße 14, 97877 Wertheim, Telefon: 09342/877-0.

Öffnungszeiten: Montag bis Freitag 10.00 bis 18.00 Uhr, Samstag 9.00 bis 13.00 Uhr.

Streckenbeschreibung: von Miltenberg nach Wertheim bis Stadtteil Wertheim-Bestenheid; dort links ins Industriegebiet. Der Vorfahrtsstraße folgen (Rechtskurve); nach Kurve noch ca. 300 m, linke Seite.

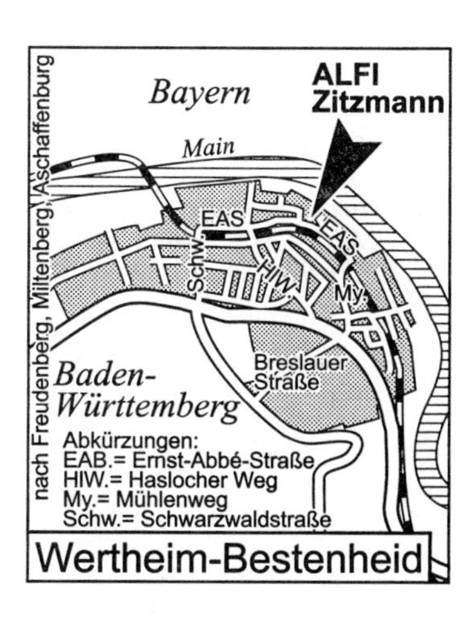

NECKERMANN

Nehmen Sie Platz

Slogan von Fox Möbel: „Wir haben nicht alles – aber alles was wir haben, können Sie mitnehmen". Beim Möbelangebot wird, wie in allen anderen Fox-Märkten, die Sortimentsähnlichkeit zum Katalog angestrebt. Das uneingeschränkte Angebot gibt es natürlich nur im Katalog – hier können Sie Ihr neues Möbelstück jedoch sofort mitnehmen.

Warenangebot: Möbel, Polstergarnituren, Matratzen, Beleuchtung.

Ersparnis: ca. 30 bis 40 Prozent im Vergleich zu den Katalogpreisen von Neckermann, Angebote teilweise mehr.

Einkaufssituation: Angebot auf 1 000 m^2 Fläche, alle Möbel ausgestellt. Zentrale Lage im Lahn-Center (Fußgängerzone); trotzdem gute Anfahrmöglichkeit zur Abholung der Möbel. Großer gebührenpflichtiger Parkplatz direkt unter dem Gebäude.

Besonderheiten: weiterer FOX-Markt: Karl-Kellner-Ring 41, 35576 Wetzlar.

Firma: FOX-Möbelmarkt, Bahnhofstraße 14a, 35576 Wetzlar, Telefon: 0 64 41/4 58 12.

Öffnungszeiten: Montag bis Freitag 9.00 bis 18.00 Uhr, Samstag 9.00 bis 15.00 Uhr.

Streckenbeschreibung: den Karl-Kellner-Ring (Stadtumfahrung) entlang fahren, dann Richtung Bahnhof orientieren; Fox-Markt in der Fußgängerzone.

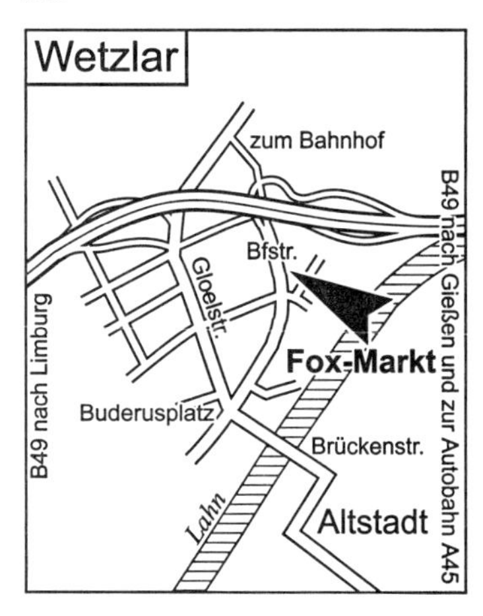

Warenangebot: Damen-, Herren- und Kinderbekleidung von Oberbekleidung bis zur Unterwäsche. Haushaltstextilien wie z. B. Handtücher oder Badezimmergarnituren. Außerdem gibt es (nicht immer) Kinderspielzeug z. B. von Disney oder Fisher Price. Zusätzlich gibt es noch kleinere Posten Schuhe. Mehrmals wöchentlich Neulieferung.
Das besondere daran ist, dass alle angebotenen Waren aus aktuellen Katalogen stammen, in erster Linie aus dem Neckermann-Katalog, aber auch aus anderen. Keine Minder- oder Fehlerware.

Ersparnis: Die Preisersparnis ist enorm. Z. B. Wintermantel mit Kunstpelzkragen für 50 DM (Katalogpreis 250 DM), Hosenanzüge für 39,90 DM (Katalogpreis 119 DM), Kleinkinderspielzeug von Disney 19,90 DM (KT-Preis 59,90 DM), Strickpullover für 29,90 DM (KT-Preis 69,90 DM). Auf allen angebotenen Artikeln liegt eine Reduzierung von mindestens 20 bis 30 Prozent, meistens aber höher.

Einkaufssituation: kaufhausähnlich. Die Waren sind nach Damen, Herren und Kinder, sowie Haushaltswaren auf 3 Etagen angeordnet. Gute Übersicht auf Ständern und Tischen. Freundliche und nicht aufdringliche Bedienung. Parken direkt auf gebührenpflichtigen Parkplätzen vor und hinter dem Haus.

Firma: FOX-Markt, Karl-Kellner-Ring 41, 35576 Wetzlar.

Streckenbeschreibung:
B 49, Abfahrt Wetzlar Bahnhof/ Innenstadt. Das Geschäft liegt direkt an der Hauptverkehrsstraße durch Wetzlar, gegenüber von Woolworth. Ganz einfach zu finden.

WILGARTA

Der Schuh für Anspruchsvolle

„Wilgarta"-Damenschuhe und Accessoires sind aus feinstem Leder im eigenen Betrieb hergestellt. Stets aktuelle Abstimmung der Produkte mit der modischen Damenoberbekleidung. Fast alle Modelle sind auch in Sondergrößen 1–2½ und 8½–10 erhältlich.

Warenangebot: modische Damenschuhe und Accessoires. Jetzt auch Herren- und Wanderschuhe.

Ersparnis: 1.-Wahl-Ware aus besten Materialien und einwandfreier Verarbeitung. Ständig auch sehr günstige Sonderangebote.

Einkaufssituation: auf kleinstem Raum eine große Auswahl modisch hochaktueller Modelle in allen Größen. Das Verkaufspersonal ist fachlich bestens ausgebildet und wird Sie gerne fachmännisch beraten. Während der normalen Arbeitszeiten können Sie bei der Fertigung zusehen.

Firma: Wilgarta, Schuh- und Taschenfabrik, Heinz Brödel, Herrengasse 2, 76848 Wilgartswiesen, Telefon: 0 63 92/5 89.

Öffnungszeiten: Montag bis Freitag 9.00 bis 12.00 Uhr und 14.00 bis 18.00 Uhr, Samstag 9.00 bis 12.00 Uhr.

Streckenbeschreibung: Wilgartswiesen liegt direkt an der Bundesstraße 10 Karlsruhe–Saarbrücken, zwischen Landau und Pirmasens. Ausfahrt Spirkelbach-Wilgartswiesen benutzen. Im Ort Hinweisschildern folgen.

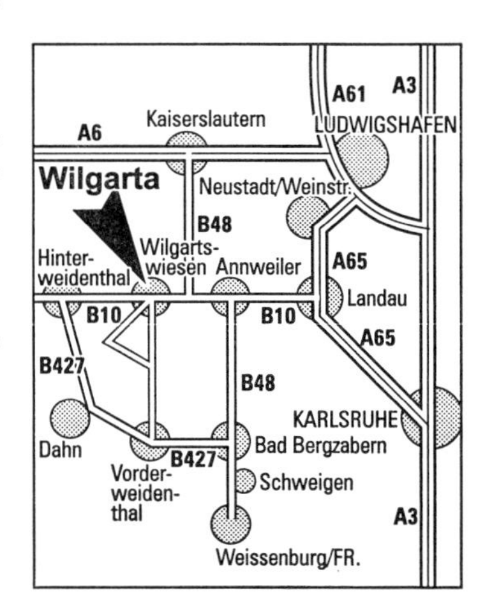

VERA WALTHER

Neue Kreation in Glas

In den Kreationen der Vera Walther Glasmanufaktur paaren sich alte Glasmachertraditionen und hohe Kenntnisse um den Werkstoff Glas. Die freie Verformung vor der offenen Flamme bei Temperaturen bis zu 1400 Grad und eigens entwickelte Metalloxidmischungen, die einen unterschöpflichen Farbreigen ermöglichen, harmonieren zu meisterhaften und unikaten Gestaltungen. Ebenso wie die Glaskreationen, betont die unikate Leuchtenkollektion das Individuelle.

Warenangebot: Zierkelche, Trinkgläser, Leuchten, Schalen, Vasen, Geschenkartikel; Kettenanhänger aus veredeltem Glas und wertvollen Metallen.

Ersparnis: Die einmalige Verbindung aus Eleganz und Esprit hat ihren Preis: Kelchglas mit „blauem Faden" im Stil 35 DM, Weinkelch mit extravaganter Bemalung 115 DM. Laufende Angebote von Auslaufserien und 2. Wahl.

Einkaufssituation: Das Gefühl für das Besondere wird durch die außergewöhnlich geschmackvolle Präsentation der Ware unterstrichen.

Firma: Vera Walther Glasmanufaktur, Am Gänsebruch, 34439 Willebadessen, Telefon: 05646/1378, Fax: 1615.

Öffnungszeiten: Montag bis Freitag 10.00 bis 18.00 Uhr.

Streckenbeschreibung: A 44 Kassel–Dortmund bis Ausfahrt Marsberg-Merrhof; über Lichtenau nach Willebadessen, dort ins Industriegebiet; am Ende der Straße, die ins Industriegebiet führt, ist rechts der Betrieb.

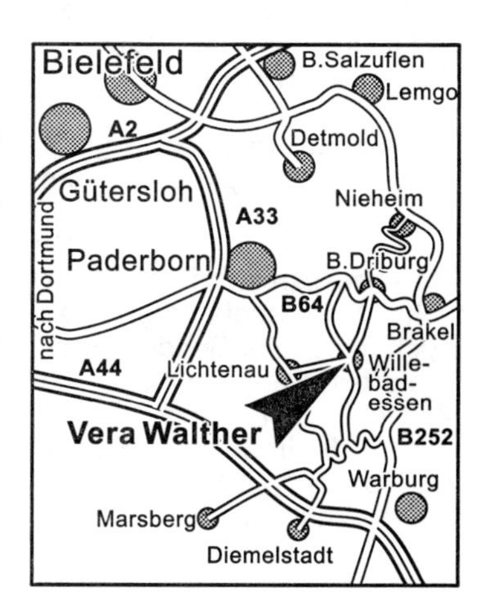

AUDIOPLAY

Die Lautsprecher mit dem Testurteil „Sehr gut“

Audioplay fertigt selbst und verkauft seit 15 Jahren Hifi-Boxen im Direktvertrieb. Sehr gutes Preis/Leistungsverhältnis. Im Fertigungsprogramm Lautsprecher von kleinen Satellitenanlagen bis zur großen Standbox.

Warenangebot: High-Tech-Lautsprecher vom legendären preiswerten „Charly“, dem meistverkauften Röhrenlautsprecher aller Zeiten, bis zu dem von anspruchsvollen Musikhörern hochgeschätzten Top-Modell „Referenz“. Sehr ansprechende Design-Varianten in der „Edition Wohnart“. Hifi-Audio-Anlagen fürs Auto, Boxen-Zubehör.

Ersparnis: Sondermodelle und Einzelpaare 50 Prozent preisreduziert. Beispiel: Charly RS-S 259,50 DM je Stück.

Einkaufssituation: eigener Hörraum, Parkplatz vor dem Haus.

Besonderheiten: Audioplay schickt Prospektmaterial zu, auch Infos über Sonderposten. Testurteil Kaufwert/Klang der Zeitschrift „Stereoplay“: „Sehr gut“, SAT 3 im Test bei „Electronic-Magazin“ (7/93): Preis-Leistungsverhältnis „Sehr gut“.

Firma: Audioplay Baus GmbH, Schlossstraße 47, 67722 Winnweiler, Telefon: 0 63 02/42 58, Fax: 14 82.

Öffnungszeiten: Montag bis Freitag 8.00 bis 18.00 Uhr, Samstag 8.00 bis 12.00 Uhr.

Streckenbeschreibung: Abfahrt Winnweiler in Ortsmitte, über Brücke, Eingang zu großem Parkplatz, Schild „Audioplay“.

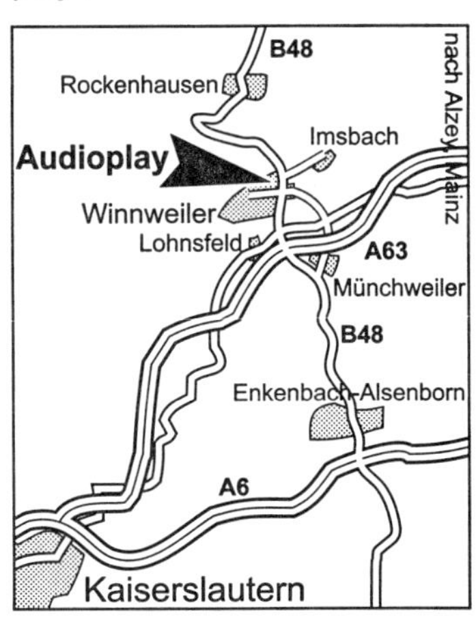

HOLZDERBER

Handgefertigte Edelprodukte

Qualität wird im Hause Holzderber großgeschrieben. Handgefertigte Schokoladen und Zuckerwaren sind ein Genuss für Auge und Gaumen. Vor allem zu Weihnachten und Ostern locken Schokoladenhohlfiguren zu attraktiven Preisen.

Warenangebot: ganzjährig: handgefertigte Schokoladen (auch Bruch je nach Angebot), Puffreis, Schokoladensplitter, gebrannte Nüsse, Türkischer Nougat, Popcorn, Zuckerstangen, Marzipan und Desser Stangen. Osterhasen und Weihnachtsmänner je nach Saison. Auch 2. Wahl und Bruchverkauf.

Ersparnis: 30 bis 40 Prozent. Sehr lohnenswert sind der Bruchverkauf und Saisonartikel (Ostern, Weihnachten) 2. Wahl.

Einkaufssituation: zur Straße hin führt die Firma einen kleinen Laden, welcher von Oktober bis Ende April geöffnet ist. Das restliche Jahr über können Sie das „Lädchen" über den Büroeingang im Hof erreichen.

Firma: Paul Holzderber, Gaustraße 177, 67549 Worms, Telefon: 0 62 41/9 58 51-0.

Öffnungszeiten: Oktober bis April: Montag bis Freitag 8.30 bis 12.30 und 15.00 bis 18.00 Uhr, Samstag 9.00 bis 12.00 Uhr. April bis Oktober: Montag bis Freitag 9.00 bis 16.00 Uhr.

Streckenbeschreibung: A 61 bis Anschlussstelle Worms Mörstadt, dann Richtung Worms Herrnsheim, nach Ortsdurchfahrt Herrnsheim 1. Ampel links Richtung Worms Stadtmitte. Nach ca. 800 m auf der rechten Seite.

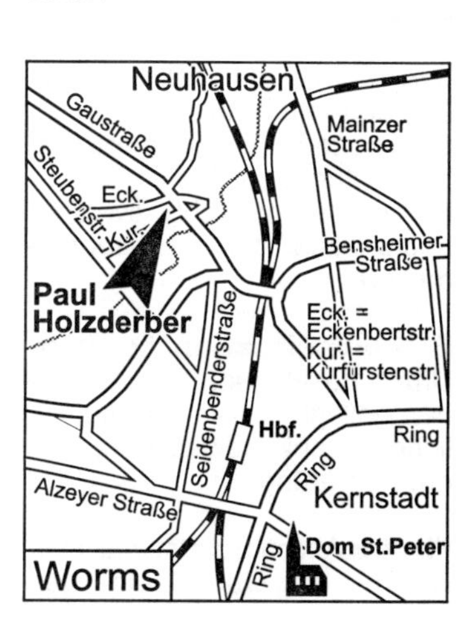

AHORN SPORTSWEAR

Der Größenspezialist

Das Unternehmen Ahorn Sportswear ist in Deutschland der Tischtennis-Bekleidungshersteller Nummer 1. Auch im Bereich der Piqué-Polohemden nimmt Ahorn eine Spitzenposition am Markt ein. Speziell das Basic-Programm wurde wesentlich erweitert, das Angebot an schadstoffgeprüften Textilien vergrößert. Umfangreiches Größenangebot in Übergrößen, Kurzgrößen, untersetzten Bauchgrößen.

Warenangebot: Damen- und Herren-Aktivsport-Bekleidung, modische Freizeitbekleidung, Shorts, Radler, Bermuda, Achsel-Shirt, T-Shirt, Sweat-Shirt, Jogging-Hosen, Sportanzüge, Kur- und Freizeitanzüge, Polo-Hemden in verschiedenen Ausführungen, Herren- und Damen-Nachtwäsche, Bademoden, Strümpfe, Kinder- und Babybekleidung, Bodys, Mieder, BH's, Slips, Bustiers.

Ersparnis: ca. 30 Prozent, Auslaufmodelle und -farben ca. 50 Prozent, Designermuster, Einzelstücke ca. 70 Prozent. Im Sommer-/Winterschlussverkauf nochmals 30 bis 50 Prozent reduziert.

Einkaufssituation: bequeme Umkleidekabinen, ansprechende, gepflegte Ausstattung, freundliches, fachkundiges Personal, gute Beratung.

Firma: Ahorn Sportswear Textilien GmbH, Ober-Saulheimer-Straße 6, 55286 Wörrstadt, Telefon: 0 67 32/94 28-86.

Öffnungszeiten: Montag bis Freitag 10.00 bis 19.00 Uhr, Samstag 10.00 bis 13.00 Uhr.

Streckenbeschreibung: A 63, Ausfahrt Wörrstadt, durch die Stadt Richtung Saulheim/ Bahnhof, Einfahrt links, Schild Ahorn Sportswear.

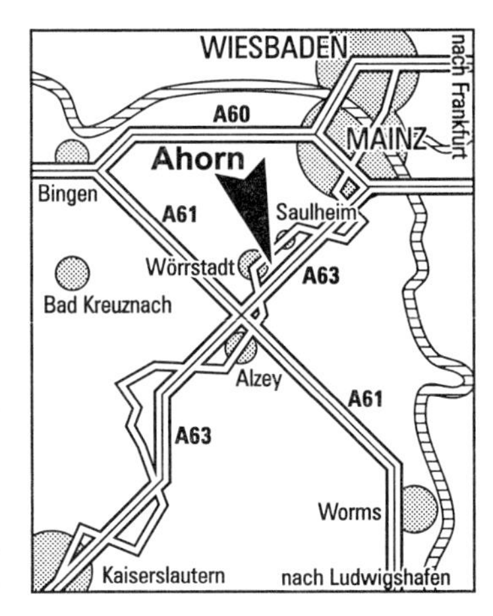

MOSEL-SEKTKELLEREI OTTO TREIS GMBH & CO. KG

Qualität für anspruchsvolle Genießer

Als eine der ältesten Kellereien von Rheinland-Pfalz, gegründet 1810, steht die Mosel-Sektkellerei Otto Treis in der Pflicht der Tradition. Die Erfahrung von sechs Generationen ermöglicht es, hochwertige Sektspezialitäten in verschiedensten Geschmacksrichtungen und gleichbleibender Qualität herzustellen.

Warenangebot: Sektsorten aller Art und Geschmacksrichtungen, wie Hausmarken-Sekte sogar mit Eigenausstattungen, verschiedenste Flaschengrößen, von 0,2 l bis hin zur 9-l-Flasche, Rebsorten- und Gebietsspezialitäten, Riesling-Flaschengärung. Edle Destillate, Liköre und Weinbrand-Cream.

Ersparnis: 10 bis 25 Prozent. Bei Sonderangeboten zwischen 30 und 45 Prozent.

Einkaufssituation: Ein schlichtes Schild „Büro" weist auf den Verkauf hin. (Im Aufgang zum Firmeninnenhof linke 2. Tür). Verkaufs- und Probierräume im ersten Obergeschoss, im Büro melden, Beratung und Probe möglich.

Firma: Mosel-Sektkellerei Otto Treis GmbH & Co. KG, Hauptstraße 58, 56856 Zell-Merl/Mosel, Telefon: 06542/9393-0, Fax: 9393-40, Internet: www.treis.de, e-mail: Treis@t-online.de.

Öffnungszeiten: Montag bis Donnerstag 7.30 bis 11.45 Uhr und 12.45 bis 16.15 Uhr, Freitag 7.30 bis 12.00 Uhr.

Streckenbeschreibung: Von Zell aus, die Mosel runter in Richtung Bullay liegt der Stadtteil Zell-Merl. Mitten im Ort ist die Mosel-Sektkellerei Otto Treis zu finden.

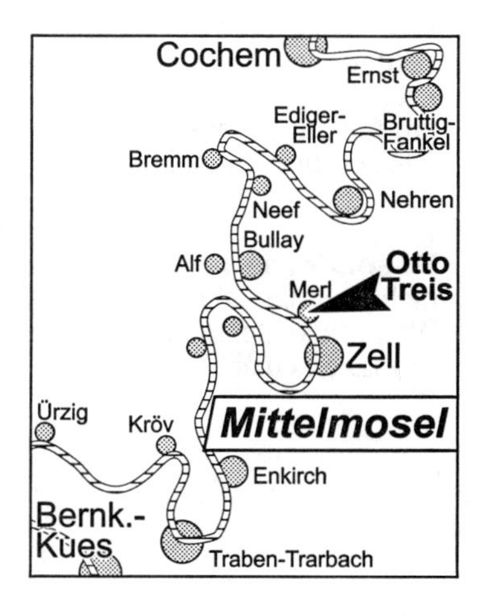

DORNDORF ZWEIBRÜCKEN

Der Weg ist das Ziel

Das geschmeidige Oberleder, eine angenehme Sohle und nicht zuletzt das ansprechende Design versüßen auch „steinige Wege“. Sehr gute Verarbeitung.

Warenangebot: Stadtschuhe mit Ledersohle wie auch Allzweckschuhe (Profil): Pumps, Stiefel, Stiefeletten, Herrenstraßenschuhe, Boots, Halbschuhe.

Ersparnis: 30 bis 50 Prozent Ersparnis; Preisbeispiele: Pumps 59,90 DM, Stiefeletten 79,90 DM, Schaftstiefel 79,90 DM, Herrenlederschuh 99,90 DM.

Einkaufssituation: nach Pforte ist links der Verkauf (beschildert); Schild, „Nur für Betriebsangehörige der Schuh-Union“ aber keine Ausweiskontrolle. Sehr einfache Warenpräsentation; Selbstbedienung; Preisauszeichnung; die Dame am Ausgang hinter dem Tresen kassiert und bringt andere Größen.

Besonderheiten: Wer hier nicht fündig wird, sollte den Weg in die Schuhfabrikenstadt Pirmasens nicht scheuen.

Firma: Dorndorf Schuhvertriebs GmbH, Schuh-Union AG, Pirmasenser Straße 97, 66482 Zweibrücken, Telefon: 0 63 32/ 48 40, Fax: 48 41 00.

Öffnungszeiten: Montag bis Freitag 9.00 bis 17.00 Uhr durchgehend, Samstag 9.00 bis 12.00 Uhr.

Streckenbeschreibung: in Zweibrücken Richtung Pirmasens/Contwig fahren; kurz vor Ortsende macht die Vorfahrtstraße eine scharfe Linkskurve, dort auf der linken Seite.

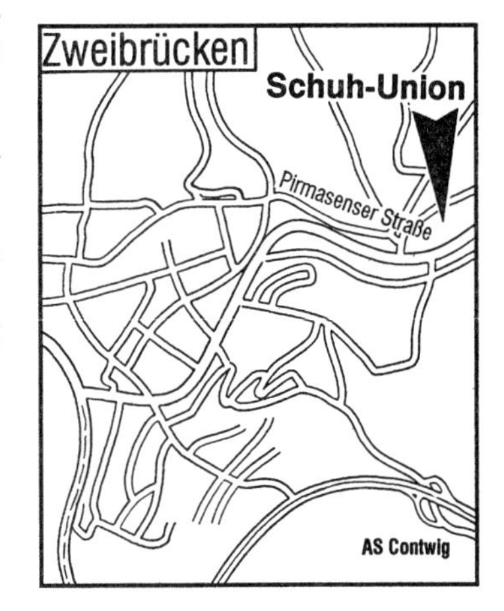